JN438304

시의 운율과 미학

시의 운율과 미학

詩
韻律
美學

박영교 네 번째 평론집

도서출판 천우

| 작가의 말 |

네 번째 평론집이다.

세 번째 평론집 이후 시인들의 시집 해설 쓴 것을 묶은 평론집으로 세상에 내어놓는다.

시인은 보통 살아 있는 한 작품을 쓴다. 시인의 작품은 그 시인의 양심이고 얼굴이며 인생이다. 시인은 누구든지 항상 작품을 쓸 때 최선을 다한다. 필자 자신도 작품을 쓸 땐 그렇다. 따라서 시집 해설도 마찬가지이다. 필자가 쓴 해설을 통하여 시인이 좀 더 발전한 창작활동을 할 수 있도록 도움이 되었으면 하는 바람이다.

졸저 제4평론집이 나오기까지 전적으로 출판 비용을 담당해주신 월간 『문학세계』 金天雨 이사장님과 윤지훈 총장님께 고맙고 감사의 말씀을 드리며 편집진 여러분께도 감사의 마음을 전한다.

시인으로서 평론가로서의 삶은 가정에 소홀할 때가 많았다. 아내에게, 자식에게, 손자들에게 항상 미안하고 고마운 마음을 금치 못한다. 그래도 시는 내 인생의 전부이다.

죽는 날까지 열심히 쓸 것이다.

2019년 10월 9일

소백산 아래에서

박영교

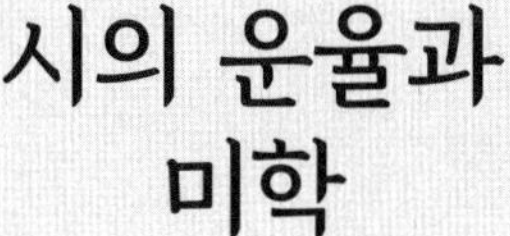
시의 운율과
미학

| 구귀분 시조집 해설 |

고향의 언어(言語)와 새로운 감각 시(感覺 詩)

사람의 인연이란 언제, 어디서, 어떻게 만나서 이루어지는가 하는 것은 신만이 예정하거나 신의 영역권 내에 있음을 살아가면서 느끼게 된다. 어떤 사람은 악연으로 만나 지금까지도 서먹서먹한 얼굴을 보는가 하면 아주 어릴 때부터 만났거나 혹은 만난 지 얼마 되지 않아도 옛 친구처럼 만나는 인연도 있고 가까이 있어도 멀리 있는가 싶은 사람이 있는가 하면 만난 지 어제 같은 사람도 오늘같이 가까운 인연이 있다.

구귀분 시인은 '영남시조문학회'에서 만나 지금까지 함께 살아왔으며 약삭빠른 시인들은 다 떠나고 없는 빈 둥지처럼 텅 빈 시조의 고가(古家)를 지금까지 지키고 있는 시인이며 이곳에서 큰살림도 함께 꾸려나가는 살림꾼이었다.

이제 구귀분 시인이 자신의 영역을 만들고 시조의 한 일가를 이루기 위해 호흡을 가다듬고 큰기침을 하고 일어서려고 많은 작품을 다듬어서 잉태하고 있다. 작품을 내놓기가 어려운 시대에서 자신의 삶과 작품의 세계를 펼쳐내 보이기가 무척 힘들다. 이런 어려운 시기에 작업을 하고 있음을 시인 자신도 잘 알고 있을 것이다.

이제 그의 시조집 『텃밭의 작은 기적』을 상재(上梓)하게 되는데 전 5부작으로 나누고 있다. 작품 전체를 들여다보면 제1부는 최근작이 대부분이며 제1부 '민들레의 꿈'에서는 「습작」 외 18편, 제2부 '봄, 정경'은 「봄비」 외 18편, 제3부 '바다'에는 「종탑 앞에서」 외 18편, 제4부 '가을 단상'은 「갈대군락지」 외 17편, 제5부 '아가야!'는 「딸을 보내고」 외 13편, 총 89편의 작품을 실어서 준비하고 있다.

한 생(生)을 마름질하여
내게 주신 이 성역(聖域)

수많은 시간들이
거품으로 일어선다

엄숙한 세월 앞에서
무릎 꿇고 싶은 마음

지명(知名)의 언덕 너머
돌아본 한 생애는

가슴 치는 회한들이
밀물처럼 차는 날

내 자리 어디쯤일까
되짚어 본 삶의 척도

어두움에 갇혀 있는

내가 나를 풀어놓아

홀로 지탱할 수 있는
스스로를 키우며

남은 날 입지를 세워
새 지평을 열게 하리

—「시간(時間)」 전문

사람은 살아가면서 가슴속 아픈 시간의 기억들이 많이 있다. 그 수많은 시간을 헤아려 보면 헤아릴 수 없이 많고 후회되는 일들이 너무나 앞을 선다. 시간이 갈수록 빠른 속도를 느끼면서 시인은 지명의 나이에 서서 자신이 살아온 한 생을 돌아보고 그 삶을 시화시킨 작품이라 본다.

때로는 가슴 치는 회한들이 있을 때도 있고 가슴 가득 밀물처럼 들어오는 날들도 있을 것이고 또 때로는 어둠에서 헤어나지 못하는 시간들도 있는 것이다.

메마른 한 치 공간
마음 비워 살았어요

밟히고 서러워도
줄기차게 뿌리 내려

보조개
절로 열리는
금화(金貨) 한 잎 달았어요

인연의 바람 타고
날아온 한 톨 홀씨

민들레 세상 쓴맛
그 적막을 끌어안고

나직이
부르는 노래
비상할 부활을 꿈꾼다

―「민들레의 꿈」 전문

작품 「민들레의 꿈」은 어렵게 살아남은 우리 민족을 일컬어서 말할 때도 있다. 그 어려운 삶 속에서도 메마른 공간 확보와 마음을 열어 줄기차게 뿌리내리고 살아가는 삶을 살아서 꽃을 피우고 또 많은 자손을 퍼지게 하는 삶을 작품화했다.

그 씨앗은 날개를 달고 아픈 삶을 뒤로한 채 세상의 적막과 쓴맛들을 경험하면서 다시 새 땅을 찾아 흩어지는 삶을 살아갈 것이다.

아버지 주름살로
몸소 가꾼 능금밭 둘레

약초 삼아 심으셨던
그 봄날은 환했다

단 하룰
피었다 져도 후회 없는 기다림

떠나온 하늘가에
지쳐 누운 생각들

일상의 무거운 족쇄
곤고(困苦)하고 무료할 때

목단꽃
오월이 오면 위안처럼 떠오른다

—「목단꽃」 전문

작품 「목단꽃」은 시인이 아버지의 과수원에서 얻은 시상이다. 아버지가 몸소 가꾼 과수원 둘레 목단꽃나무를 울타리로 삼아서 해 놓은 목단꽃을 보면서 단 하루를 살아도 목단꽃처럼 화려한 삶을 살아야 한다는 것을 시인은 터득한 것이다.

오월이 오면 그 목단꽃 화려함과 지쳐 누운 생각들을 떠올리며 무료함과 곤고함을 달래는 것이다. 오월 하면 목단의 우아함과 그 화려함을 노래한 시인들이 많음도 우리가 계절의 아름다움을 생각하지 않을 수 없다.

새벽 기도 마친 후 말씀 받아 돌아오면
살아온 날수만큼 머리 이고 지낸 날들
날마다 처음 대하듯 나를 세워 타는 불꽃

동(東)에서 서(西)까지 온몸을 태우면서
빛 되게 살아라 마음 두드린 소리
한여름 싱싱한 풀빛으로 일어서게 하소서

가꾸는 이 없어도 풀꽃들 환한 길섶
가진 게 없어도 넉넉한 이 아침을
비워서 채워지는 충만
하루를 열어 간다

—「해」 전문

시인은 크리스천이다. 구귀분 시인은 매일 떠오르는 해를 보며 새벽 기도를 마치고 돌아오면서 새롭게 아침을 떠올리는 해를 처음 대하듯 한다. 그 해가 동에서 서까지 온몸을 불태우면서 하루를 살아가는 나에게 '빛'과 '소금'의 역할을 하도록 하는 것을 이 아침 해를 보면서 느끼게 된다.

신이 풀꽃과 새들을 키우는 의미, 나 자신이 무엇을 입을까, 무엇을 먹을까 염려하지 않아도 충만한 하루를 보낼 수 있게 열어가는 하나님께 감사하는 마음이다.

지나온 길 반추(反芻)하듯 노을이 타고 있다
하루해 피곤 털고 돌아서는 눈길 위로
싱그럼 살아 숨 쉬는
갈맷빛 고향 산하

쫓기듯 떠밀리듯 달려온 숱한 곡선
회상의 텃밭에서 그림자로 서성일 때
살아온 생의 회한이
은혜롭게 다가온다

산 같은 고뇌도 인간사 이치려니
세월의 날개 위에 내려 논 삶의 무게

노을빛 타는 여유로움
오늘 젖어 곱구나

—「찾아온 노을」 전문

고향 산하를 바라보면서 숱한 곡선을 달려온 시인은 내가 살아 숨쉬는 것 모든 것들이 다 인생의 노을 앞에 서게 된다.

삶은 너무나 빠르게 떠밀 듯 달려가고 지금까지 살아온 삶을 회상하면 은혜롭게 떠오른다. 많은 고뇌도 인간이 살아가는 길 위에서 나타나는 것이며 노을빛 여유로움도 인생의 삶과 무관하지 않는 것이며 그 고은 노을도 한때일 뿐이다.

삼동 긴
잠을 자는
지심(地心)을 깨우는가

씨앗들
다칠세라
봄비 조심스럽다

새싹들
산고 치른 후
소리치며 나오겠지

—「봄비」 전문

2부로 넘어오면서 구귀분 시인 작품을 대해보면 그의 작품이 단형시조 작품들이 매우 돋보이는 것을 만나볼 수 있다.

위의 작품에서는 깨어나는 모든 만물이 지심(地心)을 뚫고 긴 겨울잠에서 기지개를 켜고 있다. 봄비를 통해서 모든 씨앗이 다칠까 하여 조심조심 내리는 그는 새싹들이 표피를 뚫고 나오는 아픔의 소리를 들으려고 하고 있다.

움츠린 몸과 맘
소롯이 고개 들고

꽃샘바람 눈 흘김에
앞섶 꼭꼭 여미다가

샛노란
부리를 털고
근린공원 기지개 켠다

—「산수유」 전문

계절이 봄으로 바뀌면서 봄을 제일 먼저 전달해 주는 전령사는 뭐니뭐니 해도 개나리다. 그 봄의 전령사 중에서 개나리와 함께 먼저 온다는 소식은 산수유 꽃이나 버들개지 푸르름이며 그 눈망울이 통통하게 느껴지는 계절이 봄인 것이다. 그리고 이 산 저 산 붉게 물들게 하는 참꽃무리들 즉 진달래의 물결이다.

꽃샘추위를 뚫고 꽁꽁 묶어놓은 자신의 앞섶을 풀기 시작하는 산수유 꽃 그 샛노란 의미를 털고 가지마다 기지개를 켜게 된다.

삭막한 내 화원
들려오는 봄의 서곡

천상 맑은 종소리
송이마다 눈부신 순수

목련꽃
하이얀 소망
하늘 동동 띄운다

—「목련」 전문

또한 봄의 빛깔을 잘 표출하는 것이 목련이다. 목련에는 백목련과 자목련이 있는데 아무래도 백목련이 조금 더 빠르게 개화하는 것 같고 자목련은 조금 느린 것 같다. 백목련에 비해 자목련은 우아함이 좀 뒤지는 것도 사실인 것 같다. 그것은 사람에 따라, 느낌에 따라 조금은 차이가 있겠으나 목련꽃이 필 때 보면 검은 나뭇가지들이 보이지 않는 으슥한 저녁 시점에 학들이 앉아 있는 것으로 표현하기도 하며 환한 등불을 등잔 가지에 올려놓은 것으로 표출하기도 한 작품들로 의미부여 하는데 구귀분 시인은 '천상의 맑은 종소리'로 눈부신 순수를 나타내고 있는 것이 특징이다. 그리하여 그 하얀 소망을 하늘에다 동동 띄운다고 표현하고 있다.

그리고 「조춘」 작품을 통해서는 산수유, 매화꽃잎들에게 꽃샘추위를 통해 그들을 세상의 삶에 있어서 엄한 훈육, 매서운 회초리를 침으로 해서 바르게 서서 걸어가는 삶의 의미를 부여하는 것으로 생각한다.

언제쯤 떠났을까
집은 반쯤 내려앉아

어느 누구 발길인지
마당엔 파릇한 야채

주인을 기다리는지
세상 밖이 궁금한지

봄 햇살 타고 오른
능소화 오롯이 피어

황홀히 또아리 튼
여울여울 베인 슬픔

두고 간 유기견 마냥
붉은 귀를 열고 있다

—「능소화」 전문

능소화는 전설을 담고 있는 꽃이다. 그 전설에 의하면 어느 궁궐에 소화라는 궁녀가 있었는데 그 모습이 아주 곱고 아름다워서 하룻저녁 임금님의 은총을 입고 빈으로 파격적인 승차를 했는데 주위의 은총을 입은 사람들의 시기와 질투심으로 궁 밖으로 쫓겨났다. 그로부터 임금님의 발길을 담장 안에서 기다리다 기다리다가 돌아오지 아니한 임금님을 원망하면서 담장을 넘어보다가 뚝뚝 떨어지는 목숨의 꽃이 되었다는 것이다.

구귀분 시인이 능소화를 통해 하고 싶은 말은 '기다림' 이다. 이사 가고 없는 텅 빈 집, 다 허물어진 고향집 담장 안에서 밖을 내다보려고 넘어다보는 모습 집 주인을 기다리는 꽃, 세상이 궁금하여 넘겨다보는 것으로 자신의 주인을 기다리는 능소화, 곱고 화사한 얼굴, 수심이 가득 찬 얼굴 모습, 바라보는 그 모습을 통해 그리움이 아니라 원망의 눈빛도 생각할 수 있으며 꽃이 통째로 모가지가 뚝 끊어지며 떨어지는 그 모습, 처절한 숙명의 아픔을 그 꽃 속에 드리운다. 온다는 님은 아니 오고 기다림의 연속으로 살다가 돌아오지 않는 님의 발자국 소리에 그대는 한숨 같은 목이 떨어지는 꽃, 그의 슬픔을 간직한 채 주인이 자신을 버리고 간 시간의 아픔을 생각하면서 능소화를 유기견에 비유한 작품이다.

새로이 이사 온 곳 산동네 높은 집엔
사방에 창이 있어 해와 달을 두 번 봅니다
날 부른 산의 전령이
창밖에서 손짓하고

가까이 보는 산빛 푸른 바람 청순한 향기
산소 같은 언어로 들려오는 찬미 소리
산들은 반주자 없어도
노래하고 춤도 추고

—「산이 부르는 소리」 전문

옛날부터 인자요산(仁者樂山)하고 지자요수(知者樂水)라고 했다. 구귀분 시인은 산동네에 이사를 해서 살아가면서 산의 존재를 깊게 느껴보면서 또 그곳에서 사는 사람들의 마음을 읽어낼 수 있는 것 같다.

해와 달을 두 번 보는 산 근처에 와서 그 산이 사람에게 주는 혜택과 그 산이 사람들을 불러들이는 손짓하는 것 같이 느껴지는 것을 느낀다. 또 그 산이 주는 산빛 푸른 청순한 향기, 산소탱크를 짊어지고 사는 느낌으로 삶의 활력소를 불어넣어 주는 것을 느낀다. 바람이 불면

산은 노래하면서 춤도 함께 춘다.

고인 물은 썩는다고
파도가 출렁대요

춤추며 노래하며
온몸으로 부딪치며

푸르디 깊은 고뇌(苦惱) 길
하늘 문을 열어가요

—「바다」 전문

바다를 보면 시야가 확 트이고 좁은 마음이 넓어진다. 푸르디푸른 마음을 열고 저 수평선을 보면서 줄줄이 하얀 파도가 뭍을 향해 달려오고 있다.

바다는 하늘의 색깔에 따라 변한다고 한다. 그 고뇌의 색깔을 받아서 하루하루 살아가는 바다의 마음은 늘 푸르게 살아가는 삶을 펼치게 되는 것이다. 사람도 누구의 영향으로 살아가는가 하면 그 사람의 말소리까지도 닮아가는 것을 볼 수 있다.

빚어 논 조각처럼
신비론 형상이여

뼈대 굳혀 앉은 자리
맨 먼저 해 뜨는 바다

역사는 깨어 있어서
잠든 혼을 일깨운다

동해의 푸른 바다 진실을 외면하랴
온 국민 뜻을 모아 네게로 보낸 사랑
독도야! 내 사랑 독도야! 소리쳐 불러본다

장부는 흔들림 없는 것
푯대를 꼿꼿이 세워

왜 세 바람 드셀수록
결속을 다짐하며

이 강산 분노의 함성(喊聲)
백두대간(白頭大幹) 일어섰다

—「독도(獨島)」 전문

작품 「독도(獨島)」는 요즘 아베 총리가 중학교 교과서에 '독도'가 일본 영토인데 한국이 마음대로 점령하고 있다고 기술하고 있다. 얼마나 정신 빠진 망령된 말인가?

일본이 아무리 독도를 자기네 땅이라고 학교 교과서에 수록하고 어린 학생들의 머리에까지 각인시키려는 아주 나쁜 생각을 전 세계에 펴고 있다. 왜 그러는가? 일본이 잘못된 생각을 갖게 한 것이 언제부터인지 잘 생각해 보아야 한다.

독도는 우리나라 고유의 땅인 것을 우리나라 국민이면 누구나 잘 알고 있는데 왜 일본은 어린 학생들에게까지 거짓 교육을 시키고 있는지 구 시인은 진실한 우리의 역사 속에 깨어 있는 땅으로 표현하고 있다.

내 조국의 땅을 불러보는 시인의 절규, 「독도(獨島)」는 백두대간에서 떨어져 나온 섬 독도임을 말해주고 있는 시이다.

손 내밀면 잡힐 듯한 강(江) 하나 사이 두고
명치끝 찔러오는 분단의 생이별을
이 무슨 못할 짓인가
통곡은 강을 건넌다

철의 장막 죽의 장막 무너진 지 이미 오래
거미줄 휴전선은 갈수록 견고해져
못다 푼 꼬인 역사가
젖은 가슴 돌을 얹는다

강 건너 가을 들판 벼가 익는 황금 물결
한없이 평온해 뵈는 우리네 시골 풍경
왠지는 타는 노을도
슬픈 눈빛 글썽인다

—「강화 전망대의 애곡」 전문

강화평화전망대는 인천시 최북단에 위치하고 있으며, 북한 개풍군을 비롯한 연백군과 손만 뻗으면 닿을 듯한 곳으로 강화평화전망대 좌측에는 예성강, 우측에는 한강과 임진강이 서해바다와 합류하는 갯벌로 펼쳐진 곳 북한과 1.8㎞ 사이를 두고 있는 민간인 통제구역으로 주위는 사람의 손길이 미치지 않는 자연 그대로의 생태가 묻어 있는 온갖 생명이 움직이고 갯벌과 숲이 어우러진 자연생태계를 고이 간직하고 있는 곳이다.

육안으로도 북한 사람들의 일상생활 모습과 농업에 종사하는 모습,

자전거 타고 가는 사람들, 송악산 등을 아주 가까이에서 한눈에 볼 수 있는 최적의 안보관광지로 접하고 있다.

구귀분 시인은 이 전망대에서 명치끝이 아파오는 우리 민족의 생이별에 대한 통곡의 한, 남북분단의 아픔에 대한 꼬인 역사, 강 건너 가을 들판에서 벼 익어가는 황금들판에서 일하는 북한 주민들의 시골 풍경이 타는 노을까지도 눈물을 글썽이고 있음을 표출하고 있다.

신새벽
어둠을 털고
가파르게 오른 산

해는 어디쯤 뜰까
조바심한 난간에서

회백색
여백에 뜨는
빨간 동백 꽃잎 하나

떠나면 용서될까
남해의 끝자락에 와

나도 해를 담고픈
향일하는 마음인데

잔잔한
짙푸른 물살에
가시 하나 뽑힌다

—「향일암 해돋이」 전문

전라남도 여수 10경 중의 하나로 향일암 일출은 전국 최고로 친다. 향일암 일출을 보기 위해 세밑이면 마음에 와닿은 사람들이 향일암에 오른다. 새로 떠오르는 붉은 해를 보며 사람들은 어떤 소망을 하는 것일까. 많은 사람들이 떠오르는 해를 하늘로 띄어 올려보낸다. 우리나라 4대 관음기도 도량인 향일암은 돌산도의 끝자락에 자리하고 있다. 신라의 원효대사가 선덕여왕 때 원통암이란 이름으로 창건한 암자이며, 고려시대에는 윤필대사가 금오암으로 개칭하여 불리어 오다가, 남해의 수평선에서 솟아오르는 해돋이 광경이 아름다워 조선 숙종 41년(1715년) 때 인묵대사가 향일암이라 명명하여 오늘에 이르고 있다.

구귀분 시인은 이 향일암의 해돋이를 보면서 무엇을 소망했을까? 해가 떠오르는 것을 보는 순간 해는 마치 동백꽃잎 하나처럼 보이는 느낌을 받는다. 해를 담고 싶은 마음은 누구에게나 있지마는 그런 일상에서 평생을 살 수 없을까, 생각해 보면서 수평선 저 너머에서 떠오르는 그의 모습을 보면서 항상 밝게 살고픈 소망을 담고 오는 것이다.

딸 시집보낸다고
석 삼 년을 심던 목화

가을이면 양지 볕에
들뜨던 혼사 얘기

구름솜 만장을 펼쳐
끝없이 날아간다

—「기창(機窓)에서」 전문

구귀분 시인의 작품은 단형시조에서 눈을 떼지 못할 정도로 작품들이 힘이 있어 보인다. 시조의 묘미는 뭐니 뭐니 해도 단수에서 절창이 나오는 법이다. 이 작품은 비행기 내의 창가에서 구름을 보면서 지난날 삶의 편린들을 생각하면서 쓴 작품이다.

옛날에는 딸 시집보낼 때에 집에서 모든 것을 직접 손수 장만하였다. 이불도 직접 목화를 밭에 심어서 솜을 얻었으며 집안에서 만든 모든 것으로 시집살이에 필요한 물건들을 장만했다. 그래서 시인은 하늘의 구름밭을 보면서 그때 그 시절의 일들이 생각나서 쓴 시이다.

포기했었는데 접은 지 까마득해
느지막이 익힌 운전 몰래 배운 도로 연수
순탄한 시작이어라
경직된 나락이어라

섬세하고 부드러운 나사들의 합주
단단한 무게에 실려 편히 가는 즐거움
앞뒤 옆 시신경을 세워
온몸으로 달린다

곡예 하는 도로에 나도 한 몫 끼어서
가슴 후려치는 소리 자고새면 사고 소식
그 누가 괴물로 만들었나
과음 과속 졸음운전

—「초보운전」 전문

얼마 전 필자의 내자(內子)는 교통사고가 났다. 가만 서 있는 차에 할아버지가 운전하는 트럭이 뒤에서 밀어붙인 것이다.

아무리 운전을 잘해도 상대방이 밀어붙이는 상황일 때에는 어쩔 수 없는 일이다. '초보운전'이란 딱지도 여러 가지다. '병아리 운전' '왕 초보운전' '햇병아리' 등등의 풋말을 붙인 차 뒤에서는 항상 배려하는 운전을 하게 된다. 심지어 '도로 운전'이란 노란 차를 만나면 우선권을 주는 운전자가 되어야 하며 건널목에서는 항상 사람 우선으로 운전하는 습성을 잊지 않아야 한다. 특별히 조심해야 할 사항은 과속, 졸음, 음주운전은 절대적으로 피해야 한다는 것을 구귀분 시인은 잘 알고 있는 것이다.

내 몸의 지체인 양
손끝에서 놀아나던

수명이 다해 바꾼 마음이 짠하다

폐차장 홀로 두고 온
그 옛날 승용차처럼

하찮은 물건에도
이처럼 마음 저린데

한세상 같이한 사람
그 빈자리 얼마나 클까

남은 날
사랑하리라
허물도 다독이며

—「휴대폰 교체」 전문

누구든지 자신이 애지중지(愛之重之) 사용하던 물건을 못 쓰게 되거나 폐기처분할 때 되면 매우 아까운 법이다. 자신의 손때 묻은 물건은 애착을 가지지 않을 수 없게 될 것이다. 구 시인은 내 몸의 지체인 것 같이 사용하던 휴대폰을 폐차장에 폐차시킨 승용차에 비유하고 있다.

젊을 땐 한 푼이라도 아끼고 메꾸면서
계획하고 규모 있게 푸른 깃대 세웠지
열심히 가계 일지를 숙제마냥 기록했다

부피가 늘어갈수록 지루한 부담감이
써야 할 때 쓴 것을 왠지 구속 같아
맘 비워 내려놓으니 몸도 한결 자유로워

시간의 덮개 위에 건망증도 늘어나고
한 달 후 빈 통장엔 출처가 묘연해져
가슴에 이는 물안개 다시 쓰는 가계부

—「다시 쓰는 가계부」 전문

요즘도 가정생활을 활달하게 하고 짜임 있는 생활을 위해 가계부를 쓰는 가정주부가 많고 습관처럼 하던 사람들은 잘해 가겠지만 일기장을 매일매일 써나가는 것처럼 아니 그보다 더 어려운 삶의 기록을 초기에는 하는 사람들이 많지만, 어느 정도 생활비가 늘어나면 써 내려가기가 퍽 어려운 것이 가계부이다.

구귀분 시인은 젊었을 때 열심히 쓰던 가계부를 생각하면서 점점 그 부피가 많아짐으로 해서 맘 비우고 몸도 정신도 한결 자유로워졌는데 건망증이라는 불청객이 찾아옴으로 해서 통장이 비워지는 것, 출처가 묘연해진 것에 대한 가슴 아픈 일 속에서 다시 생각할 수 있는 생각의 범위를 풀어놓는 것이다. 사람이란 어렸을 때부터 노년에 이르기까지 모두 다 기억장치를 가지고 있다면 살아남을 사람이 없을 것이다. 잊어버릴 것은 이내 잊어버리고 또 새로운 것에 대한 기억을 갖는 것이 보통 사람들의 삶이라고 생각한다.

갈대꽃
바람 말씀
시를 쓰고 있더이다

왼 종일
하늘 베고
손 저어 쓰더이다

찾는 이
탄성의 소리
흔들이며 쓰더이다

—「갈대 군락지」 전문

햇볕은
나락 논에
금침을 쏟아붓고

바람은
시나브로
산국화 지분대다

살며시
내 목을 감고

높은 하늘 보란다

—「가을 입문」 전문

위의 두 작품은 가을에 대한 이미지 부상이다. 두 작품이 같은 계절을 노래하고 있고 둘 다 단형시조이며, 내적으로는 의인법을 쓰고 있어서 함께 묶어보았다.

작품「갈대 군락지」는 표현 기법이 다르다. 과거시제 보조어간을 쓰면서 새로운 이미지화하려고 애쓴 흔적이 보인다. 갈대가 바람에 흔들리는 상황의식을 보면서 시를 쓰고 있음을 초, 중, 종장까지 이어지는 기법이다.

작품「가을 입문」에서는 모든 논밭에 있는 곡식을 익게 만들고 바람마저 산국을 흔들게 하면서 내 목을 감고 가을의 높고 푸른 하늘을 쳐다보게 하는 그런 상황을 그려내고 있는 작품이다.

고독한
내 창가에
햇살 한 짐 부리더니

동지섣달
짧은 해
내일 약속 거듭하며

한사랑
낙관 하나 찍고
산을 훌쩍 넘더이다

—「겨울 해」 전문

작품 「겨울 해」는 겨울의 짧은 해가 하루를 보내는 상황을 시화한 작품이다. 고독한 시인의 창가에 햇살이 따뜻하게 내리쏟더니 잠깐 사이에 떠나버리는 그는 서쪽 산꼭대기에 낙관을 찍듯 그렇게 사라져 가는 하루의 짧은 시간을 고독에 잇대어 쓴 작품이다.

매미 허물 벗듯 빠져나간 빈방엔
벗어 둔 옷가지에 싸늘한 바람 일어
함께한 사랑의 시간
아리아리 젖어 온다

가슴에 담아 둔 말 밀물져 오는데
보내고 떠나는 일 이리 급히 올 줄이야
실수는 하지 않을까
내가 더 좌불안석

—「딸을 보내고」 전문

작품 「딸을 보내고」를 읽으면 우리들 부모가 겪는 모든 일이 가슴 아파오는 상황의식을 수시로 불어오는 바람을 쐬게 된다. 어느 부모인들 그런 아픔을 견디지 않은 부모가 있을까마는 구귀분 시인이 경험한 삶의 편린(片鱗)들이 애절하기만 하다.

딸아이가 벗어놓고 간 헌 옷 속에서 어머니로서의 그 허전함을 매미 허물 벗듯 벗어놓고 간 딸아이의 정이 배어 있는 것을 느끼면서 거기서 불어 나온 싸늘한 바람, 그리고 함께한 사랑이 젖어 옴을 또한 느낀다. 그리고 가슴에 쌓인 못다 한 말들이 밀물처럼 많은데 이렇게 급히 떠날 줄을 몰랐으며 딸에게 마음 아픈 실수라도 하지 않았을까 걱정된다는 것이다.

이상 구귀분 시인의 작품집에 실린 작품을 잘 읽어보았다. 그는 전형적인 우리나라의 어머니 모습이며 확실한 그 어머니가 품고 있는 마음이며 확고한 자녀 사랑의 획을 굵게 긋고 있는 유교적 교육사상이 깃든 기독교인 듯싶다. 특별히 고향을 그리워하는 가난한 향수에 젖어 큰 우리나라 어려운 시절의 영향을 받은 고향에서 얻어진 친숙한 마음을 노래하고 있다.

구귀분 시인의 자녀교육은 요즘 핵가족 시대의 엉성한 가정교육이 아니라 내 자신을 확고히 심어서 내보내는 병사들의 훈육처럼 확실하며 때로는 고향의 정서를 함께 담아낼 수 있는 교육인 동시에 작품들도 함께 익은 것들이 많다.

구귀분 시인은 이제 지난날의 허물을 벗어던지고 새로움을 향해 떠나는 개척인과 같이 고여 있는 샘물을 퍼내고 더 깊은 시심의 장을 열어갈 것은 명약관화(明若觀火)한 일이다. 필자의 구구한 사설이 첫 시조집을 상재하는 시인의 작품집에 누가 되지는 않을까 걱정스럽다.

앞으로 좋은 시조를 써서 우리나라의 시조단에 빛나는 시인이 되시기를 기원하면서 글을 맺는다.

| 김기옥 시집 해설 |

자연친화적 생활의 기쁨과 즐거움

자연친화적 생활 속에서 살아온 강릉의 김기옥 시인이 시집을 묶겠다고 원고를 보내왔다. 그는 항상 긍정적인 시를 쓰면서 자연과 생활하는 삶의 지혜를 넓혀가는 아주 밝고 명랑한 시인이며 긍정적인 대답만을 고집하는 시인이기도 하다. 그의 작품 속에는 가족과 함께하면서 밝고 온화한 삶이 그대로 녹아 있을 뿐만 아니라 그런 삶을 바탕으로 한 맑고 즐거운 세계가 함께 존재해 있으면서 자신의 시 속에서 타인의 길을 모색하고 찾아내는 지혜도 발견하게 된다.

김기옥 시인은 그의 시집 『바다로 가는 것은』 속에 작품을 5부로 나누고 있다. 제1부 '사는 이유' 는 「겨울 편지」 외 19편, 제2부 '바다로 가는 것은'에는 「바다로 가는 것은」 외 19편, 제3부 '내 마음의 산책'은 「광한루」 외 19편, 제4부 '행복채널'은 「구절리 가는 길」 외 19편, 제5부 '물망초'는 「가을동화」 외 19편 등 총 100여 편의 작품을 싣고 있다.

김기옥 시인의 작품 속에는 봄엔 눈 많이 내리고, 바람 많이 불고, 비가 많이 오는 곳이기도 하며, 푸른 하늘과 늘 푸른 솔숲이 바닷바람을 안고 항시 울어대는 해송의 도시 강릉에 대한 사랑이 함께 가득 들어 있는 작품이 많으며, 할머니가 된 시인의 시 속에는 감사하는 마음이 가득 넘쳐나는 것을 느낄 수 있다.

혹한의 바람 안고 생태공원 순천에서
새해 인사 묵은 안부 새길 위에 띄웁니다.
할머니 이름 달아준 축하 인사 받으며

첫 만남 아름다운 인연의 향기 속에
소중하고 그 어여쁜 탯줄로 이어진 끈
숭고한 순명의 약속 기쁨으로 안으며

늘 살아 수런대는 생명의 늪 순천만엔
하늘 땅 비상하고 직립하는 갈대밭 철새
동안거 침묵을 풀어 꿈을 여는 하얀 편지.

—「겨울 편지」 전문

사람 사는 일이라는 것이 쉬운 일은 아닌 것이다. 「겨울 편지」를 통해 우리가 느끼고 보고 듣고 하는 것들이 인간의 삶 그 자체라면 우리라는 존재의 의미는 무엇이며 무엇을 위해 살며 달려가고 있는 것인가? 혹한의 1월에 결혼한 자녀에게 손주 탄생의 기쁜 소식을 받고 '할머니'라는 이름표를 붙여준 축하 인사, 인생에 있어서 첫 만남, 인연, 향기, 순명의 약속과 기쁨, 수런대는 순천만 갈대숲, 갈대밭 철새, 동안거, 침묵을 풀어 꿈을 여는 하얀 편지 속에는 시인 할머니의 깊고 숭고한 삶의 뜻이 함께 가득 담겨 갔으리라.

누구의 주제런가 누구의 과제인가
구구 만년 전설 같던 신비의 금강산이
반백 년 남북의 벽을 이어주고 있구나

온정리 길 다정하게 관음연봉 굽어보며
문주담 고운 물빛 육화폭포에 세워놓고
만물상 일만 이천 풍경이 꿈결처럼 반기는가.

옥류동 물굽이로 내 혼돈 걸러내고
물 메아리 바람 소리 물음일까 대답일까
아직도 먼 그리움에 찬 내 어머니 그 고향산.

—「금강산을 생각하며」 전문

시인 김기옥은 「금강산을 생각하며」를 통해 어머니의 지난날 아픈 과거를 말하고 있다. 금강산으로 하여금 "그리움에 찬 내 어머니 그 고향산"이라고 표출하고 있다. 첫째 수에서 금강산은 반백 년을 남북관계를 이어주고 있는 산으로 표현했고, 둘째 수에서는 북한의 모든 산천들 이를테면 온정리 길, 관음연봉, 문주단, 육화폭포, 만물상 일만 이천 풍경 등을 노래했으며, 셋째 수에서는 옥류동 물굽이로 혼돈을 걸러내고 먼 그리움에 찬 내 어머니의 그 고향 산으로 나타내고 있다.

연분홍 천진함의 꽃비가 나를 잡고

숨겨둔 나래 짓을 향기에 풀어놓고

수많은
삶의 이야기

나비 되어 따라간다

아직도 버리지 못한 꿈들이 노래하며

황홀한 꽃길 위로 화사한 봄의 절정

꽃잎이
뺨을 스치며
봄을 안고 함께 가잖다.

—「벚꽃나무 아래서」 전문

김기옥의 작품 「벚꽃나무 아래서」를 읽어보면 우리들의 삶의 일상들이 함께 있어 편안하게 읽을 수 있다.

작품을 구상하거나 창작할 때 시인의 아픔과 상처, 삶에 있어서의 인내, 어떤 새 세상에 대한 즐거움이나 아린 면을 나타내거나 그것에 대한 공감을 작품화한다거나 하는 것이 보통이다. 김기옥의 작품 속에는 너무나 자연스러움을 함께 나타내면서 즐길 수 있는 것들이 대부분이어서 부담감을 느낄 수 없어 독자들이 편안하게 작품을 대할 수 있어 좋다. 벚꽃나무 아래서 그냥 봄 향기를 맡아가며 삶의 이야기를 나누면서 걸어가고 있음을 표출하고 있으며 가지 하나를 휘어잡아서 화사한 봄날의 황홀한 꽃길을 걸어가면서 꽃잎을 뺨에 대고 향기를 맡으면서 봄을 보내는 삶을 그려놓은 작품이다. 이제는 좀 더 삶의 아픈 면도 함께 그려낼 수도 있어야 할 것으로 본다. 시적 연륜도 높고 인생의 경험도 많은 나이인데 그냥 캠퍼스에 풍경화를 그리고 있는 화가의 한 장면만을 나타낼 수 있어서는 불가함으로 인생의 쓴맛도 작품에 함께 그려낼 수 있는 작품을 쓰려고 노력할 수 있기를 바라는 마음이다.

맑고 깊은 오대산 눈길 따라 상원사 가는 길

맨몸의 나무들도 하얀 눈꽃 머리에 이고

물소리
하얗게 얼어
동안거 중이었다.

—「상원사 가는 길 4」 일부

작품 「상원사 가는 길 4」 첫수이다. 부제 「겨울」이 붙어 있다. 상원사는 오대산 월정사를 지나 좀 더 높이 올라가서 위치한 명사찰로서 6 · 25 당시 방한암 선사의 살신성인(殺身成仁)으로 그 고풍의 멋을 지금까지 지니게 된 절이다. 시인이 초, 중장보다 종장 처리를 멋있게 한 점을 높이 샀다. "물소리/ 하얗게 얼어/ 동안거 중이었다." 산곡에 흐르는 물소리를 "하얗게 얼어"와 "동안거 중"이라는 표현기교 등이 그것이다.

「상원사 가는 길 4」의 봄, 여름, 가을, 겨울을 만나면 겨울은 사람의 마음을 변하지 않게 만들고 봄은 모든 생물의 근원을 함께 자라게 만든다는 시인의 마음을 읽을 수 있어서 더욱 좋다.

한 바가지 물 그대는 소중한 생명의 끈

펌프 안에 어울려 깊은 사랑 불어넣어

밖으로
뽑아 올리는 힘
기적의 박수 소리

삐거덕 삐걱삐걱 목 타는 갈증을 보며

땅속 깊은 물을 불러 청간수 끌어올리는

당신은
행복한 비밀
믿음 소망 맞이하는.

—「마중물」 전문

여름의 경포 늪엔 초록 융단 바람 싣고

물속에 생명들이 또박또박 여름 일기

동그란
파문으로 적어
갈대숲에 저장하네

메꽃의 고운 악보 산책 나온 오리 가족

꼬물꼬물 우렁각시 춤추는 소금쟁이

수련의
수줍은 미소
여름날이 흥겹다.

—「경포 습지」 전문

작품 「마중물」, 「경포 습지」를 읽어보면 눈으로 보는 듯한 선명함이 머릿속에 그려진다. 마치 김광균의 모더니즘(Modernism) 시와 흡사

한 느낌을 주는 듯하다.

작품 「마중물」은 아직도 우리의 땅이 오염되지 아니한 상황 속에서 펌프를 박아 땅속 깊은 곳에서 맑고 깨끗한 지하수를 얻는데, 그 펌프 물을 끌어 올리기 위해 한 바가지 물을 먼저 부어서 땅 밑 물을 끌어 올리는 작업에 필요한 물이다. 땅속 깊은 물을 불러올리는 작업, 그 '마중물'로 인해 땅속 깊은 행복한 비밀스런 기쁨을 주는 그것, 모든 사람에게 사랑을 가져다주면서 우리들에게는 기쁨도 함께 안겨다 주며 소중한 생명의 끈이 되는 것이라고 김 시인은 노래하고 있다.

후자의 작품 「경포 습지」를 읽어보면 여름 경포 늪에 초록 융단을 깔아 놓은 것처럼 푸른 늪지의 생물들이 살고 있을 뿐만 아니라 물속에는 모든 생명이 뽀글뽀글 살아 있음이 동그란 파문(波紋)으로 갈대숲이 자라고 있는 호숫가(邊)에까지 퍼져 나아가는 것을 시인은 여름 일기를 "동그란/ 파문으로 적어/ 갈대숲에 저장하네"라고 아주 신선하게 표현하고 있다.

메꽃, 오리 가족, 우렁각시, 소금쟁이 등, 이를테면 꼭 여기에 등장한 동물만이 아니라 이것들은 대표적인 것이므로 다양한 동물들이 이 호수에서 살아가고 있음을 표출하고 있는 작품이다. 거기에 수련의 미소까지 등장시키고 있음을 볼 수 있다.

눈이 부신 오월 초당 허난설헌 생가 뜨락

고운 햇살 아른대고 꽃잎 눈 날리던 날

백련차
찻잔 속에서
꽃 그림자 유영을 보네

작은 찻잔 꽃잎 배 내 마음도 요정이 되어

아롱이는 햇살 타고 한참을 맴돌았네

그림자
그 어여쁜 춤사위
고운 봄날을 안고 왔네.

—「찻잔 속 꽃 그림자」 전문

허난설헌의 고장 강릉 사람들은 행복하다. 작품「찻잔 속 꽃 그림자」를 보아도 그렇고 앞에서 언급한 작품「경포 습지」도 마찬가지이다. 사람이 살아가는 데에는 환경이 정말 중요하다고 느껴진다. 허난설헌의 생가를 구경하자면 태백산, 백두대간을 넘어 기차로 4시간을 가서야 찾아볼 수 있는 곳인데도 김기옥 시인은 가만히 앉아서 백련차를 함께 마시면서, 허난설헌과 함께 같이 앉아서 시를 감상하거나 봄꽃의 향기를 맡을 수 있는 것이 얼마나 좋은 일인가?

백련차는 여러 사람이 둘러앉아 차를 음미하면서 먹는 것이다. 큰 푼주에 백련을 띄워서 그 향기를 음미하는 것도 중요하지만 전체 분위기가 더 중요한 몫을 차지하는 것이 특징이다. 두 수로 구성된 작품으로 각 종장 처리가 일품으로 남는다.

시집 2부는「바다로 가는 것은」10편과「바다의 소네트」10편, 총 20편의 작품을 싣고 있다.

파도 속 빛과 바람
그 틈새를 비집고 나온
억압 없는 관계와 실상

자유로 한가함이
무거운
세상의 티끌
헹궈주기 때문이다.

춤추는 갈매기와
설교하는 일출 꿈꾸는 섬
낚싯대의 요동과
하이얀 물 두루마리
아픔을
통과하지 않은
메아리가 귀 열기 때문이다.

—「바다로 가는 것은 1」 전문

시인은 「바다로 가는 것은 1」을 통해 무엇을 말하려고 하는가? 우리는 여기에서 바다의 속성을 먼저 알아야 해결의 실마리가 된다고 하겠다. '바다' 하면 머리에 제일 먼저 떠올려지는 것은 시원함일 게다. 다음은 바람과 푸른 물빛들, 모래알 갈매기, 일출, 꿈꾸는 섬, 낚싯대, 하이얀 파도, 등 많은 것이 떠올려질 것이다.

「바다로 가는 것은 1」에서 시인은 억압당하고 있는 실상의 관계에서 자유로움과 한가로움을 먼저 말하고 세상의 모든 더러운 티끌을 헹궈주는 상황의식(狀況意識), 둘째 수는 낚싯대의 요동과 하얀 물 두루마리, 아픔을 통과하지 않은 메아리, 그것이 귀를 열어주기 때문이라고 했다.

사랑하는 나의 딸들아
세상의 바다에는

모두가 모험이다
어지러운 해무와 바람
첫 항해
출발부터 준비까지
지혜와 슬기 용기이다

때로는 거센 파도
어느 구비엔 삶의 지표
흔들리고 구겨지고
세상은 냉정하단다
인생길
사랑과 이해
용서하고 봉사하기.

—「바다로 가는 것은 10」 전문

작품 「바다로 가는 것은 10」에서는 김기옥 시인이 모든 사람, 특히 딸들에게 던져주는 깊은 메시지가 담겨 있다. 어떻게 보면 '나의 딸'에 대한 애정 어린 눈으로 보는 이 험난한 세상살이를 말하는 것 같으나 시인은 모든 세상의 딸들에게 던지는 폭넓은 메시지이며 세상 살아나가는 지혜와 슬기를 말해주고 있는 시이기도 하다.

사랑하는 딸들에게 "세상의 바다에는 모두가 모험이다"라고 경고하고 있다. 특히 결혼을 해서 첫 출항을 하는 부부들에게 귀감이 되는 시이다. 둘째 수에서는 거센 파도, 어느 굽이에서는 삶의 지표가 흔들릴 때가 있으며 그런 것을 잘 참고 고비를 넘겨야 한다는 것(흔들리고 구겨지고 세상은 냉정하다)을 잘 말해주고 있다.

마지막으로 시인은 그들에게 "인생길은 사랑과 이해, 서로 용서하고 봉사"하는 자세가 필요하다고 언급하고 있다.

출렁이는 물여울이 해무에 가리어져

바람도 찾지 못해 한나절 헤매이다

너 향해
부르는 소리
철석이며 듣는다

목까지 올라오는 짙푸른 아우성들

파도 타는 젊음의 질주 산다는 것은 즐긴다는 것

사람들
소금물에서
한여름을 헹군다.

—「바다의 소네트 1」 전문

시인은 작품 「바다의 소네트 1」에서는 삶이란 무엇이며 어떻게 하고 살아야 한다는 것을 말해주고 있다.

출렁이는 물여울, 그것들의 출렁임과 파도 소리, 푸른 물결 그것들의 "아우성들// 파도 타는 젊음의 질주 산다는 것은 즐긴다는 것"을, 종장 처리가 좋다. "사람들/ 소금물에서/ 한여름을 헹군다." 더위를 식히기 위해 해수욕을 하며 살아가는 것을 시인은 한여름을 소금물에 헹군다로 표현하고 있음을 볼 수 있다.

파도 소리 정적을 풀어 검은 주단 걷어 올리며

하이얀 파도 자락이 거친 영혼 곱게 일어

말갛게
헹구는 소리
불면으로 뒤척이고

바다에 빠진 달은 물결에 멀미를 하고

마주 보는 구름 자락 바람 따라 아득한데

집어등
눈부신 어화
궁전처럼 아름답다.

—「바다의 소네트 10」 전문

작품 「바다의 소네트 10」에서는 밤바다의 광경을 그리고 있다. 밤바다는 주단 필을 걷어 올리는 것과 같은 느낌을 주게 된다는 것, 하얀 파도 자락이 밤새도록 말갛게 헹구면서 밤잠을 자지 않고 지새우고 있는 것을 시인은 듣고 있다. 둘째 수에 와서는 달빛이 바다 물결에 실리며 출렁거림을 멀미로 보면서 바다 위의 구름 자락이 바람에 따라 달라지고 있으며, 오징어잡이의 집어등 배의 밝은 불빛이 아름다움을 수놓고 있음을 시인은 헤아리고 있다.

꽃잎 타고 온 남도의 봄 길 만덕산 굽어 올라
하늘이 보이지 않는 나무 숲속 아흔 두 개 돌계단 밟아
힘겨워 땀을 훔치며 툇마루에 앉았네

민족의 대실학자 강직함을 말해주듯
하늘 찌르는 대숲과 적송 세상 거꾸로 보길 가르쳤던
민로들 넋이 살아 있듯 거칠게 뒤틀린 고목들

유배 생활 십 년 동안 모든 서책 집대성한

다산 다경＊에 남긴 자취 진보적 사회적 모순타파
뜨락엔 차나무 향과 고운 새소리 청명함으로 가득했다.

—「다산 초당에서」 전문

＊다산 다경 : 다산의 손길이 배어 있는 유적지.

김기옥 시인은 많은 곳을 보고, 듣고, 경험을 한 시인이다. 우리나라 명소 및 관광지에 따른 작품들이 많은 것으로 미루어보아 그것을 추측하게 된다.

먼저 작품 「다산 초당에서」는 다산이 다산으로 있기 위해서는 오랜 유배 생활을 하면서 자신의 생각과 사상, 그리고 그가 관리로서 소신을 가지고 생활할 수 있는 생활과 철학, 국록을 받는 선비로서의 일체를 정리할 수 있는 시간(유배 생활)이 없었더라면 지금의 다산이 없었다고 감히 말하고 싶다.

시인은 그것을 이 작품 속에서 언급하였고 그것이 얼마나 귀중했던가도 함께 이야길 하고 있는 것이다.

가을 길 굽이굽이 마타리 벌개미취

손 흔드는 억새꽃 구름 속으로 달려간

정상엔
우릴 반기며
자릴 터는 흰 구름

“공산당이 싫어요” 사십 년 전 어린 이승복

잔인했던 공비 행각들 증인하듯 바람 메아리

한 맺힌
위안 길에서
당귀차 한 잔 위안 삼네.

—「운두령을 넘으며」 전문

시인은 운두령 고갯길을 넘으며 “나는 공산당이 싫어요”라고 외쳤던 사십 년 전 어린 이승복 군의 목소리가 메아리 쳐 오는 고갯길에 서는 것이다. 얼마나 위대한 부르짖음이며 얼마나 용감했던 그의 표상을 생각할 수 있겠는가? 억새꽃 구름 속에 손 흔들고 선 정상, 그 사십 년의 긴 세월 동안 아직도 통일은 요원한 전 세계에서 단 한 곳뿐인 우리나라, 한 맺힌 위안의 길에서 마음을 녹일 것은 따끈한 당귀차 한 잔, 이라고 했을 뿐이다.

어딘지도 모르던 길 정선 오지 탄광지대

웰빙 문화 들여와서 레일바이크 타고 간다

신나는
가족 나들잇길

손 흔드는 마타리꽃

아우라지 뱃사공이 옛이야기 되었구려

푸른 물빛 산 위로 올려 인공폭포 걸어놓고

신천지
명소가 되어
줄을 서는 사람들.

—「구절리 가는 길」 전문

김기옥 시인은 작품「구절리 가는 길」을 통해 새로운 시대가 열리는 것을 보여주고 있다. 강원도 정선 그 오지에서 석탄만 캐다가 늙어 죽은 사람들도 있겠지만 이젠 그곳은 레일바이크 타고 웰빙 문화를 즐기면서 살아갈 수 있는 현실을 작품을 통해 보여주고 있는 것이다. 그리고 산 위에서 내리쏟는 푸른 물 흰 폭포를 만들어서 내리쏟고 시원한 물줄기를 만들고 있으며 아우라지 옛 뱃사공의 노랫소리 들어볼 수 없는 현실을 시인은 노래하고 있다.

봄바람 앞세우고 백두대간 두타 청옥산
바위협곡 신선 길로 무릉도원 찾아가는 길
그 이름 바위들의 걸작 감탄사 연발하며

무릉을 인도하는 삼화사 맑은 화엄
부처님께 경배하고 너럭바위 물길 밟아
학소대 병풍바위 쌍폭포 절경 사이로 새소리

용추폭포 신선 되어 하늘 문 열고 올랐더니
층층 돌탑들 군중처럼 앉아 있고 계곡엔
복수초 노랗게 피어 봄소식을 전합니다.

태백준령 장엄함이 두타산성 조망하고
산죽 흔드는 소슬바람 마음을 씻어주네
관음암 삼척 부사의 불심 두꺼비바위 현신일까.

—「두타산을 오르며」 전문

우리가 태백산맥 백두대간을 넘어보면 그 유명한 산, 청옥산, 두타산을 모르고는 산을 말할 수 없고, 계곡 중에 무릉계곡을 모르고는 관동을 논하지 말라고 했다. 무릉도원의 길을 찾아가는 길에 기암괴석(奇巖怪石)이 눈앞에 다가와 선다. 바위들의 생김생김이 인간의 손때가 묻지 아니한 모습으로 나타나고 너럭바위 등에서 옛 선인들의 글귀를 읽어볼 때 우리는 인생의 덧없음을 느끼게 되는 것이다. 학소대 병풍바위 쌍폭포 절경이 펼쳐지고, 그 사이로 나는 새소리 요란하게 소리치고 있다. 용추폭포를 보며 선녀탕 푸른 물굽이 돌아 층층 돌탑들 군중처럼 앉아 있는 곳, 복수초 노랗게 피어 봄을 알리고 있다. 이제 태백준령의 장엄함과 두타산성을 조망하면서 내려오는 일정을 4수 연시조로 구성하고 있다.

무릉계곡의 봄바람을 안고 하루를 구경하는 시인의 마음에는 봄부터 겨울까지 모든 환경변화를 맛볼 수 있을 것이며 그것을 통해 자연의 영원성과 아름다움, 인생의 유한성을 깊이 느낄 수 있었다고 하겠다.

백령도 서쪽 해안 수비해군 초계함정 천안함
의문의 광풍으로 두 동강 나 좌초됐네.

어쩌나 그 아수라장 속 사라져간 마흔여섯 영혼들

해병은 복귀하라 명령도 길을 잃고
모순을 입에 넣고 잠글 수 없는 아픔을 올려
죽어도 죽지 못하는 조국의 부름인가

당당했던 우리 해병 어쩔 수 없는 마법인가
사랑하는 아들들아 봄꽃으로 환생했더냐
모두의 가슴에 다시 살아 조국 평화에 초석 되리.

—「그 봄날은 잔인했네」 전문

김기옥 시인은 2010년 3월 26일 천안함 침몰 사건을 눈여겨보고 있었다. 우리나라 국민이면 그 사실을 다 알고 있는 오늘, 북한은 그 많은 꽃다운 아들들을 침몰시키고도 아직도 긍정의 손길을 내밀지 아니하는 북한 정권에 무엇이라고 말해야 하는가?

살아생전에 조국 통일을 못 보고 간 우리 젊은 병사들의 혼(魂)을 위로해 줄 길은 어떤 것들인가? 평화통일을 갈망하지만 할 수 없는 방법적인 상황 속에서 우리는 어떻게 살아서 그들을 위로해야 할 것인가? 의문만이 가득히 남아 있을 뿐이다. '그 봄날은 잔인했네' 정말 잔인한 날이었다.

이상에서 김기옥 시인의 작품을 읽어보고 그가 자연을 얼마나 좋아하고 아끼고 사랑하는가에 대해 독자들이 먼저 알고 있을 것 같다. 김 시인의 작품 속에는 친환경적인 것이 아닌 작품이 거의 없을 정도로 작품 속에 자연이 살아 있음을 느낄 수 있는 것이 특징이다.

어머니의 고향인 북쪽 하늘을 바라보며 어머니의 아픔을 함께하는 효성이 짙은 시인이기도 하며 가족을 떠나서는 생각할 수 없는 매우 가정적인 시인이기도 하다. 사회생활을 하면서 사회봉사 하는 마음과 봉사활동으로 살아가는 김기옥 시인의 모습이 시인의 눈으로 볼 때에도 저렇게 아름다울 수밖에 없는데, 일반 독자들이 읽고 느낄 때에는 더욱 좋은 반응을 가질 수 있을 것으로 본다.

시를 쓴다고 다 시인이 아니며 말을 한다고 다 옳은 말이 아니듯이 일상생활에서 어떻게 살아가야 하는가가 중요한 것이다. 좋은 고장에서 살아가면서 선인들이 남겨놓은 유산을 어떻게 잘 쓸 수 있을까 하는 생각뿐만 아니라 그것을 잘 활용하여서 후대의 후손들에게 어떤 값어치를 채워줄 수가 있는가도 생각해 볼 때가 되었다고 생각한다.

김기옥 시인이 봉사활동 하는 것 중 동화 구연 활동으로 글을 읽어주고 함께 공감을 받을 수 있는 좋은 활동을 한다는 것도 잘 알고 있는데 앞으로 자라나는 어린이들에게 모범이 되고 훌륭한 시인으로 추앙받을 수 있는 문인이 되기를 바라면서 앞으로 더욱 좋은 시를 써서 독자들에게 봉사해 나가기를 바라는 마음이 크다.

| 김점순 제3시집 해설 |

자연친화적인 서정과 향토사랑

문학(文學)은 인간 여정(旅程)에 피고 지는 꽃이다.

문학은 사람이 살아나가는 길에 뜨겁고 눈물이 있는 정원의 꽃 향이거나, 춥고 삭풍이 부는 날 따뜻한 희망을 주는 내용이거나, 아니면 부패한 정치판 속에서 깨끗한 이슬로 꿰어낸 구슬 같은 이야기라고 할 수 있다. 어려운 세상살이에서 보석 같은 언어로 사람들에게 삶의 활력을 부여하고 그 고난의 시대적 투혼을 건져 올려 승화할 수 있는 것이 바로 문학의 힘이며 또한 우리들에게 비춰지지 않는 정체성(Identity)을 잡아내어 일깨워 주는 것이 문학이라고 생각한다.[1)]

김점순 시인은 향토 시인으로서 영주지역의 문인협회와 한국문인협회 경북지회 및 크리스천문학가협회 회원으로 활동할 뿐만 아니라 『영주문예대학』 교무처장으로서 영주문예대학 동인지 5집까지 출간해내는 데 큰 힘을 쏟고 있는 영주지역 문학의 정체성(Identity)을 잡아내어 일깨워주는 시인이다.

---

1) 박영교, 『시조 작법과 시적 내용의 모호성』(도서출판 천우, 2013), p.149

그는 처녀시집 『아침에 눈을 뜨면』(2007년), 『우리의 삶이 캄캄한 밤일지라도』(2009년)를 상재(上梓)하고 이제 제3시집을 출간하기 위해 원고를 보내왔다. 새로운 작품들이 풍성해서 작품선정이 어렵고도 쉬웠다고 하겠다.

김점순 시인의 제3시집에 수록할 작품은 제1부 「바람」, 「연꽃으로」 등 18편, 제2부 「순대국밥」 등 18편, 제3부 「시선」 등 17편, 제4부 「두문동」 등 18편 전 71편의 작품을 싣게 되었다. 그의 작품 대부분이 영주지역의 정감을 표출한 것으로 고향을 사랑하고 고향 마을에 봉사하는 마음이 작품 여러 곳 속에 녹아 있다.

김점순 시인의 작품을 읽어보면 우리들의 일상생활 속에서 일어나는 작은 꼬투리 하나를 생생한 작품으로 그려내고 있음을 볼 수 있다.

누구나 보이는 것이 아니고
마음이 맑은 사람만 보이는
낮달

오늘은 서라벌 벌판을 지나
경주 보문단지에서
평생에 한 번밖에 없는
대상을 타는 시상식에 왔다

낮달이 따라 오면서
영주의 규수 수필가 전미경
신라문학 대상(수필 부문)을 수상하러
고속도로를 타고
깊고 넓은 호수를 돌아

낮달은
지금 수상을 하고 있다
큰 상을 받고 있다

—「낮달」 전문

이 작품은 『영주문예대학』 제1호 수필가인 전미경 수필가가 2009년 12월 28일 제21회 신라문학 대상 시상식에 함께 참석하고 돌아와서 그 상황을 작품화한 것이다.

김점순 시인은 '낮달'을 전미경 수필가에 비유해서 쓴 작품이다. 낮달은 달이 지구를 약 27과 1/3일 주기로 공전하기 때문에 일어나는 현상이라는 천문학적 이야기보다 왠지 행운이 올 것 같은 신비함을 우리는 느끼게 한다.

영주문예대학 제1기생 중에서도 신라문학 대상 수필 부문에 수상한 일이 처음이고, 누구에게나 선망의 대상이 되면서 『월간문학』에 당당하게 등록이 된 훌륭한 문인을 낮달에 빗대어 은근히 자랑하고 있는 작품이라고 할 수 있다.

술 취하지도 않았는데
물곰 해장국을 먹는다

술은 물곰이 먹고
해장국은
내가 먹는다

하얀 대낮도
취한 듯

물곰 해장국을 먹는다

—「물곰 해장국」 전문

해장국이란 사람들이 술을 많이 먹은 후 그다음 날 아침 속을 풀기 위해 먹는 음식으로 알고 있다.

물곰은 그 옛날에는 보기 싫은 흉물 고기로 인정되어 잘 알려지지 않았는데 그것을 잘 개발하여 요즘은 해장국으로 널리 알려져 있다. 특히 삼척에 가면 명물 해장국으로 알려져 있고 해변의 여러 식당에는 물곰 해장국으로 이름이 나서 많은 사람들이 밤늦게까지 술을 마시고 아침에 이 해장국을 즐겨 찾는다고 한다. 그런데 김 시인은 술도 마시지 않은 채 점심으로 물곰 해장국을 먹은 것 같다.

이 작품에서는 두 번째 연이 일품이다. "술은 물곰이 먹고/ 해장국은/ 내가 먹는다."

솔밭 위로
하늘이 푸르다

푸른 하늘은 새 한 마리 날지 않고
흰 구름만 두둥실 살아
노를 저어가고 있다

태산 같은 김유신 장군 묘소
누가 장군의 묘라고 하는가
태대각간이 아니라
대왕의 이름 위에 군림하는
힘이 큰 돌 말뚝 사이로 보이는
칼날 푸른 장군의 하늘이

호령하고 앉아 있다

나는 새도 떨어뜨리는
당신의 하늘이
앉아 있다

—「김유신 묘 앞에서」 전문

경주에 가서 김유신의 묘를 구경한 사람은 잘 안다.

신라에 투항한 금관가야 왕족의 후손인 김유신은 김춘추(후의 태종무열왕)와 혈연관계를 맺고 정치적 발판을 마련하였으며, 백제와의 전투에서 그리고 비담의 난과 같은 신라의 왕위계승 내란에서 큰 공을 세웠다. 이후 백제, 고구려를 차례대로 멸망시키고 당(唐)나라의 야욕을 기지로 막아낸 삼국통일의 우뚝한 공신이었다. 그가 죽었을 때 문무왕이 예를 갖추어 장례를 치르고 그의 공덕을 기리는 비를 세웠으며 그를 흥무대왕(興武大王)으로 받들었다.

김 시인은 신라 어느 왕릉보다도 훌륭한 모습을 하고 있으며 업적도 묘의 크기만큼 쌓았고 일화도 많아서 이야깃거리로 회자(膾炙)되는 영웅의 묘를 셋째 연에 잘 표출하고 있다.

하늘은
맑은 바람 소리에
푸르게 걷히고 있다

거북등처럼 갈라진
구피,
송구를 씹으며

지난날 어렵게 살던
이웃 사람들의 이름이 떠오른다

아직도 하얀 쌀밥에 고기반찬을 먹어도
가슴속에 갇혀 있는
서러운 이야기

마음에
살아 움직인다

—「회상」 전문

작품 「회상」을 읽으면서 김점순 시인은 필자가 알기로는 평생 배를 곯아본 사람은 아니라고 생각하는데 이런 작품이 나온다는 것은 〈영주 시민대상 봉사 부문〉을 받은 시인으로서 타인의 사정과 아픔을 함께 아파하고 위로하며 도와주었기 때문일 것이다.

우리의 옛날은 그 어렵게 살던 시절의 아픔으로뿐만 아니라 좋은 추억으로 생각할 수도 있다. 남이 다 겪는 보릿고개 시절 고기반찬을 먹고 잘살았더라도 온 이웃의 가난을 서러워할 줄 아는 따뜻한 시인의 마음이 오늘 그로 하여금 봉사에 앞장서는 초석이 되었으리라 여겨진다.

구제역이 발생했다

베트남에 여행 간 축산인이
병균을 묻혀 와서 난리다

밤샘하며 지키던
공무원이 사망하고

황소들이 줄줄이 엮여갔다

자꾸만 펴지는 구제역
주저앉았으면 좋겠다
그만!

—「구제역」 전문

우리 생활에서 '구제역'이란 말은 생각하기도 떠올리기도 싫은 삶의 한 모퉁이다.

구제역의 처음은 모 지역의 축산업자가 베트남 여행에서 병균을 묻혀 와서 퍼뜨렸기 때문이라고 한다. 영문도 알기 전에 죽어가는 가축들, 공무원의 죽음까지도 몰고 온 참극이다.

가축들의 떼죽음과 매몰 처리하는 TV 장면들이 시인과 우리 독자들의 머릿속에는 생생하게 그려지는 것이다. 지금도 겨울만 되면 그 아픔이 조류독감으로 구제역으로 국민들의 마음을 불안하게 한다. 김 시인은 온 국민이 안타까웠던 그 마음을 잘 대필하고 있다.

저 멀리 서 있어도
당신인 줄
내 마음이 먼저 알고 일어선다

텅 빈 마음 안으로
떨려오는 전율
기다림의 간절함은
어디에 숨겼는지
막대 같은 꽃대만 살을 나누고 있다

연잎에 이슬 받아
마른 줄기를 일으키는
초조한 목축임 따라
물밑 진흙길 헤쳐 가며 죽죽 뻗은 뿌리들

발자국 남기는 곳마다
생각의 구멍이 숭숭 뚫려 있어도
뜨거운 삶의 한순간을 위하여
쏘아 올리는 마음

지나는 길목마다
무너지는 상념들 살려
생생한 향기로 퍼진다

—「바람, 연꽃으로」 전문

작품「바람, 연꽃으로」는 비록 진흙탕에 발을 묻고 살아도 마음만은 곱고 향기로운 사람이 되는 것을 뜻하는 호흡이 좀 긴 작품이다.

우리가 연잎과 연꽃을 바라보노라면 잊어버린 상념이 바람에 티끌처럼 일어날 때가 있다. 김 시인도 그러했던 것 같다. 연꽃의 향기는 바람이 불 때마다 일렁이는 파도처럼 밀려올 때가 있다. 그 귀한 연잎과 연꽃은 그 뿌리가 검은 진흙탕에 발을 붙이고 구멍이 숭숭 뚫리도록 애쓰며 길러 올린 아름다움이고 향기다. 우리에게 많은 교훈을 주는 꽃이다. 김점순 시인은 자신의 삶과 비유해서 시인 자신도 생생한 향기를 드러내는 삶의 정신을 생각했을 것이다.

범불사를 둘러싼
산들이 붉게 탄다

물소리에 불이 붙고
바람 소리에 타는 냄새

먼 산은
화염에 잠겨 있다

—「범불사의 가을」 전문

김점순 시인의 작품을 훑어보면 개성적인 표현을 찾아볼 수 있다. 다른 시인과 다른 자신만의 표현을 찾아볼 수가 있다. 그것은 사물을 어떻게 보고 관찰하며 어떻게 표현하는가를 곰곰이 생각하는 데에서 오는 것이다.

시적 개성은 문체에서 탄생한다. 개성이란 원래 타인과 다른 자신의 특이성을 가리킨다. 이처럼 시어의 선택이나 배열은 제재와 상황, 그리고 시인의 개성에 따라 다양해질 수밖에 없다.[2)]

범불사는 일월산 근처에 있는 사찰이다. 김점순 시인의 처음 생활은 일월산 근처에서 시작되었다. 범불사 쪽에 가을이 들면 자연적으로 일월산 가을을 빼놓을 수가 없고 일월산에 가을이 들면 온 산 전체가 불이 타는 듯 물소리 바람 소리에 가을은 무르익어가고 일월산마저 붉게 타고 있는 가을 산이 되는 것이다.

아버지의 체온을 느낀다

저녁노을 보면서 그 포근한 마음
그러면서도 엄하신 마음도
함께

2) 김준오, 『시론』(도서출판 문장, 1984), p.85

둑방을 걸어도
따뜻한 바람을 안고 지나는 품 안
가득한 행복감

흐르는 물줄기
그 혈맥을 이어가는 가족들
푸른 강물 출렁이는 어머니의 핏줄
지금도 흐르고 있지

소용돌이치듯 거친 기침 소리
때로는 폭포를 이루고

땀 절인 저고리
젖은 웃음소리
주름살 위로
수많은 사연을 읽을 수 있었지

인자함을 떠올릴 때면
그리움은 파도로 일고
생각이 짙게 우러나는 저녁놀

—「아버지 생각」 전문

작품 「아버지 생각」은 김점순 시인이 아버지에 대한 그리움에 흠뻑 젖은 작품이다. 인자함과 땀 절인 웃음, 그리고 기침 소리와 엄하신 마음까지 다 헤아릴 수 있게 되는 인생의 황혼기 곧 저녁노을인 것이다.

영주 시립병원 이사장인 김덕호 박사의 표현을 빌리면 김점순 시인의 부친은 영주에서도 가장 유명한 한의사였다고 한다. 그 당시 한의원은 영주 시내에서는 김 시인의 부친과 면 단위에서는 장수한의원(김

덕호 박사 조부)뿐이었다고 전해 들었다.

그분들은 사람을 구하고 살리는 의원이었으며 돈을 목적으로 한의원을 한 것이 아니라는 것을 모든 사람이 다 알고 있는 분이라고 했다.

하늘은 그냥 하늘이 아니다
별빛도 혼자 반짝이지 않는 법
어둠이 있어서 별은 더 빛난다
때론 두려움 없이 어둠으로 들어가
별과 별 사이 빛을 만드는 잔상이 되기도 하여라

그래서 아들아,
한 끗발 높은
사람의 향기가 되고
그윽한 정으로 매력이 터지는
큰 그릇이 되어라

—「큰 그릇이 되어라」 일부

김점순 시인의 작품「큰 그릇이 되어라」 마지막 부분이다.

부제 '아들에게'가 붙어 있는 작품으로 어머니가 아들 이선제(영주 선제한의원 원장) 원장에게 하고 싶은 말, 타이르는 말, 당부의 말을 자상하게 쓴 시적 언어로 표현하고 있다. 즉 김점순 시인이 이선제 원장에게 주는 시적표현의 교훈이다.

"하늘은 그냥 하늘이 아니다
별빛도 혼자 반짝이지 않는 법
어둠이 있어서 별은 더 빛난다"

이 시적표현을 아들과 독자는 읽고 또 읽어 보길 권한다.

작품 「학자수를 말하다」는 김점순 시인의 출세작이다.

제10회 (사)세계문인협회의 세계문학상 시 부문 대상을 수상한 작품이다. 호흡이 길어서 작품을 다 가져오지는 못했지만, 그 작품이 (사)세계문인협회에서 심사위원들의 찬사를 받은 작품이다. 학자수(學者樹)는 소수서원에 있는 몇백 년 묵은 나무들을 총칭하는 언어이다.

훨훨 황새가 난다
무논 위를

비둘기 훨훨 난다
푸른 나뭇잎 위를

돌아앉아도 보이는
푸른 벌판 위로
하얀 뱁새가 난다

돌부리를 차고
흰 물거품을 내면서
소리 지르며
흘러가는 강물 위로

날개 까만
물총새가 난다

— 「바람이 난다」 전문

작품 「바람이 난다」는 김점순 시인이 아주 기발한 스타일로 개성미가 넘치게 쓴 작품이다.

제목은 '바람이 난다'라고 붙여놓고 '-난다'로 끝을 맺고 있는 작품이다. 전 5연으로 구성해 놓고, 첫 2연은 첫 행의 끝에 '-난다'를 붙여 놓고, 그 뒤쪽의 연에는 마지막 끝행에 '-난다'를 붙여서 각운(脚韻)을 주고 있다. 그리고 황새가, 비둘기가, 뱁새가, 물총새가 이 모든 새들의 날개로 바람을 타고 날아가고 있음을 표출하고 있다. 외형적 세련미가 돋보이는 작품이다.

소소하고 잡다한
마음을 털어버리고

백두대간 큰마음을 품고 살자
산마다 푸른 정기를 받아서

자연의 풍치를
마음껏 누리며

낙락장송 휘어진
노송들이 반겨주는 길을 걷다 보면

옛 선비들의 발자취를 느끼면서
우리의
미래를 설계하며
걷자

—「죽령 옛길을 걸으며」 전문

우리가 영주에 살면서 죽령 옛길을 걸어본 적이 있는가?

가만히 생각해 보면 아마도 영주 사람으로서 죽령 옛길이 어디에 있는가도 모르는 시민들도 있을 것이다. 김점순 시인은 '죽령 옛길'을 걸으면서 백두대간의 정기를 받으면서 자연의 풍경을 음미하면서 옛 선비들의 발자취를 느끼면서 나라를 걱정하고 미래를 생각해 보자고 당부하는 말을 간접적으로 은근히 비춰냈다.

그립다 말하는 사람은
진정 그리움이
무엇인지 모르는 사람입니다

그립다 말하기 전
눈물이 먼저 앞을 가리듯
꽃이 그대를 반기기 전에
꽃 향이 먼저 마중을 나옵니다

봄 향을 맡기 전
우리 안에 고여 있는
그리움의 샘물을 펑펑 솟구쳐
봄의 그리움을 토해 내야 합니다

하나님이 주신
이 아름다운 계절에

—「그립다 말하기 전」 전문

이 작품 「그립다 말하기 전」을 통해 김 시인은 독자들에게 던져주는 메시지가 무엇인가를 생각해 볼 수 있다. 우리 몸의 출력기관을 통한

전달 메시지는 말과 글로 비롯되나 그 근본은 마음에 있음을 비춰내고 있다.

사람의 마음이 진정 어디에서 오는가를 독자들에게 던져주는 메시지다. 행동하기 전에 감동이 먼저이며 사랑한다는 말하기 전에 행동이 먼저임을 작품화하고 있는 것이다. 계절의 봄을 느끼기 전에 벌써 땅 밑에는 새로운 싹들이 파릇파릇 돋고 있었음을 알게 되는 것이다.

하나님의 법칙은 순조로우며 우선순위가 정해져 있음을 독자들도 알게 될 것이다.

길은 어디에나 있다

바람이 일어 낙엽 소리 나는 길
고속도로
꼬불꼬불 도는 오솔길

꿈이 살아서 꿈틀거리는
옷깃을 스치는 서운한 바람

동생의 아픈 이야기 깔려 있는
마음의 길 위에는
내 어릴 적 어머님께서 들려주신,

삶도 길도 어디에나 있다

—「길」 전문

시인이 인간의 삶을 길로 비유하고 쓴 작품이다.

우리 인간이 살아나가는 길은 무수하다. 우리가 아무리 어려워도 어떻게든 살아가는 길이 있음을 알게 한다. 바람이 일어 낙엽 바스락거리는 길, 오솔길, 고속도로의 거침없는 길, 가족의 마음 아픈 이야기 길, 우리가 살아가는 이런저런 길이 있지만, 선택은 우리의 몫이다.

시인이 한 작품을 창작해서 세상에 던져 놓기 전에 그것을 여러 각도로 객관적인 입장에 서서 관망할 수 있어야 한다. 그 조망의 진실은 독자들이 스스로 판단해서 결정할 일이다.[3)]

아픈 줄기를 아는 사람은
산약을 먼저 알고 처방한다

어떤 화가의 말이
어눌하다
가슴에 칼을 댈 때마다
아프다고 소리친다

한 치 앞을 모르는 삶이다

구름이 검게 드리우면
비설거지를 먼저 하고
바람 불다 그치면
조용히 눈 감고 기다린다

안개처럼 흩어진 삶
천마차를 마주하고
고요함을 붙잡는다

—「천마차를 마시며」 전문

---

3) 박영교, 『시와 독자 사이』(도서출판 청솔, 2001), p.145

김점순 시인은 아들이 한의사이므로 약재 이름도 잘 아나 보다.

천마는 중풍이나 아이들의 뇌수막염에 특효가 있는 약재라고 한다.

천마차는 사람들의 뇌를 맑게 해주는 역할을 하며 스트레스를 없애주는 역할도 하는 것으로 알고 있다. 김 시인은 천마차를 마주하고 앉아서 마음의 고요를 누리고 있다. '만사는 불여튼튼'이라 일러주는 듯하다.

새가 운다
그 소리 따라 발걸음 옮기면
날아가 버리고
앉았던 자리에
새집을 짓는다

봄은
알을 낳는 계절
떨리는 목소리로
손녀가 전화를 했다

"우리 집 화단에
새들이 날아와 앉았어요."
"새들의 울음소리에 잠을 깼어요."

새가 운다
울음소리로 지어지는 새집

알을 낳는
소리를 듣는다

—「혜리의 전화」 전문

작품「혜리의 전화」를 통해 계절의 생동감을 느끼게 하는 작품이다.

김 시인의 집안에는 혜리(손녀)가 봄이다. 혜리의 언어 한 마디 한 마디가 사랑이고 봄이고 파릇파릇 싹이 트는 봄날의 하루인 것이다. 우리 집 화단에 새소리가 나면서 새들이 새집을 짓고 알을 낳는 것을 직접 목격을 하면서 잠들어 있는 계절에서 봄을 맞는 것이다.

혜리가 할머니에게 전화를 하는 그 자체가 봄이 온 계절의 따뜻한 온기를 나타내며 그 집안에 새로운 삶의 번창을 의미하는 것이다. 바로 그것이 입춘대길(立春大吉)이다.

세상에 뿌려진 흔적과 기억들
아름다운 발자국으로 남겨지길 원하며
밝은 태양을 향해 달려가서
주님의 무한한 사랑 은혜로 거듭나
할렐루야
할렐루야
찬양의 메아리 끊이지 않게 해 주세요

당신을 기억합니다
그리고 잊지 않겠습니다
세상 끝나는 날까지
하늘의 뜻 받는 그날까지

—「하늘의 뜻을 받아」 일부

이 시는 부제 '권재희 권사 임직에 부쳐'가 붙어 있으며, 김점순 시인의 친구 권재희 님의 권사 임직식 거제도 '대한예수교 장로회 새장승포교회'에 참여하여 축하 자리에서 낭송한 시다.

「하늘의 뜻을 받아」는 작품의 호흡이 길어서 그 끝부분만 언급하게 되었다. 크리스천인 김 시인 자신도 남다른 감회로 "당신을 기억합니다/ 그리고 잊지 않겠습니다/ 세상 끝나는 날까지/ 하늘의 뜻 받는 그 날까지" 이렇게 시를 낭송하고 마무리했을 것이다.

영원한 노력과 그 위대함 앞에
자랑스런 만세를 부릅니다
목 놓아 외칩니다
그것은
후손들의 큰 자부심이며
앞으로도 영원히 빛날 것입니다

애국지사
죽헌(竹軒), 삼사(三事) 두 분 할아버지
그 역사
그 명성
영원하소서

—「애국지사 할아버지께」 전문

김점순 시인의 작품 「애국지사 할아버지께」는 시댁 이선제 한의원 원장의 선조 할아버지가 애국지사여서 "죽헌(竹軒), 삼사(三事) 두 분 할아버지"의 은덕을 기리기 위해 비석을 건립하는 자리에서 시 낭송을 한 작품으로 알고 있다.

이 작품도 호흡이 너무 길어서 작품의 마지막 부분만 언급해서 정리하고 있는 것이다. 선대의 애국이 후대 자손의 애국으로 거듭나길 바라는 간절함이 보이는 시다.

5월의 향기는
아카시아 꽃향기로 시작하는가 보다

길가에 허옇게 보이는 그들은
지나는 사람마다 손을 흔들고
손끝에는 향기 물씬 풍긴다

떨리는 목소리로 꿀벌들은
이리저리 좇아다니고
목소리는 함께 부풀어 있다

돌아가면 갈수록
허옇게 손짓을 하고
또다시 돌아가면 다소곳이 머리 숙인다

보면 볼수록 친근감이 더하고
그리우면
그리울수록
얼굴이 익는다

—「아카시아 꽃」 전문

영주를 어느 시인은 "오월의 꽃주머니 같다"라고 한 적이 있다. 이는 오월이 되면 아카시아 꽃향기가 가득한 도시가 되기 때문이다.

어떤 사람은 아카시아를 헌 산에 심은 것이 일제강점기라고 하는 이도 있지만, 사실은 박정희 대통령 시대에 일거양득으로 산에 아카시아를 심었다고들 한다. 산림녹화(山林綠化)를 하면서 나무가 크면 벌꿀을 딸 수 있기 때문이라고 한다.

아카시아는 실리적인 나무다. 굶주린 시절에 아이들은 꽃은 따서 꿀을 빨았고 잎은 가위바위보의 놀잇감이 되었고 어른에게는 꿀로, 땔감으로 아낌없이 주었다. 김 시인도 아카시아 꽃을 소재로 한바탕 놀았다.

맨살 벌겋게
굽이쳐 흐르는 물살
마음속 상처를
드러내고 있다

노송의 그늘
물살을 덮고
마음속 성깔 깔고 앉아
짙푸른 너는
한없이 침묵한다

—「호수」 전문

호수에 물이 풍족해서 만수가 되었을 때는 푸른 물만 출렁이고 있겠지만 가뭄이 심한 어느 날은 호수 바닥이 맨살로 벌겋게 드러나 보이는 상황을 김 시인이 목격하고 쓴 시가 아닌가 한다.

그러나 주위의 노송은 물 그늘을 덮고 시퍼런 물살은 그 성깔을 드러내지 않기 위해 짙푸른 마음속을 침묵으로 감추고 또 감추고 있음을 표출하고 있는 작품이다. 호수는 물이 있어 까칠한 바닥을 감출 수 있어 아름답다. 사람은 침묵 외에 그 무엇으로 속마음을 감추어 내겠는가?

달빛 향기를 느끼는 밤
꽃나무 가지를 흔든다

흔들다
흔들다 보면
달빛은 다 떨어지고
달빛 향기만 남아
내 주위를 맴돈다

돌아갈 수 없는 길을
다시 돌아가듯이
허무감을 안고
달빛이 떨어진 기억을 찾아
향기를 줍고 있다

더러는 돌아가 버리고
더러는 내 온몸을 감싸 안지만
살아 있는 넌
마음을 움직인다

―「꽃잎 지는 밤」 전문

영주는 봄밤이면 벚꽃이 만개하고 그 벚꽃을 따라 걷다 보면 달빛 함께 걸어간다. 달빛보다 꽃향기에 취해 달빛은 금세 잊어버리고 꽃향기를 줍게 되는 것이다.

김점순 시인의 온몸을 감싸 안고 들오는 향기가 그리운 기억으로 마음을 흔든다. 살아 있는 자에게만 꽃도 그리움도 추억도 아름다움이 될 수 있다.

돌아서면 보이지 않는
하늘
천 리를 날아와
빗물로 떨어지는 길
황토물이 튄다

떠나는 바람
세차한 자동차에 황칠을 하고

보이지 않는 앞산

—「황사 1」 전문

옛날에는 황사 하면 별일 없이 받아들여졌는데 요즘 중국에서 넘어오는 황사는 모래가 아니라 미세먼지로 폐부를 손상시키고 우리 인체를 해하는 것이 되고 있으니 독극물과 같은 것이다.

지금 사람들의 건강을 해치는 상황을 보면서 우리 후손들이 살아갈 길을 생각하면 생각할수록 보이지 않는 앞산처럼 아득해진다.

누구는 마음까지도
씻고 간다고 하지마는
피부에 닿는
때만이라도 씻고 가자

수많은 사람들
말 많은 때를 얻어
덕지덕지 앉은
내 귓속의 때까지 씻는다

지하 수십 길에서 퍼 올린
그 맑은 온천물
내 마음속에 있는
수많은
잘못들을
씻고 또 씻는다

—「풍기 온천에서」 전문

풍기 온천은 그 옛날부터 주변에 약수가 나오던 곳이기도 하다. 지금은 온천개발로 좋은 물을 많은 사람이 함께 공유하면서 쓰는 것이 얼마나 다행인지 모른다.

김점순 시인은 이 좋은 물을 어떻게 표현했을까? 마음까지 씻고 가는 것, 피부의 때, 귓속의 때, 마음속에 있는 수많은 잘못까지 씻고 또 씻어버리고 떠나고 싶은 것이다.

"시는 기도(祈禱)와 결합(結合)된 신비(神秘)로운 마법(魔法)이다."라고 엘리엇(T.S. Eliot)이 말하고 있다. 김 시인의 시적인 표현은 엘리엇이 말한 마법 같은 시적 언어들이 아니겠는가?

사기장 천한봉 씨의
가마터로 가는 길에
우뚝 솟은 장군봉이 있다

솔밭에 내리는 그림자
어둑어둑한 햇살
돌산에 붙은 나무

찻사발 축제
돌아가는 물레 소리
골짜기에 가득하다

—「문경요」 전문

문경의 도자기를 이야기하려면 도천(陶泉) 천한봉 선생과 백산(白山) 김정옥 선생을 빼놓고는 언급할 수 없는 것이다.

문경의 도자기를 일본 사람들에게 문을 열어서 사업을 한 분은 '문경요' 천한봉 선생이다. 그리고 우리나라의 투박한 막사발의 전통을 고집스럽게 이어온 분은 '영남요'의 백산(白山) 김정옥 선생이다. 이 두 사람의 힘이 없었다면 문경의 찻사발은 맥을 잇지 못했을 것이다.

문경 이 골 저 골 그 끝자락에는 가마가 있다. 이런 상황을 잘 알고 있는 김 시인의 시에는 그 가마 주위의 정취가 잘 드러나 있다.

당신의 이름으로
한세상을 풍요롭게 하고
명분 있는 집을
다듬게 하는 이름입니다

수많은 밤을 지새우며
말없이 세운 지조
추운 겨울 계곡마다
서 있는 푸른 모습

넉넉한 마음으로
한세상을 걸었습니다

—「춘양목」 전문

작품 「춘양목」은 조선시대를 내려오면서 지금까지도 '춘양목' 하면 붉은 적송의 몇백 년 묵은 소나무의 숨결을 생각하게 하는 것이다. 지금 춘양에 가면 '만산고택'이라는 기와집이 있는데 그곳 칠류정의 대들보를 구경해보면 춘양목의 진미를 알 것이다.

한때 춘양역에서 산판 소나무를 하역시켜서 그곳에서 출발시킨 모든 소나무들은 다 춘양목으로 전국에 나가서 그런 이름으로 남게 되었다고 한다. 김 시인은 좋은 소나무 춘양목의 이름값을 잘 표현하고 있다.

오늘
문경에 있는
김부선 씨 댁에서 차를 마셨다

몇십 년 묵은
보이차도 먹고
일본산 운학 말차도 마셨다

푸른 산이
목구멍에 산채로 넘어가는
기운을 얻고
중국 황산이
내 발아래 있는 꿈을 꾼다

내 마음
한가운데
힘이 불끈 솟는 그림을 그린다

—「다향(茶香)」 전문

작품「다향(茶香)」은 문경에 사는 김부선 씨 댁에서 차를 마신 것이 시적 근원이 된다. 김부선 씨는 다인인 동시에 문경의 다향을 지닌 분이다. 언제나 사람을 반갑게 맞이하는 분으로서 크리스천이면서 다도의 선구자적인 인물로 다향같이 겸손하고 은은한 인격자다.

아주 오래된 중국 보이차를 소장하고 있을 뿐만 아니라 국내 녹차와 일본 말차에 대해서도 능통한 분으로서 김점순 시인과는 막역한 사이인 것으로 안다. 누구에게나 힘이 불끈 나게 해주는 능력을 갖고 있는 사람, 그런 사람과 친분이 있다면 그 사람 역시 그와 같은 사람이다.

김 시인의「다향(茶香)」은 상황의식을 잘 그려낸 작품이다.

흉년일수록
많이 열리는 도토리

청설모 한 쌍
두 볼이
불룩하다

다람쥐도
꼬리 힘껏 쳐들고
뛴다

—「도토리」 전문

도토리는 흉년이 들 때마다 많이 달린다고 한다. 왜 그럴까? 아마도 하나님의 섭리인가 싶다. 흉년이 들면 허기진 배를 채울 사람과 동물에게 신이 선물한 자연의 산물이다.

삶이 각박할수록 경제적으로 어려운 시대일수록 문학이나 예술 등 정서적인 면에서 점점 멀어지고 사람은 일차적인 욕구만을 탐하게 되고 민심은 논할 수도 없게 됨을 우리는 이미 알고 있다.

사람이 산에 사는 동물들의 식량을 축내는 일들이 좋은 일은 아니지만, 도토리는 하늘이 내리는 삶의 한 줄기 동아줄이 될 때도 많았다. 김 시인의 「도토리」는 상황을 그림으로 표현할 수 있는 수채화 같은 작품이다.

이상에서 김점순 시인의 작품을 단편적이나마 꼼꼼하게 읽어보고 한 독자로서 해설을 쓴 것이다.

작품은 그 작가에게 있어서 살아 있는 영혼의 꽃이다. 그러므로 시인들은 자기가 창작한 작품에 대해서 발표하기 직전까지도 퇴고와 번민을 함께해야 하며 발표한 그 작품에 대해서는 항상 자신의 진실과 인격과 명예도 함께함을 생각하지 않을 수 없다.[4]

인정이 메말라가고 물질에 찌든 인심, 이 각박한 사람들의 마음을 조금이라도 녹이고 이 시대에 있어서 아름다운 정신적 자산을 향유할 수 있도록 독자들의 그 마음을 북돋우어 주는 것이 문학인들이 담당해야 할 소임이라고 할 수 있다. 그러므로 우리 시인들 개인이 지니고 있는 사명감이란 얼마나 큰 것인가를 자신의 작품을 발표할 때마다 깊이 생각해야 할 것이다.

---

4) 박영교, 『문학과 양심의 소리』(도서출판 대일), p.182

김점순 시인은 이제 세 번째 시집을 출간하면서 시인으로서의 입지를 굳히는 반면 여기에서 생산되는 것으로 어려운 사람들에게 삶의 빛을 발할 수 있도록 봉사하며 보람찬 삶을 위해 더 정진하리라 믿는다.

앞으로 영주(향토)의 아름다움을 사랑하고 자랑하는 문학인이 되기를 바라는 바이다.

| 김화숙 제2시집 해설 |

시적 언어의 연금술과 시상의 자연스러움

시가 아름답다는 것은 시 그 자체가 인간(시의 독자)의 순간 또는 전체를 감흥의 함정에 빠져들게 하기 때문인 것이다. 즉 감미로운 시작(詩作) 표현력과 시의 상징적 내면세계의 감흥이 독자들의 정신세계와 일체가 된다는 것이다. 우리 인간사 속에서 아름다운 마음의 소재이면 어느 작품이든 외면할 수 없는 정서적 가치가 좋은 시를 빚어내는 것이다. 이것은 바로 우리 인간의 미에 대한 탐구력과 체험으로 얻어진 편린이라고 본다.

시를 쓰고 시집을 출간한다는 것은 흔히 산모가 아기를 출산하는 고통에 비유하기도 한다. 적어도 자신의 시집을 묶어낸다는 것은 한 시인의 인생 한 부분을 정리해내는 작업이라고 볼 수 있다. 이는 또한 다른 새로운 길의 시작을 예고하는 것이기도 하다.

시는 "정서(情緖)의 표출(表出)이 아니라 정서로부터의 도피(逃避)이며 개성(個性)의 표현이 아니라 개성으로부터의 도피이다."라고 한 것은 엘리엇(T.S. Eliot)의 시관(詩觀)이지만 결국 시는 사랑하는 내 삶

의 한 부분이며 내 생활 속의 충격적 마음의 한 발현(發顯)인 것이다.[1]

김화숙 시인의 작품을 건듯 읽어보고 시를 쓰는 솜씨가 있다는 느낌을 먼저 받았다. 시적 이미지를 만드는 솜씨가 예사롭지 않았다. 그리고 언어를 다루는 솜씨가 매우 자연스럽다. 어떻게 할까 고민하지 아니하고 누에고치에서 명주실을 뽑아내듯 시어(詩語)를, 행과 연을 풀어낸 것으로 느껴진다.

김화숙 시인의 작품 대부분은 호흡이 짧고 내용도 어렵지 않게 쓴 작품들이다. 그의 작품 전편(全篇) 시 89편에는 어렵고 함축적인 작품보다는 말하듯이 쉽게 쓴 작품들이지만 시적 내용은 다양하게 펼쳐져 있음을 볼 수 있다.

김화숙 시인의 시집『빛이 오는 방식』은 전 4부로 나누어져 싣고 있다. 제1부 '물의 고백' 24편, 제2부 '시간' 20편, 제3부 '엄마의 새 길' 22편, 제4부 '여백' 23편, 총 89편의 작품을 싣고 있으며 그 대부분의 작품들이 생활 시이다. 학교 교편생활에서 제자들과 만나 얻어진 내용도 있고, 후배들에게서 얻은 공감들, 좋아하는 사람에 대한 짝사랑의 이미지들, 조용한 사람들과 만나는 일들, 그리고 벚꽃이 떨어지는 삶의 의미 등의 작품들이 글 속에 녹아 있다.

작품을 많이 다루고 싶지만 한정된 지면 관계로 좋은 작품도 다뤄주지 못함도 있을 것으로 본다.

> 때로는 구름으로 피어올라
> 높은 곳에서 세상을
> 내려다보고 싶은 심정
> 사람들과 하나도 다르지 않아

---

1) 박영교,『시조 작법과 시적 내용의 모호성』(도서출판 천우, 2013), p.231

순리를 따라 멈춤 없이
흐르고 흘러가야 하는 것이
내가 사는 모습이라는 것
그 이상도 그 이하도 아니라고
기억해 줬으면 좋겠어.

—「물의 고백」 일부

작품 「물의 고백」 후반부이다. 김화숙 시인이 물을 보는 관점은 감정이입(感情移入)을 시켜서 자신의 이야기를 말하듯이 하는 언어적 표현이 아주 매끄럽게 느껴지며 독자로 하여금 공감을 얻을 수 있는 작품이다. 작품 「물의 고백」 시의 전반부는 누구나 그렇게 느끼고 물에 대해서 그렇게 쓰는 것이 통례이지만 후반부에 와서는 또 다른 생각을 시화시키고 있음을 볼 수 있다. "때로는 구름으로 피어올라/ 높은 곳에서 세상을/ 내려다보고 싶은 심정/ 사람들과 하나도 다르지 않아" 바로 이런 점에서 시인의 표현이 돋보이는 것이다.

야생화를 찍는 친구가 있어
프로필 사진 한 장
찍어 달라 부탁했더니
꽃을 찍듯
나를 찍어놓았다
주름에 기미
염색할 날이 지나
새로 밀고나온 흰머리까지
어느 하나 놓칠세라
선명하고 뚜렷하게 잡아냈다

친구야 내 다시는
꽃이라 우기지 않을게.

—「잘못된 부탁」 전문

참 재미있는 작품이다. 김화숙 시인의 친구도 정말 재미있는 친구이다. 보통 프로필 사진은 그 사람에 따라 다르긴 하지만 대부분이 젊게 보이기 위해서 조금 젊었을 때 찍은 사진을 작품집에 싣곤 하는데 김 시인의 생각도 그렇지 않겠는가?

요즘은 사진 기술이 너무나 발달이 되어서 찍은 사진을 가지고 주름살도 없애주고 얼굴에 점도 없애주며 심지어 이빨도 없는 것을 해 넣어 주는 시대이다. 그러나 시인은 진실을 그대로 드러내고자 하였다. 시인의 마음 바탕이 깨끗함을 엿볼 수 있어서 좋다.

그리고 작품 구상이 좋다. '꽃을 찍는 사진사 친구'를 설정해 놓고 마지막 두 행 "친구야 다시는/ 꽃이라 우기지 않을게." 이것이다. 이것은 '잘못된 부탁'이 아니라 시인의 '잘못된 생각'일 뿐이다.

모든 섬은
바다의 무덤이다
주저앉고 싶을 정도로
삶이 무의미해질 때
섬을 찾는 이유다
죽음 앞에 섰을 때
눈앞에 펼쳐진
법정스님의 섬은
어떤 모습이었을까
처음으로 길상사를 찾았다

스님의 유골이 묻힌
그의 삶 앞에서
나는 이미 너무 많은 것을
소유하고 있었구나
나를 향해 지치지 않고
아무런 대가도 없이
반기며 손 흔들어 주는
풀잎에게서
법정스님을 본다.

—「길상사에 가면」 전문

김화숙 시인의 작품 「길상사에 가면」을 읽으면 바다라는 넓은 땅 위에 봉긋봉긋한 섬들이 마치 무덤처럼 느껴지는 시인의 기발한 이미지 만들기가 이 작품 속에 성공적으로 독자들에게 다가오고 있다. 거기에다 법정스님의 섬(무덤)을 생각하며 「무소유」라는 작품을 생각하게 한다. 더 들어가면 〈삼각산(三角山) 길상사(吉祥寺)〉는 법정스님과 작품 「무소유」와의 관계가 매우 깊은 사연이 있다.

길상사는 1960년대부터 1990년대 초까지는 그 유명한 요정 '대원각' 이었다고 한다. 요정이 절[寺]로 변한 것은 요정의 주인인 김영한 여사가 법정스님의 「무소유」에 감명 받았기 때문이라고 한다. 그 법정스님의 섬(무덤)에 대한 시인의 궁금증 또 작품 「무소유」에 대한 난분 두 개도 많아서 남을 주고 나니 가벼운 느낌인데, 김화숙 시인의 소유물은 이미 너무 많음을 자신이 느끼고 있는 것이다.

"아무런 대가도 없이/ 반기며 손 흔들어 주는/ 풀잎에게서/ 법정스님을 본다."라는 마지막 시(詩) 구절이 매우 인상적이다.

허공을 나는 새처럼
하늘을 떠도는 구름처럼
살아온 길을 지우며
앞만 보고 달리면서
지난 흔적들 들춰보는 것을
사치라고 생각했었다

연락이 끊겼던 제자들의
안부전화를 받고
파도치고 동요하는 가슴을
쓰다듬는 나를 보며
친구가 한마디 한다
너도 사람이었구나
사람의 생은 결국
흔적이 말해주는 것임을
깨달은 아침이었다.

—「나는 신이 아니었다」 전문

과거의 삶이 화려하고 지난 흔적들이 빛나는 삶일지라도 그것은 지난 과거일 뿐이다. 그 흔적을 들춰 보면 들춰 볼수록 그 화려함이나 그 흔적의 삶이 사치일 뿐이다. 작품「나는 신이 아니었다」에서 시인은 나만의 삶이 누구나의 삶과 같음을 보여주어 독자로부터 공감을 얻어 내고 있다.

사람들 중에는 과거에 묻혀서 사는 사람들도 있겠지만 좀 더 현명한 사람은 현실에 무게중심을 두고 생산성 있는 삶을 영위하는 사람이라고 한다. "너도 사람이었구나" 이 한마디를 말해주는 친구가 중요하다. '사람은 죽어서 이름을 남긴다.'는 그 말이 생(삶)의 흔적이다.

바람은
그림자가 없다
지붕을 통째로 들어
내팽개치고
몇십 년 된 고목을
뿌리째 뽑아놓고도
아수라장을 수습하느라
몰려든 사람들을
무심한 눈으로
바라보는 바람처럼
투명하다면
살아오면서 쌓인
그림자로부터
자유로울까.

—「바람의 삶」 전문

우리가 살아가는 일들이 요즘의 정치판도 그렇고 매스컴의 사회면을 들어보면 너무나 투명하지 않는 삶을 살고 있다.

살아가는 길이 투명하게 살아가면 하나님께서도 복을 주고 살아가는 모든 사람들도 추앙을 하면서 살아가겠는데, 요즘 모든 일들이 자신의 눈앞 이익을 추구하는 삶 속에서는 너무나 당연하게 투명하지 못함을 알고 있다. 성경에는 '마음속에 그런 마음을 품어도' 그것이 죄라고 했는데 삶에 있어서 그림자가 투명하지 않으면 확실히 그것은 죄라고 생각한다.

김화숙 시인은 그림자가 없는 바람이라는 이름에다가 감정이입(感情

移入)을 시켜서 사람들의 삶의 그늘이 깨끗하겠는가를 생각해 보는 근원적인 문제를 생각하게 한다.

나 심심해요 했더니
소금 부쳐줄까
아님 간장이라도 한다
자기가 나의
소금인 줄도 모르고

배불러서 졸려요 했더니
통화할까 잠 깨게 한다
사랑의 갈증이
목소리를 듣는 것만으로
해소된다고 생각하는
당신은 정말 바보.

—「바보 당신」 전문

요즘 젊은이들은 필(Feel)이 꽂혀야 결혼한다. 우리 시대에는 대부분의 사람들이 가문과 가문 사이에서 혼담이 이루어지고 가문과 가문끼리 맞지 않으면 아예 처음부터 결혼이 되지 않았다. 그렇기 때문에 부부 간의 마음이 맞지 아니한 상황도 있고 또 잘 맞는 부부도 있는 법이다.

김화숙 시인의 시 내용 속에서 부군과의 서로 주고받는 문답을 들어보면 어쩌면 부군이 일부러 그런 대답을 던졌을 것으로 생각된다. 왜냐하면 유머감각이 뛰어나면 더욱더 그렇다고 생각한다. 어쩔 수 없이 공간을 사이에 둔 한 편의 아름다운 사랑노래로 여겨진다.

늦잠에 화들짝 놀라
커튼을 젖히니
겨울비가 내리고 있습니다
망연히 바라보고 있으니
내 몸에서도
흐르는 소리가 들립니다
몸속의 피와 물이 흐르고
기(氣)도 쉼 없이 흐르지만
당신을 향한 나의 그리움은
풀 한 포기 되어
흐르지 못하고 서 있습니다
이 풀이 시들기 전에
당신을 만나 비처럼 젖어
흘러가고 싶습니다.

—「비처럼」 전문

겨울비가 내리면 떠나간 친구의 발자국 소리처럼 들리는 빗소리, 그대와 함께 따끈한 차 한 잔을 앞에 놓고 함께 마시면서 못다 한 이야기 보따리를 풀면 어떨까?

"당신을 향한 나의 그리움은/ 풀 한 포기 되어/ 흐르지 못하고 서 있습니다" 이 풀 한 포기의 아픔! 서로 대화를 함으로써 빗물처럼 소통하고 싶다는 시인의 간절함 이것이 사랑인 것이다. '나의 침묵 속에서 당신의 아름다움을 반사해주고 있지나 않은가?' 시인은 물 흐르듯 술술 풀어내는 언어로 감정과 사랑을 전달하고 있는 언어의 술사다.

함께 흘러가거나 혼자서 머물러 있거나 그것은 자유이다. 왜냐하면 우리 인간의 덧없음을 그대로 느낄 수 있기 때문일 게다.

시집을 읽을 때는
신선한 음식을 다루듯
손을 깨끗이 씻고
첫 장을 펼친다
커피를 내릴 때는
화분을 예쁜 받침 위에
올려놓듯
받침 접시가 딸린
세트 커피잔으로 한다
단골식당 직원이
물을 리필해 줄 때면
수저를 내려놓고
기다리고 있다가
고맙습니다 인사한다
나의 삶 모두를
정성으로 품고 싶다.

—「삶에 대한 예의」 전문

김화숙 시인의 예의바른 생활과 태도가 인간됨이 한눈에 드러나는 시다. 우리나라 사람의 삶에 대한 예의는 상대에 따라 차리는 법도가 너무 까다로워서 옛 반가의 예의를 따르자면 굉장히 어렵다.

필자가 문단에 등단할 때 나의 선생님(丁云 이영도 선생님)께서 김화숙 시인이 하는 것처럼 추천작품을 가지고 가면 선생님께서는 손을 깨끗이 씻고 선비책상 앞에 앉아 작품을 보시던 모습이 지금도 눈에 선하다. 이 작품 속에는 첫째 시집을 대할 때, 커피를 내릴 때, 단골식당에 갔을 때, 이 세 가지를 시에서 언급했지만 김화숙 시인은 모든 일을 할 때에도 그렇게 한다는 것으로 받아들일 수밖에 없다. 김화숙 시인은 예의 바르고 곧은 성품의 옷매무새도 단정한 사람으로 떠오른다.

중년에 들어서면서
주변에 모이는 사람들
말소리가 높아지고
속도 또한 빨라진다
추수기에 들어선 삶
거둬드릴 것이 안 보여
초조함에서이리라
내 삶이 시가 된 뒤로는
사람들 모인 자리에서
애써 입을 다문다
소리가 아닌 향기로
말하는 꽃처럼
따뜻한 미소 하나로
세상을 품고 싶다.

―「수행」 전문

나이가 들면 앞으로 남은 날과 시간이 얼마 없다고 생각되는 사람일수록 시집도 자주 내고 할 일을 빨리빨리 처리해서 보내주는 것을 느낄 수 있다. 왜 그럴까? 정말 김화숙 시인이 시에서 표현한 그대로다. 추수기에 추수할 것 없으면 생각과 마음만 바빠져서 초조함에 이른다. 사람으로 태어나 이름 석 자를 남기고 싶은 마음에서일까?

그러나 마음이 든든한 사람은 언제나 때가 와도 거침이 없으므로 지금까지 살아온 향기로, 미소로 세상을 품고 싶기 때문일 게다. 대단한 아름다움이며 소망일 게다.

네 목소리를 들으면
코스모스의 연약함이 걸어오고
웃는 얼굴을 떠올리면
백합의 향기가 미소 짓는
나에겐 그런 후배다
한발 물러섬으로
상대를 꽃으로 만들어 주고
한층 더 낮춤으로
수수한 사람일지라도
존재감을 느끼게 해주었지
늘 본받고 싶어도
내 생애에 도달하기 힘든
어떤 경지에 서 있는 듯한
나의 후배 옥선아
너는 나의 소중한 친구이며
내 삶의 스승이란다.

—「옥선아」 전문

우리가 살아가다 보면 후배한테서도 배우고 손자 손녀한테도 배울 점이 있다. 필자는 이런 이야기를 할 때는 꼭 퇴계(退溪) 선생의 예를 많이 드는 편인데, 퇴계 선생(1501년 生)은 고봉(高峰) 선생(1527년 生)과 나이 차이가 26년이나 되지만 배울 점이 있으면 깍듯이 예를 갖추고 함께 사단칠정을 논했다고 했으며, 고봉보다 더 나이 차이가 있는 율곡(栗谷, 1536년 生)과도 서로 성리학에 대해 생각을 다툰 적이 있다. 퇴계(退溪)의 그릇이 얼마나 큰가를 잘 보여주고 있는 대목이다.

김화숙 시인도 이 시를 통해보면 자신을 낮추고 존재감을 느끼게 해

주는 후배 옥선이에 대해서 "너는 나의 소중한 친구이며/ 내 삶의 스승"이라고 한 것으로 미루어 보아 서로 좋은 한 분 한 분임을 표출하고 있다. 시인의 인간 됨됨이의 넉넉함을 보여주는 좋은 시다.

넓은 동경 하늘이
회색 일색이다
흐림이라고만 했지
비 온다는 말은 없었는데
보슬비에 젖는다
돈 벌어 고향 가서 살 거야
20년 전부터
벼르고 살아왔지만
고향은 오히려
등 뒤로 멀어져 갔고
고향 동네도 이젠 낯설다
비에 마음까지 젖는
오늘 같은 날 나는
외딴섬이 된다.

—「외딴섬」 전문

우리가 살다가 나이가 들면 돈 벌어서 고향에 가서 여생을 보낼까 하고 생각하는 사람은 비단 사람뿐만이 아니다. 예부터 수구초심(首丘初心)이라고 했다. 그러나 그런 일이 그렇게 쉽게 이루어지지 않는다. 현대사회는 사람을 그냥 두는 법이 없다. 그저 쫓고 쫓는다. 일에 쫓기고 생각에 쫓기고 심지어 돈도 사람을 쫓는다. 하지만 아름다운 생각이 시가 되고 시집이 되면 이미 그 사람은 자기뿐만 아니라 타인(독자)까지도 고향으로 불러들이는 것이다. 어디 하면 어느 시인, 어느 소설가의 고향을 우리는 찾아가는 것이 아닌가?

지금은 고향에 가면 오히려 낯설다. 나의 친구들은 다 어디로 갔는지 없다. 추억이 깃든 골목이나 놀이터도 기억만 있을 뿐이다. 곧 나는 이방인이 되고 드넓은 바다에 홀로 떠 있는 외딴섬으로밖에 존재하지 않는 것이다. 그러나 시인은 시집 속에 고향을 만들어 놓았다. 독자까지 공감하는 그런 고향을 만들어 놓았다.

베란다에 꾸며놓은 정원
겨우내 정성껏 지켜냈습니다
불씨를 간수하듯
향기 한 줌마저 지켜냈습니다
봄이 찾아오는 길 잊을까 봐
빛의 통로도 활짝 열어놨습니다
봄기운을 짊어지고
성큼 당신이 오실 날
나의 정원의 꽃들도 필 것이고
당신을 향한 짝사랑이
올해도 꽃을 피우겠지요.

—「짝사랑」 전문

시는 어려운 철학(哲學)이 아니다. 시가 직접적인 체험이나 간접체험 속에서 살아 꿈틀거릴 때 독자들의 마음도 움직여지며 작가와 일체의 감동을 표출하게 되는 것이다.

김화숙 시인의 짝사랑은 자신의 영역에서 그분과의 약속이나 그분을 위해 간수한 자신의 향기마저 지키면서 봄이 오는 길을 찾아오라고 열어놓고 있는 상황이다. 내 정원의 꽃들은 당신이 오는 날을 위해 기다리는 그리움으로 꽃을 피우겠다는 바람이다. 그런데 그 짝사랑 주인공이 누구인지는 시인 혼자만이 아는 사람이다. 그 대상은 사람일 수도 그 어떤 다른 것일 수도 있다.

옛 제자를 만나면
하나같이 선생님 키가
엄청 큰 줄 알았어요 한다
나이 들어 줄었다 말하기 싫어
너희들은 앉아 있었고
선생은 늘 교단에 서 있었기
때문이라고 변명한다
제자들 동창모임에 초대받고
굽 높은 신발을 새로 장만하여
작아져 보이는 키만큼
세월을 되돌려 세우면서
인생 선배로의 빛은
제자들이 생각했던 것보다
더 키가 커졌다는 것을
알아줬으면 좋겠다.

—「신발을 사며」 전문

살아가다가 다른 사람들한테 본의 아니게 변명을 할 때가 있을 것이다. 김화숙 시인은 변명을 해도 그럴듯한 변명이 되어서 듣기가 참 좋게 들린다. "'너희들은 앉아 있었고/ 선생은 늘 교단에 서 있었기/ 때문"이라는 변명이다. 또 대부분의 교사들은 이 시를 공감할 것이다.

나이가 들면 키도 줄어든다는 말은 옳은 것이다. 김 시인은 세월을 되돌리기 위해 굽 높은 신발을 구입해서 신는다고 한다. 그러나 시대가 사람의 키를 키웠는데 어찌할꼬? 가난한 시대에 산 사람은 대부분 키가 작다. 요즘처럼 풍요로운 삶을 산 아이들은 키가 크다. 그들 속에 섞이면 나무숲에 든 듯 하늘이 안 보인다고 한다. 우리는 키가 작아도 우리 아랫대의 키가 크니 좋지 아니한가.

머리가 허옇게 센
제자들을 안쓰럽게 보면서
세상은 풍요로워졌지만
삶은 녹록하지 않은가 보다
높은 점수를 얻어
좋은 대학을 가라고는 가르쳤지
풍파와 맞서지 않고도
살아가는 지혜까지는
가르쳐주지 못한 것 같다
난 오늘도 염색을 하며
삶의 실패 앞에서도
웃음이 바래지지 않고
하루를 살더라도
젊고 윤기가 넘치는 삶을
세상에 보여주고 싶다.

—「염색을 하면서」 전문

머리가 허옇게 센 사람들은 왜 그럴까? 세상의 풍파를 이기지 못해 머리가 센 것이 아닌가? 그렇게도 생각해 보았지만 그것은 아닌 것 같다. 머리를 많이 쓴 사람들 중에 어릴 때부터 영양섭취를 잘한 사람들은 머리가 그렇게 잘 세지 않는다고 한다. 그런데 김화숙 시인은 제자들의 센 머리를 보고 삶이 녹록지 않아서 그런 것으로 치부해 버리고 풍파와 맞서지 않고 살아가는 법을 가르쳐 주지 못한 것을 후회하고 있는 것 같다. 김 시인의 교육관이 은근히 드러난다. 교사는 제자를 어부가 되게 할 수는 있지만 낚시는 제자의 몫이다. 사람마다 그 몫이 제각각 아니겠는가?

시인은 삶의 실패 앞에서도 당당하게 웃고, 하루를 살다 가더라도 젊고 윤기 있는 삶을 살다가 가는 길을 보여주고 싶다고 한다. 시인은 이미 성공한 삶이다. 오직 겸손할 뿐이다.

벚꽃이 눈 내리듯 질 때
떨어진 꽃잎을 밟고
하늘거리며 내려오는
꽃잎을 담느라
죽음을 밟고 아픔을 찍느라
셔터 누르는 소리
포즈 잡는 소리가 화려합니다
아픔도 정해진 죽음도
아름다울 수 있음을
가야 할 때 가는 것도
축제일 수 있음을
꽃비 맞으며 걷다가
죽비소리를 들었습니다.

—「꽃비 내리던 날」 전문

벚꽃은 일본국의 국화이지만 그 벚꽃은 우리나라 고유의 꽃이라고 한다. 진해 군항제 때의 그 말을 들은 것이다. 김화숙 시인은「꽃비 내리던 날」에서 떨어지는 눈꽃을 밟고 셔터를 누르고 포즈를 잡느라 화려하다고 했다.

벚꽃이 떨어져서 가야 할 때가 되면 꽃이든 사람이든 누구나 그 아픔을 깔고 갈 수 있어야 아름다울 수 있다. 그 떨어지는 꽃비를 맞으며 걷는 걸음 위에 문득 깨달음이 시인에게 전달하는 그것이 바로 죽비소리다. 스님들이 면벽(面壁)한 선(禪)에서 졸거나 딴 생각을 하면 어깻죽지를 맞는 죽비소리를 들어야 한다.

파도가 일어서는
동해 해수욕장에서
일출을 건져 올리다가
난 보았다
정제된 해의 언어들이
노를 저으며 내게로
오고 있음을…
여태 알고 있던 광속은
어쩌면 공기와 같이
그저 우주 공간을
채우는 것이었을 뿐
진정한 빛은
내가 바라는 속도로
막힘없이 노를 저으며
기꺼이 다가와
마음이 모이는 곳에
삶의 길을 열었다.

—「빛이 오는 방식」 전문

시인은 아침 햇빛을 동해 해수욕장에서 바라보고 있다.

아침 일출을 바라보면서 무엇을 생각하고 있었을까? 그 이글거리는 햇빛이 자꾸만 자기에게로 떠오르면서 올라오는 것을 보고 시인은 이 우주 공간에 가득한 밝은 공간과 우리가 값없이 먹고 마시는 깨끗한 공기 등을 생각할 수 있을 것이다.

진정 바라는 하루의 빛은 내가 원하는 곳에서 삶의 길을 막힘없이 열어가는 아침노을이기를 바라는 마음일 게다.

이상에서 전 4부에 실려 있는 작품들을 자상하게 읽어보았다.

시인의 붓끝은 약하지만 어렵고 가난한 자의 편에 서서 천군만마와 싸워 이길 수 있는 용기와 지혜의 큰 힘이 담긴 명검으로 남아야 하고, 강하고 두렵고 권력을 남용하는 자의 앞에 서서는 그것을 녹일 수 있는 대장간의 풀무불과 같은 용광로의 불길이어야 한다.

그리고 인간으로서의 느낄 수 있는 정감은 깊고 넓어야 하며 푸르고 높고 영원불변하여야 하고, 시간과 공간을 망라하여 그 정감이 모든 사물을 꿰뚫을 수 있는 날[刃]이 상그러운 송곳과 같아야 한다.[2)]

김화숙 시인의 작품은 시상(詩想)의 자연스러움과 시적 언어로 만들어내는 이미지(Image) 구상이 너무나 스무스(Smooth)하다. 어려운 작품들이 없을 뿐만 아니라 시적 이미지가 연결되지 아니한 작품은 하나도 없는 것이 특징이다. 마치 옆 사람에게 조용조용 이야기하듯 한 작품들이 대부분이며, 타이르듯이 읽히는 누구나 공감하기 쉬운 내용으로 이루어져 있다.

앞으로는 더 호흡이 큰 작품을 쓰면서 시인으로서 군림(君臨)할 수

2) 박영교, 『시와 독자 사이』(도서출판 청솔, 2001), p.347~348

있는 큰 이미지를 담는 그릇을 준비할 수도 있어야 한다. 또 가난하지만 올곧은 자의 편에 서서 변용(變容)할 수 있는 훌륭한 시인이 되기를 바라는 바이다.

| 안문현 시집 해설 |

삶의 언어(言語)와 살아 움직이는 정신력(精神力)의 시(詩)

문학하는 사람들은 그 마음가짐이 순박하여 실생활에서 조금은 밑진 듯해 보이는 사람들이 대부분이다. 그러나 실상은 모든 사람들에게 온화한 마음을 열어줄 뿐만 아니라 매사에 원만한 삶을 추구하는 지성과 바른 인성을 겸비한 사람들이다. 그래서 보통 사람들은 인성적으로 부드럽고 누구나 친해지고 싶은 봄비 같은 긍정적인 시인 한 사람쯤은 지인으로 두고 자기 지성의 깊이를 은근히 자랑하고 있다.

시인은 그 시대의 언어의 주인인 동시에 그 사회를 비춰주는 등불임을 자신하는 자긍심이 있어야 한다. 좌우로 치우치지 않고 그 시대를 직시할 수 있어야 하며 언제나 때 묻지 아니하고 맑은 목소리로 타이르는 안내자여야 한다. 그리고 시인의 집념과 노력은 먼 거리를 달리는 마라토너의 자세이거나 에베레스트의 정상을 향하여 꾸준히 등산하는 등반대원의 의지와 인내로 정상을 극복하는 바로 그것이어야 한다고 본다.[1)]

우리나라가, 시대가 많이 배불러 아쉬운 것이 없는 지금, 시인은 이런 삶 속에 마음을 찌르는 송곳같이 샤프한 시심과 더욱 따사로운 인정으로 시대의 흐름을, 어두움을 개선해 나갈 수 있어야 한다. 독자들이 한두 권의 시집을 손에 들고 눈을 떼지 않고 읽게 해야 한다.

'시는 시인 그 자체이다.'라는 말이 있다. 즉 시를 읽어보면 그 시인의 인격과 믿음, 정의감과 지적 수준, 문학적 소양, 생활양식 등 많은 것들을 내포하고 있어서 그런 말을 할 수 있는 것이 아닌가 한다.[2)]

안문현 시인의 작품을 보면 젊음의 기백과 문학에 대한 열정이 흥건히 녹아 있다. 그는 영주문예대학에서 5~6년 동안 공부를 하면서 백오십여 편의 습작 · 출산한 작품들을 정리해 71편을 선정하여 이제 그 첫 시집을 구상하였다.

안문현 시인의 첫 시집 『처용가를 거꾸로 읽다』는 전 4부로 나누고 있다. 제1부 '여객선 삼등실' 18편의 작품, 제2부 '처용가를 거꾸로 읽다' 18편의 작품, 제3부 '풍경이 담긴 호수' 18편의 작품, 제4부 '발해성터에서' 17편의 작품을 싣고 있다. 시집에서 시인이 국내여행뿐만 아니라 중국, 유럽과 미국, 캐나다와 동남아 일대를 여행하면서 얻은 여행시편도 만나게 된다. 그가 폭넓게 여행하면서 얻은 삶의 진실과 인간 본연의 자세가 어떤 것인지를 피력해 놓았다. 마치 알베르트 카뮈가 『이방인』에서 이율배반(二律背反)으로부터 생기는 모순을 독자들에게 주인공 '뫼르소 그가 정상인인가?'라는 의문을 던져 우리가 살고 있는 이 세상이 정상인가를 되묻는 것처럼 안문현 시인도 세상을 여행하면서 자기 자신을 되돌아보고 또 세상이 돌아가는 것에 대한 자신의 질문을 작품화한 것들도 볼 수 있다.

1) 박영교, 『문학과 양심의 소리』(도서출판 대일, 1986), p.113

2) 박영교, 『시조 작법과 시적 내용의 모호성』(도서출판 천우, 2013), p.151

모름지기 시인은 불의를 보고 바르게 말할 수 있어야 하며 올바른 길로 인도하는 인도자여야 한다. 『25시』의 작가 게오르그(Stefan George)는 "시인이 괴로워하는 사회는 병든 사회"라고 하였는데 우리는 이 말에 귀를 기울여 보아야 할 필요가 있는 것이다.[3)]

이제 안문현 시인의 시집 작품을 살펴보자.

인생의 멍에를 갈아 없앤다
걱정의 입자들은 검게 녹아
내 모습을 비춰주고

번민의 시간 속
쌓여 온 시름들이
은은한 향기가 되어 퍼진다

사각사각 닳아지는 세월이
밀어낸 오늘 대신
내일을 부르며
길을 재촉하지만

지워지는 삶의 흔적에
새 길을 내며
붓을 들어
글씨를 쓰고 그림을 그린다

—「먹을 갈며」 전문

3) 박영교, 『시와 독자 사이』(도서출판 청솔, 2001) 광주직할시(88세미나 주제발표원고), p.122.

안문현 시인은 시를 쓰는 일 외에도 많은 일을 하는 분이다. 이를테면 아동문학(동화), 스토리텔링, 소설도 구상하고 있으며 서예와 문인화도 경지에 올라 있다.

시인의 이 작품은 서실에서 먹을 갈며 생각나는 일들을 작품화한 것이다. 수많은 시간 동안 검은 먹을 갈면서 보낸 아픈 세월을 선인들의 생에 대한 삶도 생각하면서 검게 녹는 번민의 시간들, 시름이 가는[磨] 먹이 닳아지듯 세월에 지워지는 삶의 흔적으로 자기 자신의 새 길을 내며 살아가고 있음을 잘 표출하였다.

밟히고 찢겨져도
상처 안고 다시 일어선다

쇠똥구리 흘리고 간 거름
아침 이슬비로
작은 잎 초라한 꽃 피워
드러나지 않는 모습

뽑히고 죽어가도
줄어들지 않는 생명
변하지 않은 믿음으로
강토를 지키는
그 정신

눈길 한 번 못 받아도
대 이어 살아온
흙먼지 길가를 떠나지 않는

넌, 진정 이 땅의 의로운
주인

—「질경이」 전문

안문현 시인은 질경이를 우리나라 민족정신에 비유하였다. 발길에 밟히고 찢기면서도 다시 일어서는 정신을 높게 산 것이다. 우리나라의 질경이는 다이어트, 눈 건강, 간 건강, 항암효능, 이뇨작용, 호흡기 건강 등에 좋은 효과를 보이는 약용식물이고 식용나물이다.

시인은 우리 민족이 수많은 외세 침략에도 불구하고 다시 오뚝이처럼 일어서는 아픔을 간직한 그런 끈질김의 유사성과 모진 아픔을 딛고 다시 일어서는 질경이 같은 민족의 공통성을 작품화하였다.

낯모르는 남녀들 엉덩이를 마주 대고
웅크린 잠을 잔다

잘난 사람도 돈 많은 사람도
따로 없는
봉놋방 같다
때로는 둘레둘레 모여앉아
화투 치고 술 마시고
모야 때야 왁자지껄 정신없다

파도 일어 배 요동치면
울렁울렁 뒹굴뒹굴
먹은 것 다 토해내고
예의염치는 차릴 길이 없다

인생살이 이 같아서 거기가 거기인 것을
무엇 그리 고상하랴마는
그래도
배에서 내리면
노래진 하늘 머리에 이고
흐트러진 옷매무새 고치며
의젓한 눈 내리깔면서
예의와 체면을 차린다

—「여객선 삼등실」 전문

안문현 시인은 국내에서 배를 타고 섬 여행을 해 본 경험이 풍부하다. 부산서 제주도까지 배를 타고 여행을 하거나 울릉도 여행을 할 때 일어나는 현상의 단면을 잘 그려내고 있는 작품이다.

특히 장시간 여객선을 타본 사람은 누구나 공감할 내용으로 여객선 삼등실의 모습을 잘 담아내었다. 작은 쾌속정(배)의 뱃멀미도 그렇고, 큰 배를 타도 장시간 걸려 섬에 도착할 때의 일을 생생하게 그려낸 작품이다. 뱃멀미를 하면 예의염치도 없고 토하며 옆 사람이 누구인지도 모르고 그냥 끌어안고 살아나야 한다는 생각뿐이다.

이 작품은 마지막 연에서 시인이 하고 싶어 하는 말을 다 하고 있다. "흐트러진 옷매무새 고치며/ 의젓한 눈 내리깔면서/ 예의와 체면을 차린다"

아침 이슬 마르지 않았는데
수꽃 암꽃 옮겨 다니며
꿀 따는 호박벌

호박꽃 안에는 꿀단지에 엎드려
꿀 퍼내는 호박벌의 엉덩이만 보인다

토담 벽에 송송 구멍 뚫어
집 짓는 호박벌
기다리는 호박꽃

―「호박벌」 전문

옛날 어린 시절 호박꽃 속에 호박벌이 들어가면 잡아서 꿀을 빼앗아 먹은 기억이 있다. 안문현 시인은 사물을 보는 세심한 눈을 가졌다. 그 호박벌이 집을 짓고 사는 것까지 잘 관찰한 작품이다.

호박을 심어서 키워본 사람들은 잘 알고 있을 것이다. 호박꽃은 다른 꽃에 비하면 모양새가 없어 보잘것없는 꽃이지만 우리 인간에게는 없어서는 안 되는 유익한 꽃이며 호박벌도 또한 필요한 존재인 것이다. 호박벌과 호박의 관계는 열매를 맺기 위해서 필요불가결한 존재이기 때문이다. 시인은 호박벌을 통하여 사람 사이의 관계를 은유하고 있다.

말기 암 아낙은 죽음 앞에 초연했다
이승 떠나기 얼마나 겁나고
아쉬울까

가난한 촌부에게 시집와 농촌 곁방살이
아이들 기르고 논밭 매며
평생을 보낸 시골 아낙

죽고 사는 것은 부처님 뜻이라며
생사 초탈한 의연함
문병 온 사람들 너무 웃겨
누가 위로받는지 모르겠다며
모두 놀라워했다

눈 내리는 마지막 날, 하직 인사 갔을 때
눈물도 없이 나직한 목소리로
"내가 이승에서 아재에게 아무것도 해준 것 없이
받고만 가요. 그동안 너무 고마웠어요."
하고 손을 잡았다

떠나는 이보다 남은 내가
목이 메어 말을 잊었다

살아생전 맺은 인연 모두에게 하직 인사하고
삶에 대한 아쉬움도 죽음의 두려움도 없이
이웃 가듯
아낙은,
그렇게 우리 곁을 떠났다

—「어떤 임종」 전문

안문현 시인의 작품 「어떤 임종」은 추측컨대 고향의 먼 집안 조카뻘 되는 분의 부인의 이야기인 듯하다. 시의 내용에서 "내가 이승에서 아재에게 아무것도 해준 것 없이 받고만 가요. 그동안 너무 고마웠어요." 라는 표현을 보아서 추측이 된다.

말기 암 환자인 이 여자분의 초연한 모습은 주위의 사람들을 감동시킬 뿐만 아니라 살아생전 인연을 맺은 모든 사람들에게 감동을 주며 이웃에 가듯 그렇게 죽음을 맞이하여 시인을 감동시켰다. 마치 천상병 시인의 작품 「귀천」에서 죽어 저승에 가 "아름다운 이 세상 소풍 끝나는 날/ 가서, 아름다웠다고 말하리라."라고 한 시를 생각할 수 있는 작품이다.

천장에서 천둥소리가 난다
말 달구지 굴러가는 소리
우르르 뛰어가는 소리
저벅저벅 벽 타고 들려오는
독일 병정 발자국 소리

침대에 누워 귀 막고 눈 감고
양 떼를 헤아린다
밤새도록
병정의 발자국 소리는 그치지 않는다

밤일 마치고 낮에는 자야 하는 남편
끊임없이 들려오는 소리들
오늘 저녁도 일 나가야 하는데
피로는 뼛속 마디마디에 남아 있고
폭발한 감정만 둥둥 떠다닌다
머리채만 안 잡았지 전쟁이다

소리는 벽을 타고 이 층 삼 층 건너뛰고
아래 위층 모두가 곤두선 신경
하얗게 밤새우고 낮에도 편치 못한
서민아파트의 하루하루

—「층간 소음, 이걸 어쩌나」 전문

농촌생활에서는 느낄 수 없는 작품이다.

안문현 시인은 지금 매우 조용하며 분위기가 있는 단독주택에 살고 있다. 잘 가꿔진 나무와 꽃들이 즐비하게 핀 좋은 공간이 있는 그런 집이다. 하지만 한때 서민아파트에서 살아본 경험이 있거나 도심에서 살고 있는 자녀들의 아파트에 방문하여 얻어진 경험에서 탄생한 작품이라 미루어 본다.

시인은 서민아파트 생활의 현상을 첫 연과 둘째 연에서 매우 잘 표현해 놓았다. 시인이 느끼는 공간 소음이 너무나 생생하게 그려져 한 편의 드라마처럼 느껴진다. 아파트에 사는 필자가 써도 더 이상 생생하게 그릴 수 없다고 생각한다.

요즘 '층간 소음 문제'는 보통이 아니다. 법적 문제로 이어지거나 살인까지도 일어나고 있음을 TV를 통해 익히 알고 있다.

우리가 살아갈 때 내 삶과 상대방의 삶을 역지사지해 본다면 싸움도 소음도 잦아들 것이며 스스로 해결방법을 찾아갈 수 있을 것이다.

오일장 한 켠 양지바른 담장 밑
풋나물 몇 단 앞에 놓고
두 할머니가 나란히 앉아
도란도란하던 이야기가
자꾸만 겉돕니다
젊은 시절이 생각이 나지 않아
서로 쳐다보며 먼저 이야기하랍니다
서편 하늘 붉게 물들어 가는데
머릿속에 아롱거리는 지난날들이
흰머리 주름 너머 일들이 기억나지 않습니다
손주 줄 사탕은 사고 싶지만
푸성귀는 시들어져

눈길 한번 못 받고
사람들은 발길을 돌립니다

—「황혼의 여백」 전문

시인은 오일장에서 시골 할머니들이 텃밭에서 기르거나 뜯어온 푸성귀들을 앞에 놓고 손님을 기다리는 장면을 생생하게 펼쳐놓았다. 시간이 갈수록 상품가치가 없어져 팔리지 않는 푸성귀, 손주에게 줄 사탕을 못 사는 할머니의 안타까운 마음까지 은유되었다.

우리는 자식을 키울 때 삶에 부대끼어 느껴보지 못한 사랑이 온통 손주들에게 물 흐르듯 마구 흘러감을 안다. 보고 또 봐도 보고 싶고 귀엽다. 지난 세월이 가물거려도, 사랑한다는 말 한마디 없이도 사랑은 아래로 한없이 흘러감을 잘 표출해 놓았다.

사랑 훔쳐 떠난 여인의 모습이
가슴속 너울이 되어
성곽 돌계단을 촘촘히 달려온다

그리움은 지쳐 원한이 되고
알몸으로 웅크린 여인의 상이 되어
무거운 업보를 떠받치고 있다

무수한 세월이 흘러도
추위에 떨며 백 년의 배신에서
벗어나지 못한 나신이여

아침저녁 예불 독경 소리에
부처님의 자비를 비는

옷 벗은 보살이 되어 회한에 차 있구나

풍경 소리 따라
수없는 계절이 돌고 돌아가도
줄어지지 않는 형벌
차라리 마음 비우고
입가에는 웃음이 번진다

—「나부상裸婦像 1」 전문

안문현 시인의 작품 「나부상裸婦像 1」은 강화도 전등사 대웅전 네 귀퉁이에 무거운 불사(佛寺)를 이고 있는 여인의 나상을 말한다. 세상 끝날까지 아픔과 고통을 주려고 그 대웅전을 지은 도편수가 자신을 배반하고 다른 사내와 눈이 맞아 자기 재산을 몽땅 가지고 떠난 여인을 벌주기 위해서라고 한다.

우리는 전등사 사찰의 이 나부상을 보면서 무엇을 느끼며 구경하고 돌아왔을까? 대웅전 기둥 위, 그래도 연꽃 위에 나신을 앉히어 놓았으나 그렇게 한 도편수도 나부상이 되어 회한에 찼을 것이다.

사랑하기보다 어려운 것은 용서하는 마음이라고 한다. 용서는 남을 위한 것이 아니라 자기 자신의 구원을 위한 것이라고 생각한다. '나부상'은 우리에게 진정한 사랑이 무엇인지 은근한 가르침을 주고 있다.

지난날 믿음이 쌓였고
오늘의 소원이 쌓이고
내일의 희망이 쌓인다

각자 다른 사연 담긴 돌들은

천 년 이어 살아온 사람들의
염원 품고 대 이어 쌓여 왔다

오늘도 소원 담은 돌 하나가
부처님의 자비를 불러내며
이끼 낀 소망들 위에 올려져
또 다른 천 년을 쌓아 간다

—「돌탑」 전문

탑 하나에도 수많은 날들과 믿음, 소원, 희망이 얹어져서 누천년을 내려오며 '소원이 이루어지는 것'이라고 듣고 있다. 큰 부자는 3대에 걸쳐서 보시를 끊이지 않게 해야만 하늘이 내린다고 한다. 환언하면 요즘 말로 많은 사람들에게 봉사하고 어려운 사람들에게 많이 베풀어 주면서 좋은 일을 많이 해야만 하늘이 내리는 복이라고 믿는다.

우리가 무병장수하는 것도 다 하늘의 뜻이라고들 한다. 사람이 사람에게 자비를 베풀지 않고 어찌 하늘의 자비를 바라겠는가? 「돌탑」은 우리를 숙연하게 하는 작품이다.

밟혀서 아우성치는
세 잎 클로버를 외면한 채
네 잎 클로버를 찾아다닙니다

행복은 우리 곁에 있는데
행운을 찾으려고
짓밟아 버린 행복

떠나간 뒤에야
행복인 줄 알았습니다

—「행복」 전문

이 클로버 잎에 담긴 꽃말의 내용을 안문현 시인은 시를 통해서 교훈처럼 말하고 있다. 사람들이 일상의 행복함을 깨닫지 못하고 파랑새를 찾듯 행복을 찾아 헤맴을 빗대어 일깨워준다.

네 잎 클로버는 행운을 말한다. 프랑스의 나폴레옹이 워털루 전쟁 당시에 알프스 산맥을 넘어가는 도중에 토끼풀의 기형인 네 잎 클로버를 찾고서 이를 뜯으려고 고개를 숙이는 순간 총알을 피했다고 해서 행운의 뜻을 담고 있다고 전설처럼 알려져 있다.

그런데 세 잎 클로버는 행복을 나타낸다고 한다. 사람들은 바로 가까이 지천으로 깔려 있는 행복을 두고 행운을 잡으려고 온 천지를 찾아다닌다. 인간 속성의 한심함을 보여주는 좋은 작품이다.

구름 위로 용이 승천한다
높은 산에 산신령 살고
동구 밖 당나무 앞에서는
무당이 굿을 하고 있다

귀신 쫓는 처용 굿
주술이 된 처용가는 처용무를 추게 하고
귀신은 혼비백산 도망간다

천 년 넘게 내려온 처용의 신神
가랑이 넷인 아내의 이불 속 그대

용서하는 넓은 아량
미안하지 않고 부끄럽지도 않게
아내를 돌아오게 하는
기지奇智가 놀라워라

천 년 넘은 처용
괘릉 지키는 서역인 석상

온 신라 땅에 처용가는 퍼지고
전설은 더해가며 천 년 지나도록
처용은 우리 곁에서 숨을 쉬며
처연하게 살아나고 있다

—「처용가를 거꾸로 읽다」 전문

안문현 시인의 「처용가를 거꾸로 읽다」는 지금까지도 처용무가 가면극으로, 가무로, 굿으로 처연하게 되살아나는 것에 대한 신라 땅 처용의 기지를 용서와 아량을 통해서 넌지시 가족에 대한 처세술, 곧 삶의 지혜를 더해주는 작품이다. 「처용가」를 통해 작가가 진실로 하고 싶은 말은 주술적인 신비로움이 아니라 가족 구성원 간, 부부 간이 어지러운 이 시대에서 '용서'라는 한 마디의 말이 필요하다는 것을 알게 하고 싶은 것이다.

"미안하지 않고 부끄럽지도 않게/ 아내를 돌아오게 하는" 그런 용서(容恕)인 것이다.

「처용가」는 신라 헌강왕 때 처용이 아내를 범하는 역신을 물리치기 위해 부른 8구체의 향가이다. 「처용가」는 사귀(邪鬼)를 쫓고 경사로운 일을 맞이하는 민속무가로 조선시대에도 연희로 계속되었다. 처용은 자기 아내를 범하는 역신을 보고도 비난이나 분노하지 아니하고 슬픔과 체념의 노래를 불렀다.

『삼국사기』에 따르면 그 역신이 너그러운 처용을 보고 무릎 꿇어서 말하기를 '당신의 가면이나 이름만 들어도 나타나지 않겠다.'는 약속을 하고 떠났다. 그 후 집 대문에 처용의 가면이나 이름을 걸어두는 풍습이 생겼다고 한다. 지금도 그 노래는 주술적 무기로 알려져 있다.

나신으로 두 연인이 잠들어 있다

손잡고 다니던 거리
사랑을 속삭이던 회랑 돌기둥 밑
길 가다 사 먹던 빵 가게
데이트 전 다녀온 공중목욕탕
모두가
화산재에 묻힌 것도 모른 채

눈부시게 흰 드레스 입고
원형 야외극장에서
올릴 결혼식 날짜가
지난 것도 모르고
행복한 꿈을 꾸고 있다

봄꽃 벌 나비가
이천 번을 다녀가도
서로 꼭 끌어안고
날마다 사람들이
벌거벗은 침실을 들여다보는데도
황홀한 꿈에서

깨어나지 않는다

—「폼페이의 연인」 전문

안문현 시인이 이탈리아 로마 등지로 여행을 하면서 얻어진 시편들이다.

「폼페이의 연인」은 이탈리아 베수비오 화산 폭발 당시 폼페이 인구 2,000여 명이 화산재와 용암으로 인해 희생된 일을 시로 나타낸 작품이다. 사람을 덮은 6~8m의 화산재 위로 비가 내리면서 도시 전체가 화석화된 것이다. 이로 인해서 폼페이 도시는 화산폭발 당시 그대로 땅속에 묻혀서 보존되었다.

미라형 캐릭터들이 많이 출토되고 있으며 죽음 앞에서도 서로를 꼭 부둥켜안은 채 화석이 되어버린 '폼페이의 연인'들의 모습도 보인다고 한다.

부음訃音이 왔습니다

천 리 길 달려가며
같이한 젊은 날의 추억이
차창 가 풍경처럼 떠오릅니다

덜컥이는 전차 타고 청계천 지나다니며
온기 없는 허름한 자취방에서
언 손 호호 불며 책장 넘기다
헤어진 우리

수륙양용전차 몰던 빨간 명찰 단 너
대포알 어깨에 메고 뛰어다니며

최전방 지키던 나
우린 그렇게 헤어지고
마음뿐
팍팍한 생활의 포로가 되어
오십여 년이 지나서야
저승길 떠나는 너를 만나러 갑니다

흰 국화꽃에 싸인 늙은 너의 사진이 눈에 설어
몇 번이나 이름표를 되돌아봤습니다
처음 보는 낯선 너의 식솔들
내 이름을 듣고서야
살아생전 늘 보고 싶어 하던 친구라고
망인이 환생한 듯 부여잡고
눈물바다가 되었습니다

우린 그렇게
너는 저승으로 나는 이승에 떨어져
또 긴 세월
마음속에 새겨두는
친구로 남았습니다

—「친구」 전문

안문현 시인의 이 작품은 젊은 날의 추억을 함께했던 친구의 부음(訃音)을 받고 회고한 작품이다.

어린 시절 허름한 자취방에서 어려움을 같이하며 공부하던 친구였으나 오랜 세월 동안 만나지 못해 살아생전에 늘 보고 싶어 하던 친구였다. 이제 흰 국화꽃에 싸인 얼굴만 있는 사진이 된 그를 보고 또 보면서 지난 세월을 아쉬워한다.

이름을 듣고서야 망인이 환생한 것처럼 붙잡고 눈물을 흘리는 남은 식솔들을 보면서 시인은 무엇을 생각했을까?

너무 늦게 만난 친구여!

신혼의 꿈 안고
무지개다리를 건넌다

무수히 흩어지는 별빛
천둥 울리는 심장
황홀함
몸과 마음은 하늘 위를 난다

물보라 속 요정의 애잔한 모습
억 년 세월 손짓하며
쉬지 않고 쏟아져 내리는
거기엔
걱정도 좌절도 없이
하늘 오르는 무지개 꿈만 있다

—「무지개다리」 전문

안문현 시인이 요즘 젊은이들을 보면서 본인의 신혼생활을 회상하여 작품화한 것이라고 본다. 요즘 젊은이들의 신혼일기에는 '무지개다리'가 그렇게 황홀하지 않다. 경제적 삶의 걱정부터 앞서기 때문에 그렇지 못한 것도 있겠으나 처음부터 완벽한 결혼생활을 하려 하기 때문은 아닐까? 필자나 안문현 시인의 나이 때에 신혼은 곧 무지개다리의 시작이었다.

우리 시대는 아무것이 없어도 곁방살이부터 함께 시작하여 부모님의

말씀대로 살아가는 것이 신접살이였다면, 지금은 당사자끼리 원대한 삶의 청사진을 구워서 그 본을 떠가지고 부모님께 와서 신고하는 방식이라고 생각된다.

앞으로의 결혼 풍속도는 또 어떻게 달라질지 예측하기 어려운 일이다.

삼복더위 북풍한설 온몸으로 막아내며
얄팍한 월급봉투에 매달린
올망졸망 아이들 입
셋방살이 어렵고 힘들어도
한마디 불평 없던
당신이 눈물겹소

제일 먼저 새벽을 깨우고
가장 늦게 밤하늘의 별을 재우며
아이들 야간 자율학습 · 남편 뒷바라지
보따리 이고 지고 먼 서울 길 다니면서
누구보다 긴 하루를
살아내던 그 시절의
당신이 아득하오

긴 세월 살아오며
때로는 타인에게, 때로는 가족에게
이런저런 상처받아도
혼자서 견뎌내며 속으로 앓으면서
더 아픈 이웃에게 정을 나눠주던
당신을 존경하오

어느새 젊음은 흘러가고
시대도 변했는데

아직도 세상살이 나간 자식들 걱정하며
한 푼 돈 아끼려고
싼 곳 찾아 시장바닥 돌아다니다
걷고, 버스 시간 기다리고
허기 참고 집에 가서 밥 먹자던 당신에게

사랑한단 말 한마디 제대로 못 건네고
언제나
마음만 내줍니다

―「아내에게」 전문

안문현 시인의 이 작품 「아내에게」는 일종의 세레나데 형식을 취하고 있다. 처음 결혼할 때는 작품 「무지개다리」와 같이 화려한 꿈이었다. 하지만 「아내에게」에서는 그렇게 파랑새를 꿈꾸던 삶의 흔적은 점점 사라지고 아이를 낳고 넉넉지 않은 살림살이에서 아내에게 근심과 걱정만을 안겨 주면서 살아왔다. 이제 시인은 어떤 고통에도 한결같았던 아내를 향한 미안한 마음의 세레나데를 부른 것이다.

오랜 세월을 살아오면서 사랑한다는 말 한마디 건네주지 못한 마음, 혼자서 그 어려움을 견뎌내준 당신, 더 아픈 이웃에게 정을 나눠주던 아내에게 '당신을 존경하오' 그 한마디가 전부인 것이다.

어느새 귀밑머리에 하얗게 서리가 내리고 경제적 어려움에도 세상살이 나간 자식들을 위해 허기를 참는 아내, 시인은 미안함과 죄스러움을 아내에게 자신의 마음만 내어준다고 고백한다.

고향 마을 개울가 산자락에 작은 통나무집을 짓고 싶다
뒤뜰 한편 다람쥐 찾아오게 도토리 심고

실개울에는 가재 며느리 숨어 살게 작은 돌 가져다 놓고
망초 수북한 모래밭 귀퉁이에 민들레 옮겨 심고
마당가에 연못 파 맹꽁이 살게 하여
여름 한철 시끄러운 이웃도 만들고 싶다
계수나무 가지 끝에 꾀꼬리 집 짓고
오래된 고목엔 부엉이 살게 구멍 뚫어 주고
많은 이웃을 불러 모아 살고 싶다

개울가 석벽 고란초가 자라나는 고향 마을
우물가 느릅나무 정자는 길손 땀 식혀주고
옹기종기 모여 살던 초가집 뒤
참나무 높은 가지에 까치가 집 짓고
멀리서 오는 길손을 반갑게 짖어 맞던 곳
길가 쇠똥구리 힘들게 일하고
계절 따라 밤이면 소쩍새 울고
반딧불이 온 동네를 별처럼 뒤덮던
그런 고향 다시,
만들고 싶다

—「소망」 전문

사람은 누구나 소망을 가지고 산다. 대부분의 사람들은 그 옛날 자기가 이루고 싶어 하던 것들을 고향에 와서 한 번 더 이루어 놓고 싶은 마음에 금의환향하고자 한다. 그래서 예부터 수구초심(首丘初心)이란 말이 있다. 안문현 시인도 이제는 이룰 것 다 이룬 삶이라 여겨진다.

실개울, 가재와 피라미, 통나무집, 다람쥐, 고목나무, 부엉이, 이웃. 이는 시인뿐만 아니라 노령에 접어든 사람들의 단어이고 소망이며 노래이다.

즉 시인은 그 옛날 어린 시절 동무들과 함께 살던 그런 고향으로 돌아가고 싶어 하는 마음을 「소망」을 통해 수채화처럼 그려내었다. 고향은 지금 그 옛날과 무엇이 다른가? 하나둘 다 떠나고 없는 쓸쓸한 땅, 그 시절 그리움의 향수에 젖어들게 한다.

안문현 시인의 첫 작품집 『처용가를 거꾸로 읽다』는 시작부터 문예진흥기금 수혜에 선정되어 출간하게 된 시집이라서 더 화려하고 당당함에 축하의 박수를 배가한다.

이 시집을 통해 시인은 어떤 상황의식 속에서도 사물을 현명하게 보는 안목이 생겼으며 쇠잔등의 깃털 하나를 보고도 세상의 운치를 느낄 수 있는 감성을 지닌 시인의 촉수를 가지게 되었다.

이제 시인은 그의 작품 세계에서 소재의 신선함과 시어를 적재적소에 배치하는 언어적 구성 스킬을 익혀 시적 구성과 내용이 신선하고 충격적인 작품을 출산해가길 바란다.

안문현 시인은 시인이기 이전에 고등학교 교장을 역임한 교육자여서 시집 여기저기서 교훈적인 냄새가 났다. 그의 경력이 그의 인격의 한 부분이 되듯 앞으로 첫 시집 출간을 기점으로 그의 작품에서 또 다른 품격의 세계가 열려가길 바란다.

| 유자효 시집 해설 |

작품의 관련, 모티프의 순수성과 작가정신

계절이 변화하는 것은 비단 자연현상만이 아니다. 사람들의 언어도 그렇고 피부에 부딪히는 음향도 달라져서 접근해 옴을 알 수 있으며 사람의 마음과 몸에서도 변화가 일어나는 것을 느낄 수 있다. 지난해와 올해, 지금까지도 우리가 몰랐던 언어와 불안(不安)이 이를테면 '조류독감', '광우병', '사스' 등이 세계화라는 이름하에 우리에게 밀착해 왔고 또 다른 신종 불안을 우리 스스로가 대처하여 지킴으로써 안전한 인간으로서의 정체성을 회복하고 있다.

문학작품인 시조도 마찬가지이다. 월간지, 계간지, 문학 행사, 신춘문예, 시집 등에서 작품들이 쏟아져 나온다. 그 발표하는 작품을 살펴보면 시인들이 자신의 변신을 위하여 몸부림치고 있음을 알 수 있다.

요즘 발표되는 중견 시인이나 신진 시인들의 작품을 훑어보면 하나같이 새로운 용어, 새로운 것을 부르짖다 보니 어려운 낱말이나 또는 자연스럽지 못한 표현을 많이 보게 된다. 시를 잘 모르는 지인들과 이야기를 하다 보면 "시인은 말을 꾸미는 사람이다."라는 말을 종종 듣는다. 그 사람들의 논리에 의하면 있는 그대로 표현해서 독자들에게 감동을 줄 수는 없는가 하는 것이다. 과장법이나 의인법 등 표현의 기교를 작품에 많이 쓰거나 잘못 쓰다 보면 그런 상황을 가져올 수도 있는 것이다.

유자효 시인의 작품을 만나보았다. 그의 작품들에서는 억지로 꿰맨 자국을 볼 수 없었으며 보기 싫게 터져 나온 실밥도 찾아볼 수 없었다.

시인은 그 시대 언어의 주인인 동시에 좌우로 치우치지 않으며 시대를 바로 보고 보행해야 한다. 또 언제나 때 묻지 아니하고 맑은 목소리로 타이르는 안내자여야 한다. 그러나 물질로 군림하고 사는 사람들이 많은 시대다. 글을 읽기 싫어하는 이런 시류(時流)에서 시인은 그들에게 문학의 유토피아를 어떻게 이야기하여 접근해 갈 수 있을까? 살아가는 현실의 전쟁 속에 또 하나의 전투사로 존재하면서 더욱 너그러운 시심과 더욱 따사로운 인정(人情)을 심는 노래가 절실한 것 같다.[1)]

유자효 시인의 작품 속에는 삶의 애환도 깔려 있고 이 시대를 보는 걱정스러운 시선도 느낄 수 있으며 후손들을 걱정하는 나라 사랑의 길도 잔잔하게 흐르고 있다. 우리가 살아가는 길 위에 흘러가는 계절의 변화에 따른 서정적 느낌, 노년에 대한 두려움, 외국 여행에서 받은 감흥도 있다.

작품은 그 시인이나 작가에 있어서 살아 있는 영혼의 꽃이다. 그러므로 시인들은 자기 창작품에 대해서 발표하기 직전까지도 퇴고와 번민을 되풀이하게 된다. 자기 작품에 대해서는 항상 자신의 진실과 인격과 명예가 함께함을 생각하지 않을 수 없기 때문이다. '시는 시인 그

---

1) 박영교, 『문학과 양심의 소리』(도서출판 대일, 1986), p.113

자체이다.'라는 말도 있다. 즉 시를 읽어보면 그 시인의 인격과 믿음, 정의감과 지적 수준, 문학적 소양, 생활양식 등 많은 것을 내포하고 있어서 그런 말을 할 수 있는 것이 아닌가 한다.[2)]

처음 단형시조의 원고를 받아 읽으면서 유자효 시인은 시집 구성을 어떻게 배열했는가를 생각해 보았다. 아마도 최근에 쓴 작품들을 앞부분에 배열하여 구성한 것이 아닌가 생각된다. 어떻게 구성되었든 반세기가 넘게 작품 활동을 하는 유자효 시인의 작품들을 하나하나 헤쳐 본다. 작품을 해설한다는 것은 한 작가의 인생을 파헤치는 작업이기도 하여 두렵기도 하고 영광스럽기도 한 일이다.

유자효 시집은 전 4부로 구성하고 있으며, 각 부마다 단시조를 각 20편씩 실어 전 80편의 작품을 수록하고 있다.

폐가
담장 밑
야생화가 피었다

그것도 그늘진 곳
새하얗게 내민 얼굴

이곳서 종신 서원한
그 고독이 슬프다

—「야생화」 전문

2) 박영교, 『시조 작법과 시적 내용의 모호성』(도서출판 천우, 2013), p.151

어느 폐가에서 얻어진 시상이다. 아마 고향집 근처에 어떤 폐가 담장 밑에 사람들이 가꾸지 않고 살아남은 야생화를 보면서 그 주인은 평생을 이곳 이 집에서 살려고 종신서원(終身誓願) 했지만 뜻한 대로 흐르지 않는 세상살이를 척박하고 그늘진 담장 밑에서 핀 야생화로 상징화하여 아무도 돌보지 않는 고독한 삶의 슬픔을 표출한 것 같다.

그 옛날 농경사회일 때는 팔촌까지 한 마당에서 뛰놀고 오순도순 즐겁게 살아왔지만, 지금은 사촌도 모르고 사는 가정이 얼마나 많은가? 아예 형제나 사촌이 없는 집안도 허다하다.

아이를 낳으면 제 먹을 것 제가 타고난다던 옛말은 어디로 가고 지금은 경제적 이유로 아이를 하나만 낳거나 아예 비혼주의 트렌드로 가고 있다.

세상의 스님들은
눈길 따라 떠나가고

먼 길 걸어 지쳤으니
나 이제 내 속에 들리

무문관
서느런 이름
눈썹 끝에 매달고

—「동안거」 전문

제목이 '동안거(冬安居)'이다. 동안거를 '설안거(雪安居)'라고도 한다. 승려들이 한겨울 동안 외출을 금하고 참선을 중심으로 수행에만 전념하는 기간이다. 그 기간은 음력 10월 15일부터 이듬해 1월 15일까지 3

개월 동안 스님들이 수행하고 정진하는 것을 말한다. 그 반대로 하안거(夏安居)도 있는데 음력 4월 15일에서 7월 15일까지 3개월 간 승려들이 한곳에 모여 수행하는 것으로 일하구순(一夏九旬), 하결제(夏結制)라고도 한다.

스님들은 이 동안거 동안 세상의 모든 일을 접고 면벽하여 자신의 정신적 수행에 들어간다. 그것은 마치 우리가 자신의 일에 지치고 세상 흐름을 따라 흐르다가 내 안거에 와 조용히 쉬면서 자신을 돌보는 일과 같은 것이다.

이 동안거에 드는 스님은 무문혜개(無門慧開)가 설법한 것을 제자 종소(宗紹)가 엮은 선종(禪宗)의 입문서를 터득하면서 수행에 정진해야 하는 것이라 한다.

유지효 시인 자신도 지친 몸과 맘을 동안거에 드는 스님처럼 하고 싶을 게다. 수행이 아니라 한곳에 머물며 쉬고 싶은 것은 아닐까? 누구나 한번쯤 내 자신의 할 일도 내려놓고 오직 수행을 하는 것처럼 오감을 바르게 하고 자신의 생각을 정리해 보고 싶을 때가 있는 것이다.

누가
하늘에
은쟁반을 던졌나

짙푸른 심연을 환하게 비추어

얼마나 많은 사람이
길을 찾게 했던가

—「보름달」 전문

보름달은 누구든 보는 사람이 임자이다. 하늘에 은쟁반이 아니라 살아 움직이는 금쟁반이다. 푸르디푸른 마음속 깊은 곳을 환하게 비춰주는 상황의식을 생각하게 하는 달이다. 그 달을 통해 많은 사람들의 희열과 살아가는 꿈의 의미를 찾아가는 하나의 활로가 됨을 시인은 잘 알고 있다.

보름달은 사람들이 함께 웃는 웃음이 되었고 삶의 길을 찾아 나서는 나침반이 되었으며 남북의 아픈 눈물을 닦아 줄 수 있는 손길도 되었다. 쳐다봄으로써 같은 하늘 아래 함께 하는 존재 의식으로 마음의 길을 열어갈 수 있는 즐거움으로 살아갈 수 있었다. 보름달은 만(萬)사람의 소원이자 만(萬) 가지 꿈이고 길임을 시인은 알고 있다.

그를 향해 도는 별을
태양은 버리지 않고

그 별을 향해 도는
작은 별도 버리지 않는

그만한 거리 있어야
끝이 없는 그리움

—「거리」 전문

60년 눈물로도 녹여내지 못하고
7천만 함성에도 끄떡 않는 금성철벽(金城鐵壁)
무심한 푸나무 새로 들짐승만 뛰놀다

—「비무장지대」 전문

우리가 살아가는 이 세상은 예나 지금이나 항상 알맞게 거리를 유지하고 살아왔다. 오직 그것만이 살길이라고 생각한다. 비단 사람이 살아가는 이치뿐만이 아니라 우주의 모든 별도 만유인력에 의해 거리를 두고 서로 버티고 돌면서 존재한다. 사람과 사람 사이의 그리움도 알맞은 거리를 두고 살아가야만 그리움의 존재가치를 알며 가끔은 살아갈 수 있는 힘이 되는 것이다.

후자의 작품 「비무장지대」에 가 본 사람은 알게 마련이다. 사람들은 조용히 다니면서 발자국 소리도 못 내게 하는 곳, 그곳은 오랜 세월 동안 눈물로도 녹여낼 수도 없는 곳이 비무장지대이며 남북한 우리 민족 전체의 아픔만으로는 무너트릴 수 없는 철벽인 것이다. 무심한 짐승들만 왕래할 수 있는 곳 바로 그 「비무장지대」는 유자효 시인이 통일의 염원을 담은 한탄이다.

1998년 여름 현대그룹의 故 정주영 회장이 소 1001마리를 직접 몰고 북한을 방문한 때 남북 이산가족 중의 사람들이 한 말이 생각난다. 너무나 북쪽에 있는 그리운 사람들을 만나고 싶어서 말한 "내가 정주영 회장의 소 떼라도 되었으면 북쪽 하늘과 고향 땅을 밟아 볼 수가 있지 않았을까?"라는 한탄의 목소리가 터져 나왔다고 한다. 얼마나 고향의 그리움에 사무쳤으면 그러겠는가?

수학여행 떠난 애들
그 뒤 영영 오지 않고

무지한 어른들은
분별없이 살아가고

나라를 바꾸는 기적
나타나야 하건만

—「아! 세월호」 전문

이제 우리는 냉정하면서도 뼈아픈 반성을 해보아야 한다.

2014년 4월 18일 세월호는 완전히 침몰하였고 이 사고로 시신 미수습자 9명을 포함한 304명이 사망하였다고 한다. 침몰 사고 생존자 172명 중 절반 이상은 해양경찰보다 약 40분 늦게 도착한 어선 등 민간 선박에 의해 구조되었다고 한다. 안산시의 단원고등학교 학생이 주요 구성원이었고 탑승 인원 476명을 수용한 참사이다. 탑승자 그 모든 사람들과 고등학교 학생들의 목숨이 소중하고 귀한 것을 다 안다. 세월호 수학여행 중 사망자 1인 보상액이 8억 5천~12억 5천만 원! 나라를 위해 목숨을 바친 사람들의 목숨값과 형평성에 대한 국민들 사이의 말들이 설왕설래(說往說來)했다.[3)]

너무나 가슴 아픈 참사인 것만은 사실이다. '나라를 바꾸는 기적'이 그 사건으로 인해 일어난 것도 사실이다. 지금도 국회의원 중에는 아직도 노란 리본 배지(Badge)를 달고 다니는 국무위원과 국회의원을 보면서 항간(巷間)에서는 "자기 부모가 죽으면 3일 탈상을 하는 사람들이 아직도 노란 배지를 달고 다니나?"라고 하는 말들이 오고 가는 것을 듣는다.

이것은 어디까지나 해상교통사고인데 이것을 통해서 정권을 뒤엎는 커다란 사건으로 만들어졌다.

유자효 시인은 짧은 시 한 수(首) 속, 그것도 종장의 한 구절 속에 그

---

3) 김동길, 「나라 망하는 길」에서 인용.

런 잡다한 많은 말들을 '나라를 바꾸는 기적' 이란 이 한 구절로 압축하고 있다.

촛불 행렬 넘쳐나고
태극기 물결 출렁인다

반만년 목숨 이어
오늘에 온 그 힘이

비장감
그것이었나
애틋하다
내 나라

—「2016년 1」 전문

"나라가 괜찮을까요?
전쟁은 없을까요?"

내 손을 붙들며
간절히 물어본다

"우리사 살 만큼 살았지만
걱정돼서요 자식들이"

—「걱정」 전문

유자효 시인은 주위의 많은 사람들, 특히 나이가 든 사람들이 걱정하는 말을 듣고 그것을 토대로 작품화하고 있다.

모름지기 시인은 불의를 보고 바르게 말할 수 있어야 하며 올바른 길로 인도하는 인도자여야 한다. 『25시』의 작가 게오르규(C.V.Gheorghiu)가 말하기를 시인이 괴로워하는 사회는 병든 사회라고 하였는데 우리는 이 말에 귀를 기울여 볼 필요가 있는 것이다.[4)]

현 정권은 촛불로 민중이 물결을 일으켜 세월호를 문제 삼아 정권을 창출했다고 해도 과언이 아니다. 그리고 적폐 청산이라는 명목하에 많은 잘못된 일을 청소하듯 몰아내고 있다. 그런 잘못을 청산하는 일, 좋은 일이다. 그러나 그것을 하려면 '이명박 정권, 박근혜 정권만 할 것이 아니라 그 위의 대통령까지도 적폐 청산을 해야 되지 아니한가?' 하는 여론도 있다. 또한 어쩌면 나중에 현 정권 자신의 발등에 도끼를 올려놓는 결과를 초래할까 두려운 마음도 앞선다.

알베르 카뮈(Albert Camus)가 『이방인』에서 이율배반(二律背反)으로부터 생기는 모순을 독자들에게 주인공인 '뫼르소 그가 정상인인가?'라는 의문을 던져서 우리가 살고 있는 이 세상이 정상인가를 되묻는 것처럼 우리도 세상을 내다보면서 자기 자신을 되돌아보고 또 이 세상 돌아가는 것에 대해서 자신에게 질문을 던져 볼 수 있어야 한다고 생각한다.

가짜들이 설치고
가짜들이 행세해도

좋은 게 좋다면서
가짜와 손잡으면

4) 박영교, 『시와 독자 사이』(도서출판 청솔, 2001), p.122

더 이상 살 가치 없는
가짜들의 난장판

—「가짜」 전문

우리가 살아가는 세상에는 여러 가지 어려움이나 괴로운 일, 그리고 신실하고 진실한 것만이 있는 것이 아니라 많은 고난과 마음의 상처도 함께 따르는 법이다. 거기에는 진실을 왜곡하는 여러 가지 일들도 일어나고 있는 실정이다.

유자효 시인은 눈에 보이는 잘못된 것, 진정한 것은 퇴출되고 허실한 것들이 등용이 되어 세상을 좌지우지하는 것을 보면서 그것을 작품화 한 것이라고 본다.

연암 박지원은 눈에 보이는 것은 겉모습에 불과하니 진짜와 비슷하게 느껴진다고 해서 그것에 속지 말라고 강조한다. 서로 같은 것을 말할 때 꼭 닮았다 하여 혹초(酷肖)라고 일컫고 분별하기 어려운 것은 진짜에 아주 가깝다 하여 핍진(逼眞)이라고 일컫는다. 진(眞)이라고 말하거나 초(肖)라고 말할 때는 그 속에 가(假)와 이(異)의 뜻이 내재되어 있다. 그러므로 천하에는 이해하기 어렵지만 배울 수 있는 것이 있고 전혀 다르면서 비슷한 것이 있다.(연암집, 錄天館集序)

우리 눈으로 보이는 것이 다가 아니라는 것으로 모든 일에 있어서 빙산(氷山)의 일각(一角)에 대한 생각을 깨우치면 내 앞의 일들을 무난히 해결해 나갈 수 있을 것이다.

밤이면 달빛 먹고
자라나는 닥나무

한생을 다하면
쪼개지고 으깨어져

은은한 달빛 뿜으며
다시 얻는 긴 생명

—「한지」 전문

'우리 한지(韓紙)는 천 년을 가고 비단은 오백 년을 산다.'는 말이 있다. 그만큼 한지가 질긴 생명력을 지녔다는 뜻일 것이다. 공기처럼 가벼우면서 빛과 바람을 통과시키는 매력적인 자연에서 얻어지는 소재일수록 유난히 사람 손에서 태어나야만 우수하다.

한지(韓紙)는 생각 없이 보면 한 장의 종이일 뿐인데 서서히 들여다보고 있으면 따스한 자연의 운치와 기운이 전해 오는 듯하다. 이 잔잔한 불투명한 종이 속에는 무슨 사연이 담겨 있기에 이렇게 정겨운 마음이 배어날까?

우리는 한지로 바른 아자창문으로 된 방 안에서 소중한 인연으로 만나는 분들과 함께 앉아 따뜻하고 정겨운 말씀과 천하춘 우전차를 우려서 따끈하게 마시면서 차향을 음미하면 그 차향과 종이의 신비한 향이 뒤섞여 세상에 더욱 즐거움을 더한다.

유자효 시인은 이 한지(韓紙)를 통해 삶의 정서를 더하고 한 생을 다해서 우리 인간에게 주는 즐거움을 한지 창에 은은히 어린 달빛과 자신은 죽어서 다시 생명을 내뿜는 한지의 아름다운 정서를 되새기고 있는 것이다.

구름처럼
꿈결처럼

흐느끼듯
물 흐르듯

흙이거나
불 속에서나
다시 태어난 그 순간이나

빛나는 황금시대는 누구에나 있건만

—「달항아리」 전문

달항아리에 대한 작품이다. 달항아리를 이제는 너도 나도 빚지만 도자기는 아무리 아름다워도 장인의 그 이름 유명세로 그 값이 매겨진다. 달을 닮은 둥근 흐름을 타고 흙과 불로 다시 태어난 빛깔, 달, 백자뿐만 아니다. 도자기는 장인의 사후가 더 값이 나간다. 사람은 살아서 황금시대를 맞지만, 사람의 손으로, 생각으로 빚어진 작품은 아이러니하게도 그 황금시대가 유구하다.

'문경전통찻사발축제'는 지역의 전통도자문화산업과 지역특산물 홍보의 장이다. 여기에 백산 선생의 달항아리는 너무나 유명하다. 특히 2013년에서 2016년까지 5회 연속 최우수 축제 선정에 이어 총 6회째 선정으로, 경상권에서는 유일하게 최우수 축제 타이틀을 보유하고 있다.

최우수 축제로 지정되면 내년도 국 · 도비 4억 원의 예산지원과 한국관광공사를 통한 해외 홍보마케팅, 축제 프로그램 개선을 위한 컨설팅 등의 정부 지원을 받게 된다.

문경 하면 영남요의 백산 김정옥 사기장의 달항아리와 찻사발, 천한봉 사기장의 다기 등의 작품을 대표작으로 들고 있다.

달항아리 하나의 작품이 3천만 원을 호가하고 있어 서울의 부잣집

거실을 지키는 명물이 되고 있다. 특히 영남요 백산(白山) 김정옥 사기장 기념관에 가면, 8대째 내려오는 수많은 작품들이 진열되어 있다. 푼주 하나가 300만 원을 호가하지만 지금은 없어서 못 팔고 있는 실정이다.

내가 가장 사랑하는 사람들이 쓰는 말
제일 예쁜 우리 아기 열심히 배우는 말
죽으면 내 무덤 앞에 서 있게 될 바로 그 말

—「모국어」 전문

우리가 쓰고 있는 언어들, 우리 후손들이 써야 할 모국어, 살면서 변화의 목소리를 주관하는 말소리가 바로 모국어이다. 그 언어가 우리가 모르는 사이에 계속 변화하고 있다. 한 해 한 해를 지나면서 유심히 찾아보면 그 변화를 느낄 수 있다.

언어는 우리가 살아가면서 쓰는 말이 세력을 잃으면 점점 사라지고 사람들 사이에서 세력을 얻게 되면 그 언어는 유지하게 된다.

유자효 시인이 모국어에 대한 작품 속에서 잘 이야기하고 있지만 내 사랑하는 사람들이 사용하고, 우리 예쁜 아기가 배우고 쓰는 말, 마지막으로 내 무덤 앞에 비석으로 서 있게 될 모국어 바로 그 말을 작품으로 잘 표현하고 있다.

청춘도 될 수 있고
중년도 될 수 있고
장년도 될 수 있고
노년도 될 수 있고

언제나 지금 이때가
삶의 절정이건만

—「화양연화(花樣年華)」 전문

작품 「화양연화(花樣年華)」는 중국 홍콩의 멜로 영화이다. "솔직히 처음 이 영화를 봤을 땐 너무 많은 생략 때문에 영화의 스토리를 이해 못 해서 지루했다. 그러나 여러 번 보면서 스토리를 이해하고 나자 그 이미지들의 아름다움이 절절히 와닿았고, 수없이 반복되는 감미로운 주제 음악도 그렇게 좋을 수가 없었다."[5)]

이 영화는 결코 일반 대중들을 설득시키기에는 어려울 것 같다고 한다. 이 영화의 극적인 모티프는 멜로드라마에서 자주 사용되는 '불륜'이지만 여기선 남다른 관점에서 볼 수 있으며, 1960년대 당시의 보수적인 사회 분위기 속에서 유부남과 유부녀가 만나 사랑을 나눈다는 건 쉬운 일이 아니며, 더구나 자신의 남편과 아내가 다른 사람과 불륜을 저지르고 있다 해서 자신도 쉽게 그 같은 행위를 할 순 없는 일일 것이다.

〈화양연화〉는 2000년 부산국제영화제 폐막작이자 칸 영화제 남우주연상과 기술공헌상을 수상한 작품이라고 한다.

유자효 시인의 시조 작품 「화양연화(花樣年華)」를 보면 'Here & Now' 라는 상담용어가 떠오른다. 마지막 행 "언제나 지금 이 때가 삶의 절정이건만"에서 사람이 행복해지는 시점을 지금 이 때라고 잘 말해주고 있다. 과거의 행복은 그리움이고 미래는 희망이지 행복은 아니다. 행복은 지금 여기에서 최선을 다한 아름다운 삶일 게다.

5) http://100.daum.net/encyclopedia/view/83XX25100038

우면산 입구 흰색 붉은색 보라색 꽃
우리 집 문간에도 흐드러진 오색 꽃
극락을 1년에 한 번 보여주러 오셨다

—「봄」 전문

우면산은 2011년 7월 27일 서초구의 무분별한 난개발의 결과로 대형산 사태가 일어났으며 같은 산의 세 군데에서 토사가 길거리와 주택가로 쏟아지는 산사고가 일어났다. 이 사고로 서초구에서만 많은 사상자가 발생했으며, 또한 산 아래의 아파트와 지나가던 차량들과 행인들이 큰 피해를 입었던 인재(人災)로 기억되고 있다.

유자효 시인은 그 산 입구에 핀 꽃들과 시인의 집 문간에 흐드러지게 핀 오색 꽃들을 보면서 바로 그것이 극락이요 그 극락을 매년 한 번 보여 주기 위해 피는 꽃들의 잔치가 내 믿음 속의 극락이라고 표출하고 있다.

매미며 개구리며
산새며 들짐승들

대지에 있는 동안
신나게 살고 간다

고민 속
인간들만이
가장 잘못 사는 듯

—「삶」 전문

자연 속에서 살아가는 모든 생물들은 한생을 사는 동안 인간이 봤을 땐 한가롭고 질서정연하게 아무 문제 없이 살아가는 것으로 알고 있으나 그렇지 않다. 유자효 시인이 느끼는 것과 같이 신나게 살아가는 것처럼 보이나 모든 동물들의 개체 속으로 들어가면 약육강식이나 그들 나름대로의 자연법칙이 내재해 있는 것을 볼 수 있게 된다.

우리 인간들은 하루도 고민 없는 날이 없으며 열심히 사는 동안 많은 일들이 쌓여가면서 스트레스를 받으며 살아가고 있음을 유자효 시인은 잘 알고 있다. 동물에게는 먹고 살려고 그 자체 힘의 크기로 약육강식이 벌어지지만, 인간은 돈의 힘으로 약육강식이 결정된다. 범법도 무질서도 인간이 만들어낸 돈의 힘으로 태어난 모순이다.

그렇게 살아가는 것을 자연에 비추어 인간들만이 잘못 살아가는 것으로 표출하는 시인의 맑은 마음이 엿보인다.

벌써 가셨는가
화려했던 시간들

손끝에 만져지는
서느런 빛깔이여

소리쳐 불러보아도
돌아서지 않는 등

—「입추」 전문

우리가 살아가다 보면 세월이 너무나 빨리 흘러가는 것을 느끼게 된다. 노인이 되면 '인생은 연습이 없다. 시간을 아껴 써라.'고 말한다. 누구나 나이를 먹는다. 뒤돌아보면 너무나 빠른 속도로 달려왔음도 안다.

유자효 시인의 작품 「입추」를 읽으면서 그 화려했던 지난날의 세월을 보내고 이제 서늘한 계절의 입구, 노령시대를 접하는 시인의 감회를 엿본다. 이제 지나간 시간들은 돌아서지 않는 세월이다. 아무리 청춘을 불러 봐도 돌이킬 수 없는 세월의 냉혹함을 시인은 절기(節氣)에 빗대어 잘 풀어내었다.

일찍 가신 부모님
가난한 형제들

슬픈 일만 생각나는
명절날 아침에는

어느새 찾아온 가을
마른 잎이
우수수

—「추석」 전문

우리나라의 가장 큰 명절은 설날과 추석이다. 명절에는 흩어져 살던 가족들이 부모가 있는 고향에 모여서 차례를 지내며 자주 못 보던 얼굴을 만나고 어려웠던 시간들을 서로 나누며 부모님과 웃어른들의 덕담을 주로 듣는 것이 명절이다.

유자효 시인은 일찍 세상을 떠나신 부모님과 어렵게 살던 형제들의 안쓰러움과 슬픈 일들만 생각나는 추석 차례상 앞에서 지난 일들을 생각하게 된다.

어느새 계절은 어김없이 찾아와 가을낙엽이 바람에 떨어지는 '우수수' 소리를 듣는다. 마른 잎처럼 늙어가고 있는 형제자매를 보면서 시인은 우수(憂愁)에 젖는다.

금빛 물결 시베리아
잘 뻗은 자작나무

젊은 스님의 독경처럼 슬펐다

바람도 밀려다니며
소리 내어 우는 가을

—「바이칼」 전문

유자효 시인이 바이칼호숫가를 여행하면서 마음속에 일어나는 서정을 정리한 작품인 것 같다. 시베리아의 자작나무숲의 바람 소리를 젊음을 삭이는 스님의 슬픈 독경 소리로 비유했다. 자작나무숲의 움직임 사이로 파도처럼 몰려오는 가을바람이 바이칼호수를 만났으니 얼마나 스산하겠는가? 시인은 여행지에서도 한 점 바람과 풍광을 잡아내는 예리한 눈을 가졌다.

바이칼호수는 동시베리아 남부에 자리 잡고 있는 세계에서 가장 깊은 내륙호로 알고 있다. 바이칼호의 동식물 생태는 풍부하고 다양하여 1,200종이 넘는 동물이 서식하고, 600종에 가까운 식물이 분포되어 있다고 한다.

한 해 두 해 늙어가며
하나둘 내리는 짐

꿈마저도 이제는
버려야 할 마지막 짐

풀려나 가벼워져야
떠나기 더욱 좋은 짐

—「짐」 전문

얼마 전 필자가 교회에 갔더니 지인이 "어? 박 교장 살아 있네." 이런 말을 했다. 나이가 들면 잘 보이던 사람이나 친구가 갑자기 보이지 않으면 변고가 있다는 것이다.

유자효 시인은 그것을 잘 알고 있다. 이제는 나이 들면 떠날 준비를 철저히 해 두자는 것이다. 짐이란 무엇인가? 정리할 것은 빨리 정리하고 자신이 하고자 하는 일들을 빠른 시간 내 정리해 두는 것이 중요하다.

물러나 앉을 자리를 찾아 물러나고 후임을 정해서 서둘러 자리를 내주는 것이 현명하다. 홀가분하게 편안히 떠날 수 있도록 마지막 남은 노욕(老慾)도 버려야 할 때를 시인은 알고 있다.

그 좁은 단칸방에 네 가족이 살았구나
해변에 지천이던 게를 먹고살았구나
가난이 큰 행복임도 떠나서야 알겠네

—「이중섭의 바다」 전문

유자효 시인의 작품들은 물 흐르듯, 시간이 절로 넘어가듯, 말하듯이 쓰는 시로서 꾸밈이나 억지로 꿰맨 보기 싫은 실밥도 보이지 아니한 순수하고 자연스러운 작품이어서 더 아름답다. 문인 대가들의 작

품을 읽어보면 아무것도 덧입혀 설명이 필요 없는 작품인데도 그 속에 숨어 있는 언어들이 매우 자상하게 들어 있어 '나도 저런 작품을 써야겠다.'라고 생각했던 때가 있었는데 바로 그런 작품들을 쓰는 시인이 유자효이다. 아무 꾸밈이 없는 데도 큰 감동으로 와서 독자들의 마음을 사로잡는 「이중섭의 바다」가 그렇다.

이 작품은 독자들도 잘 알고 있는 천재 화가 이중섭이 사랑하던 제주도 서귀포 앞바다 자구리 해안, 우리나라 최남단의 도시 서귀포 해안을 따라 펼쳐지는 풍광이 아름다운 서귀포 70리 해안, 그중에도 자구리 해안은 이중섭 화가가 한국전쟁 당시 서귀포로 피란 와서 가족과 함께 행복한 삶을 살았던 서귀포 바닷가이다.

서귀포 앞바다가 한눈에 바라다보이는 지붕 없는 미술관, 바다를 배경으로 전시된 작품들이 인상적인 곳이다.

오늘도 필동 근처 허름한 주점에서
젊은 시인 정의홍 송유하 홍희표
막걸리 마시고 섰는 미당 선생 웃음소리

—「황금시대」 전문

작품 「황금시대」는 시인이 대접받던 시대를 말하는 것 같다. 문단 50~60년대, 70년대 중 하반으로 넘어오면서 넘쳐나는 시인 과잉시대를 맞으면서 쇠퇴해져 가는 양상을 보인다.

정의홍 시인은 44년 경북 예천에서 출생하여 1967년 『현대문학』으로 등단하고 시집으로는 『밤의 환상곡』 『하루만 허락받은 시인』이 있으며 송유하 시인도 홍희표 시인도 다 저세상으로 떠난 시인이며 세 사람 다 동국대학 출신이다.

송유하 시인은 1964년 동국대학교 주최 고교백일장에서 시 「주발」이 당선되어 장원을 차지했는데 홍희표는 송유하에게 장원을 빼앗긴 라이벌 시인으로 항상 아쉬워하고 있는 시인이기도 했다. 「국화 옆에서」의 미당은 동국대학교 교수로서 필자도 한 학기 강의로 '현대시작법'을 들은 적이 있다.

유자효 시인은 허름한 주점에 앉아서 막걸리를 마시며 끊임없는 문학작품에 대한 이야기를 주고받던 그 시대를 황금시대로 보고 작품화한 것이다. 시인은 그리운 사람들을 그림을 그리듯이 눈에 선하게 그려냈다.

그의 손에 이르면
꽃이 되는 간절함

조국도 그에게는
간절한 한 송이 꽃

이제는 꽃이 되고만
간절해라 그의 삶

—「간절한 꽃」 전문

백수 정완영 시인의 작품 세계를 유자효 시인은 「간절한 꽃」으로 표현하고 있는 것이다. 이 작품의 부제가 '백수에게'라고 붙어 있기 때문이다. 그의 작품 세계는 독특하고 독보적인 세계를 이루고 있으며 누구도 그의 작품을 흉내 낼 수는 있으나 그와 똑같은 작품을 구사하기는 어렵다고 한다.

유자효 시인이 '조국'도 그에게 있어서 간절한 한 송이 꽃이라고 표현한 작품은 백수의 작품으로 1962년 조선일보 신춘문예에 당선된 시 「조국」이다. 고등학교 국정교과서에 실리기도 했다. 어느 한 사람의 인생을 한마디로 표현해 낼 수 있는 능력 있는 시인이 유자효이다.

우리 늙어 만났으나 언제나 설레었고
자주 보진 못했어도 따스함은 오고 갔지
시와 신(神) 섬기며 가던 아름다운 사람아

—「선정주」 전문

유자효 시인의 작품 「선정주」 속에는 이제는 고인이 된 선정주 목사에 대한 정의(情誼)가 분명하게 담겨 있다.

선정주 시인과 유자효 시인은 늙어서 만났다고 했다. 필자도 그리 빠른 젊은 시절에 만난 것은 아니다. 작품발표와 현대시조 계간평을 계속 쓰면서부터 만나게 되었다. 그는 자상하고 겸손한 목사님이었다. 그는 시집으로 『겨울 靑山圓』, 『겨울 중랑천』, 『겨울 삼십 년』 등 6권을 남겼다. 그리고 가난한 현대시조를 이끌어오면서 많은 고생을 하였다. 선정주 시인의 시집에는 표제에도 시에도 늘 '겨울'이란 단어가 들어가 있었다. 유자효 시인은 「선정주」 마지막 행에서 "시와 신(神) 섬기며 가던 아름다운 사람아"로 더 이상 표현할 수 없게 선정주 시인을 그려냈다.

선정주 그는 기독교 목사로서 시인으로서 성경 말씀을 전하는 데 조금도 소홀하지 않았고 시가 말씀이고 말씀이 시였다.

가슴에 못이 박힌 채 그가 서 있었다
평생 박기만 하고 뽑지는 못했던가

아니면 박고 뽑음이 다르지 않고 하나던가

—「김종철」 전문

유자효 시인의 작품 「김종철」은 부산 출신 김종해 시인의 동생이며 그의 별명은 '못의 시인', '못의 사제'로 불리기도 한다.

김종철(金鐘鐵, 1947년~2014년)은 시인이며 종교는 천주교, '못'을 주제로 한 시를 발표하며 '못의 시인', '못의 사제'로 불렸다. 1970년 서울신문 신춘문예로 등단하였다.

유자효 시인은 그의 시에서 '못'에 대한 것에서 시작하여 '만날 박기만 하고 뽑지는 못했던가?' 반문하고 있다. 필자가 처음 느낀 것은 '김종철 시인은 남에게 못 박는 시만 쓰고 남에게 아픈 마음을 주는 시인인가?' 생각했었는데 그런 것이 아니어서 좋았다.

김종철은 도시 문명 속을 살아가는 소시민들의 삶에 눈길을 주었다. 평범한 그 사람들의 삶을 시 언어로 다듬어 많은 이에게 감동을 안겼다. 또 종교적 소재를 사회적인 상상력과 결부시킴으로써 신선한 깨우침을 주기도 했으며 정호승은 "김종철 시의 못을 관통하는 시(詩) 정신은 결국 사랑"이라고 말했다고 한다.[6)]

네 떠난 그 날도
밥 먹고 잠을 자고

운동하고 목욕하고
샘도 내고 셈도 하고

---

6) https://ko.wikipedia.org/wiki/%EA%B9%80%EC%A2%85%EC%B2%A0_(%EC%8B%9C%EC%9D%B8)

염치도 참 없었구나
부끄러운 나의 삶

—「염치」 전문

누군지는 모르지만 유자효 시인은 이 작품 「염치」를 통해 이별하고 나서 자신을 많이 반성하고 고민함을 여실히 나타낸다. 우리는 가까운 사람일수록 그냥 그렇게 생각도 눈치도 없이 일상을 살아간다. 샘도 내고 셈도 하고 살아온 자신을 지금에 와서 부끄러워하고 뒤돌아보며 '수오지심(羞惡之心)' 반성한다. 떠나가는 날까지 무심했음이 무척이나 미안했던 모양이다. 후회나 반성은 꼭 지난 후에야 찾아오는 아픔이 아닌가?

오래돼야 아름답다
낡아야 귀하다

한 오백 년
보물 되고
한 천 년
국보 되고

늙어서 죽지 않으면
부처 되고
절 되고

—「무위사」 전문

유자효 시인이 무위사(無爲寺)를 기행하고 쓴 작품인 것 같다.

무위사(無爲寺)는 강진읍에서 북서쪽에 자리한다. 이 절의 기록에 의하면 신라 진평왕 39년(617년) 원효대사가 이곳 월출산 남쪽 기슭에 창건하여 '관음사'라고 했다가 나중에 태감선사가 지금의 이름인 '무위사'로 불렀다고 전한다.

무위사의 극락보전은 국보로 되어 있는 세계적인 건축물이라고 한다. 그래서 유자효 시인은 오래돼야 아름답고 낡아야 귀하게 보인다고 했는지도 모른다. 한 오백 년을 넘어야 보물이 되고, 한 천 년을 넘으면 국보가 된다고 했다. 공덕을 쌓은 스님이 있어야 부처가 되고 전설도 되고 또한 고찰로 남는 것을 시인은 잘 알고 있다.

언제나 새벽이면
내 안에서 울더니

마음의 삼라만상
깨우면서 울더니

고통도 사무친 기쁨
날 이끄는 저 소리

—「범종 소리」 전문

범종의 울림은 언제 들어보아도 은은한 소리를 지니고 있어 사람들의 마음을 사로잡는다. 「범종 소리」의 종장에서 고통이 기쁨으로 바뀌는 득도한 순간의 황홀함에 시인은 행복했을 것이다. 이런 상황을 맛보는 것은 아무나 되는 것이 아니다. 시인의 순수함이 이미 그 마음에 가득하여 얻은 환희일 것이다.

새벽 범종 소리를 들으려면 절을 찾아 하룻밤을 보내거나 또는 사찰

교육을 신청해야 들을 수 있다고 한다. 그 소리의 그리움은 내 마음속 근심을 쓸어내는 속세의 빗자루와 같은 충만한 내용의 소리이며, 듣는 사람 내면의 고통을 몰고 떠나가는 달마도사의 그림자 같다고도 할 수 있다. 왜냐하면 고통도 기쁨으로 변화시키는 그 은은한 음향의 힘이 곧 부처의 가르침으로 사람의 마음을 휘감기 때문일 것이다.

시인이란 마음의 병을 앓아보지 못한 사람이 얻을 수 있는 영예의 훈장은 아니다. 이 마음의 병이 깊을수록 그만큼 작품의 깊이도 더해져 심도 있는 작품을 창출해 낼 수 있는 것이다. 그러므로 시인이 생산해 낸 속 깊은 작품의 힘은 그것을 통해 사람의 생명을 살리기도 하고 한 시대의 사상을 바꿀 수 있는 근원이 되기도 한다.

문학은 사람이 살아나가는 길[道]이다. 또한 문학은 인간이 살아가는 길에 뜨거운 눈물이 있는 정원의 꽃향기거나, 삭풍이 불어오는 추운 날 따끈한 희망을 주는 꿈이 되기도 한다. 또한 부패한 정치판 속에서 깨끗한 이슬을 건져 올리는 이야기가 되기도 한다. 어려운 세상살이에서 보석(寶石) 같은 언어로 고달픈 삶의 활력을 부여할 수 있는 힘 곧 그 투혼(鬪魂)을 건져 올릴 수 있는 것이 바로 문학의 힘이며, 한 인간의 정체성(Identity)을 일깨워주는 힘이라고 생각한다.

유자효 시인의 작품을 읽어보면 시 그 자체가 삶이고 그 작품의 동기가 정감이다. 현재 물질문명의 만연 속에서 살아나가는 우리는 자신의 일을 타개(打開)할 수 있는 정서적 힘을 배양해야 한다고 본다. 역사학자 토인비가 말하기를 아무리 좋은 물질문명이 있다 하더라도 그것을 뒷받침할 수 있는 정신적인 힘이 없으면 언젠가 그것은 반드시 안으로부터 붕괴한다고 했다.

살아 있어야 사람이고 사람이기 때문에 생각하고 남을 감동시키는 힘을 가진 글을 쓰는 것이 아닌가. 그런 감동이 한 시대, 한 사회의 이슈(Issue)가 되거나 풍류의 기반이 되기도 한다. 그러므로 한 작품 속에는 그 시대의 사상과 배경을 녹여내는 풍미(風靡)가 있어야 한다.

유자효 시인의 작품 속에는 아주 쉬우면서도 잊히지 않는 자기만의 사상을 작품화하면서 현시대의 사상과 배경을 녹인 풍미(風靡)가 은은하게 표출되고 있음을 볼 수 있다.

유자효 시인의 정감 넘치고 탄탄한 단시조집에 필자의 어설픈 해설을 보탰다. 단 한 연으로 시인의 인생 전체를 쏟아낸 작품은 유자효 시인만이 할 수 있는 시작(詩作) 활동이다. 이 단시조집이 독자들을 더 풍성한 삶으로 인도하길 바란다.

| 이계옥 동시집 해설 |

신앙심 위에 세워진 삶의 편린(片鱗)

이계옥 시인의 작품집 원고를 받아서 찬찬히 읽어 보았다. 시인은 영락없는 기독교 신자이다. 그의 작품 대부분은 하나님의 말씀을 토대로 빚어 놓았다. 또 어머니와 할머니를 그리워하는 작품들도 많았다.

작품들은 대부분 동시풍으로 호흡이 짧고 확실하다. 우리 생활 가운데서 보고 느끼고 부대끼며 살아가는 삶의 흔적 속에서 떠올린 편린(片鱗)들이 대부분이었다. 나이가 들면서 점점 어머니에 대한 그리움이나 할머니의 사랑이 절실한 것을 느끼는 듯하다.

이계옥 시인 자신이 점차 할머니가 되면서 자신이 어린 시절의 동심으로 돌아가서 그때 그 시절의 그리움이 곧 작품이 되었다. 즉, 지금 어린 손자들과 함께 살아가면서 그들의 생활을 옛날 작가의 어린 시절에 투영(投影)시켜 담아서 작품화한 것들로 느껴진다.

시인은 작품 속에서 하나님을 섬기는 신앙인임을 당당하게 드러내고 있다. 신앙시가 많은 것도 이 때문인 것 같다. 신앙시는 주로 은유적인 표현을 많이 하나 작가는 직설적인 것이 좀 아쉽기도 하고 장점이기도 하다.

이계옥 시인의 작품집『엄마의 눈』은 총 79편의 작품을 전(全) 4부로 나누어 싣고 있다.

제1부 '엄마의 눈' 21편, 제2부 '소경이 나를 인도했네' 23편, 제3부 '할머니의 퇴근길' 20편, 제4부 '오동나무 지팡이' 15편으로 비교적 호흡이 짧으면서 독자에게 잘 읽히는 작품이라고 언급할 수 있다. 이 시집의 특징은 전반부 즉 제1, 2부는 아동문학인 동시(童詩)로 엮어져 있으며, 후반부 즉 제3, 4부는 자유시로 구성되어 있는 점이다. 그러나 전(全) 4부 작품 속에 깔린 사상은 기독교적인 신앙심이 다분하게 흐르고 있어서 독자들에게 따뜻한 마음을 안겨 줄 수 있는 것이 특징이다.

이계옥 시인의 작품을 살펴보자.

아침이 되어도
어두운 길을 걸어요

대낮인데도
캄캄한 길을 걸어요

넘어질라 다칠라
조심해라

엄마
목소리

—「엄마 1」 전문

하늘 위에 있어도
하늘 아래 있어도

내 마음속에 있네

땅에 살아도
하늘 위에 있는
엄마 마음속에
내가 있네

—「엄마 2」 전문

위의 두 작품은 이계옥 시인의 작품「엄마 1 · 2」이다. 시인은 어머니에 대한 지극함이 그녀의 마음속에 각인되어 있는 것이다. 시인 자신이 자라는 동안 어머니께서 주신 언어와 사상과 행동이 내재되어 자신을 이끌어 주던 그 상황의식이 현재와 연결되어 있음을 보여 주고 있다.

어디에 가든, 어디에 있든 어머님의 목소리가 시인의 마음속에 내재되어 있는 것을 작품을 통해 볼 수 있다. 작품「엄마 2」를 보면 어머니는 이 세상에 계시지 않으시고 하늘나라에 계신 것을 표현하고 있다. 어디에 있어도 어머니는 내 마음속에 있다고 하였고, 자신이 "땅에 살아도/ 하늘 위에 있는/ 엄마 마음속에/ 내가 있네"라고 했다. 딸이 늙으면 어머니의 모습과 닮고 아들이 늙으면 아버지의 모습과 닮아진다고 하지 않는가? 부모가 하시던 똑같은 말과 행동을 하는 딸과 아들, 시인도 그러했을 것이다.

IMF
우리 아빠
집을 나갔어요

우리 아빠

소식이 없어요

먼 하늘 바라보며 아빠
기다리는 우리 엄마

까아만 밤 지새우며
오실까?

—「우리 엄마 4」 전문

IMF를 통해 아버지는 집을 나갔다. 작품 「우리 엄마 4」는 아버지에 대한 시인의 마음이 표현되는 유일한 작품이다.

어머니는 집 나간 아버지에 대한 아픔을 마음속에 간직하고 소식을 기다린다. 어머니가 밤을 지새우면서 기다리는 안타까움에 대한 시인의 생각을 표출한 작품이다. IMF는 어린아이까지 울리는 국가적 비운이었다.

그때 당시에 우리 국민들이 한마음 되어 내놓은 수많은 금붙이, 그 IMF를 짧은 기간 내 거뜬히 해결하고 지금의 현실을 만들어 낸 피나는 노력을 요즘 젊은이와 학생들은 알고 있을까?

아이들 싸움이
어른 싸움이 되었다

어른들은 경찰서로
병원으로 번거롭게 다녔다

목소리 큰 아이 엄마
제자리를 지키고

목소리 작은 아이 엄마
살고 있던 아파트 전세 놓고
먼 곳으로 이사 갔다

—「아이들 싸움」 전문

우리 어릴 때 일이다. 「아이들 싸움」을 통해서 지혜로운 부모들은 그것이 전화위복이 되어 좋은 사이, 좋은 친구가 될 수 있지만 마음이 좁고 이기적인 마음을 가진 부모들은 그렇지 못했다.

항상 아이들 싸움이 있을 때는 자신의 아이를 나무라고 꾸중을 하면서 자신의 자세를 낮출 때 모든 일의 실마리가 잘 풀려나가는 법이며 그 아이들 싸움에서 이기는 법이다. 시인은 아이들 싸움이 어른들 싸움이 되어 화해보다는 원수가 되는 경우를 잘 드러내고 있다. 좋은 이웃은 서로가 역지사지할 줄 알아야 이루어지는 관계이다.

할머니께서
겨울밤에
사다 주신
호빵

호호
불어서 먹어라
데일라

천천히
먹어라
체한다

—「호빵」 전문

호빵은 뜨거울 때 먹어야 제맛이다. 호빵을 먹을 때 보면 욕심쟁이 아이들이 하나라도 더 먹으려고 빨리 먹다가 목구멍을 데거나 혀를 데어서 야단법석을 떨 때가 있다. 그 경험을 가지고 지금까지 살아오신 할머니는 이미 먼저 알고 "호호/ 불어서 먹어라/ 데일라" 이렇게 말씀을 하신다.

또 먹는 데에도 아이들이 체할까 싶어서 먼저 알고 한마디 더 하시는 말씀이 보약이고 의사이다. 「호빵」은 보이는 그대로 말하듯이 술술 잘 내려가는 동시다. 특별한 꾸밈이 없어도 좋은 동시가 될 수 있음을 보여 준다.

할머니 틀니가
컵 속에서 웃는다

수돗물 틀고 칫솔에
치약을 묻혀 닦는다

틈새마다
씻겨 나간다

컵 속의 틀니가
하얗게 웃는다

—「틀니」 전문

누구든 피해 갈 수 없는 것이 늙음이다. 틀니도 그중의 하나이다. 치아가 얼마나 소중하면 중형차 한 대 값을 치르고도 임플란트를 해야 한다고 들었다.

이계옥 시인의 작품 「틀니」를 읽어 보면 실감 나는 작품으로 받아들여진다. 짧은 작품이지만 할머니의 웃음, 틀니의 속성, 사람들의 이에 대한 경각심, 어떻게 관리해야 하는가? 수미쌍관법(首尾雙關法)으로 작품을 잘 마무리한 것도 보기가 좋다.

나 어릴 때 옛날 손자장면
내가 맛이 없다고 먹지 않으면
우리 엄마 맛이 있다고 잘도 드셔요

나 어릴 때 옛날 손자장면
내가 맛이 있다고 잘 먹으면
우리 엄마 맛이 없다고 드시지 않아요

어떤 날은 엄마는 배부르다며
내 입에만 먹여 주셨던
옛날 손자장면

—「옛날 손자장면」 전문

이 시인의 작품 「옛날 손자장면」 속에는 깊은 의미와 오묘한 진리가 함께 숨어 있는 훌륭한 작품이다.

우리가 읽는 작품의 근본은 동시이다. 동시를 잘 쓴다는 것은 아이들의 마음을 꿰뚫어 볼 수 있는 마음의 기본적 아이덴티티(Identity)가 있어야 좋은 작품을 쓸 수 있는 것이다. 이계옥 시인은 그러한 역량이 넘치게 갖고 있는 훌륭한 시인이다.

3연으로 된 작품으로 첫 연에는 아이가 맛없다고 할 때 어머니가 맛있게 먹는다는 것은 내 아이에게 맛있는 것 먹이려고, 둘째 연에서는 아이가 맛있다고 먹을 때 아이를 많이 먹이려고 어머니는 입맛이 없다면서 후퇴하는 방법을 썼으며, 마지막 연에서는 내용물이 많이 없을 때는 배부른 시늉을 하면서 아이에게만 먹이려는 속셈, 즉 모정이 깔려 있는 작품이다.

이제 어머니가 되고 할머니가 되어서 그 시절 모정의 지혜로운 처사를 지금에 와서 시인은 헤아리고 있음을 보여 주고 있다.

초가 모여
분이 되어요
분이 모여
시간이 되지요

시간이 모이더니
하루가 되었어요
하루는 한 달이 되지요

한 달 두 달
일 년 이 년
세월은 수레를 타고
지나갔어요

어른이 된 아이
노인이 되어
지난 발자국
하나둘 세고 있어요

—「세월」 전문

작품「세월」을 읽어 보면 너무나 잘 아는 이야기를 저렇게 늘어놓았나 하고 말하는 독자가 있을지 모른다.

이 작품 속에는 수많은 시간이 우리를 떠밀 듯이 밀어내고 있으며 그것을 이계옥 시인은 "세월은 수레를 타고/ 지나갔어요"라고 표현하고 있다. 세월은 늙은이의 등을 사정없이 빠르게 떠밀어 가고 있다. 마지막으로 "어른이 된 아이"로 노인을 표현하고 있으며 지난 세월을 뒤돌아보고 헤아려 보고 있음을 작품화하고 있다.

자고 나면 줄지어 나선다
두령이 없어도
차선위반
속도위반
끼어들기
하지 않는다

우리들은
차선위반
속도위반
안전거리위반
끼어들기 예사다

개미에게 배워야겠다

—「개미」 전문

「개미」라는 작품을 통해서는 '이계옥 시인이 무엇을 독자들에게 던져주고 싶었는가?'를 잘 알 수 있다.

지금 우리는 서로 경쟁하며 시간을 다투는 세계에 살고 있다. 우리는 때로 하찮은 동물에게도 배워야 하는 일들이 있다는 것을 이계옥 시인은 독자들에게 던져 주고 있는 것이다.

어른들은 차를 운전하면서 바쁜 와중에 나만이 빨리 가려고 끼어들기, 차선위반, 속도위반을 한다. 우리는 삶의 질서를 동물에게서 배워야 한다는 교훈을 던져 주는 작품이다. 아주 쉽게 아무렇지도 않게 무시하고 살아가는 어른들을 아이들의 눈으로 볼 때 부끄러운 일이다.

우표 속에
절구 맷돌이
그려져 있다

우표 속에
해오라기 한 마리
날고 있다

삼천리 방방곡곡
소식을 전한다

—「우표」 전문

우리가 살아가면서 고마운 것을 느낄 때가 한두 번이 아님을 알게 된다. 시장에 가거나 슈퍼마켓(Supermarket) 가 보면 그 모든 것들이 다른 사람들 손에 의해서 만들어져서 내 생활 속으로 들어오고, 다른 사람들의 일에 의해서 먹고살면서 편리함을 누리게 되는데 어찌 고마움을 느끼지 않을 수 있겠는가?

우표 하나에 싣고 가는 방방곡곡에 내 사연을 전해 주는 삶의 즐거움에 시인은 고마움을 느끼고 그 우표 속에 그려진 이야기를 통해서

전국을 누비며 날아가는 소식이 정말 신기하기만 한 동심의 경이로움이 잘 나타나 있는 작품이다.

초저녁
가로등
초롱초롱
빛이 나요

어두운 밤
밝게 비추느라
온밤을
지새웠다

이른 새벽
가로등
졸고 있어요

눕지도 못하고
꾸벅 꾸우벅
졸고 있어요

—「가로등」 전문

길거리 가로등의 역할은 무엇인가? 밤새도록 길거리를 지켜 주고 사람이 안전하게 귀가할 수 있도록 해 주는 임무를 하는 것이라고 본다. 아이들이 그 가로등의 고마움을 느끼고 생각할 수 있도록 해 주는 동시다. 독자와 함께 공감할 수 있는 작품이다.

아이들이 살아 있는 생명력을 가진 것으로 알도록 작품을 의인화하고 있다. 시인은 여명(黎明)에 의해 이른 새벽부터 흐릿해지는 가로등 불빛을 졸고 있다고 했다. 독자가 특히 아이들의 정서를 일깨워서 우리 주위에 있는 모든 사물에 대해 고마움을 가지는 방법적인 문제를 우리 어른 모두가 생각해 봄 직하다.

육체를 위해
마음이 노래할 수 있으니
참 행복해요

마음이 육체를 위해
춤을 출 수 있으니
참 행복해요

머리로 생각할 수 있으니
참 행복해요

눈으로 볼 수 있으니
참 행복해요

귀로 들을 수 있으니
참 행복해요

입으로 먹을 수 있으니
참 행복해요

손으로 만질 수 있으니
참 행복해요

다리로 걸을 수 있으니
참 행복해요

—「참 행복해요」 전문

우리가 살아가는 이 세상에는 조그마한 것이라도 고맙지 않은 것이 없다. 그리고 그런 고마움을 느끼면 더 행복함을 느끼게 되는 것이라고 생각한다.

정신적으로, 육체적으로 행복함을 느끼고, 오감(五感)으로 느낄 수 있는 행복을 느낄 수 있어서 좋다는 시인의 느낌이 우리 모두의 행복이었음을 생각하게 한다. 아이들이 행복할 때 건강한 사회가, 국가가 이룩되는 것이라 본다.

아침 일찍부터
텔레비전 일기예보
눈이 반짝이지요

전화 다이얼
일, 삼, 일 누르고
귀를 쫑긋 세워요

소풍 가는 날
내 마음은
조마조마하지요

—「소풍 가는 날 1」 전문

우리가 어릴 때 운동회 하는 전날 밤, 소풍 가는 전날 밤, 수학여행

가는 전날 밤은 잠을 이룰 수 없는 설렘을 잊을 수가 없다. 그것은 새로운 세계의 탐험 또는 미지의 세계에 대한 동경 등이 마음속에 깔려 있기 때문일 게다.

일기예보에 대한 조마조마한 마음뿐만이 아니라 친구에게 전화를 걸어서 내일 입고 갈 옷에 대한 이야기, 거기 가서 오락 관계에 대한 설렘이 머릿속에 하나 가득 그려지고 새롭게 펼쳐지는 다른 곳에 대한 동경이 마음 가득 설렐 것이다. 작가는 일기예보를 알아보는 정보까지 전달하여 동심의 세계를 한 번 더 업그레이드(Upgrade)시켜 주고 있다.

때리면
때릴수록
신나게 돌아요
더 빨리 돌아요

팽이는
윙 윙 윙
노래를 부르며
뱅글 뱅글 뱅글
무지개를 돌려요

팽이는
때리면 때릴수록
윙 윙 윙
뱅글 뱅글 뱅글
정말 재미있어요

—「팽이」 전문

작품 「팽이」는 아이들이 잘 가지고 노는 놀이기구이다. 옛날에는 얼음판이나 마당이면 어디서나 돌리고 또 그렇게 놀았지만 지금도 아무데서나 아이들이 잘 가지고 노는 놀이기구이다. 그 팽이의 성질은 때려야만 때릴수록 잘 돌아가게 되는 물건이므로 아이들은 신난다. 시인의 '팽이'는 리듬감이 있어서 노래하듯 읽히는 재미가 있다.

내 친구는
휠체어만 타지요

걸을 수는 없지만
아스팔트 위를 잘도 달려요

날개가 없어도
마음은 하늘을 날아요

생생 달리는 내 친구
훨훨 나르는 천사처럼

내 친구가
나는 자랑스러워요

—「내 친구」 전문

이계옥 시인의 작품 「내 친구」는 장애인 친구를 사랑할 수 있도록 아이들의 마음을 일깨워 주는 작품이어서 더욱 훌륭하다.

휠체어를 타고도 아스팔트 위를 아주 잘 걸을 수 있는 능력과 행동을 아주 잘 그려내고 있다. 그런 장애인 친구를 사랑하는 마음의 씨앗 그 촉을 틔울 수 있는 첫걸음을 놓는다는 데에 의의가 있다. 그 친구에 대한 자랑스러움과 잘 달릴 수 있는, 훨훨 날 수 있는 친구에 대한 놀라움을 표현하는 시인의 마음이 더욱 크고 아름답다.

내 마음속에 나는 없고
엄마 마음 가득하지요
학교 갔다 집에 오면
바빠지는 내 마음

영어 학원 수학 학원
논술 학원 검도 학원
태권도 학원 피아노 학원

내 마음속에는
엄마 마음대로다
내 마음은 없다

—「엄마 마음」 전문

작품「엄마 마음」은 요즘 아이들이 자기가 하고 싶은 것을 스스로 선택할 수 있는 길이 없다는 것을 잘 나타내고 있음을 볼 수 있다.

"영어 학원 수학 학원/ 논술 학원 검도 학원/ 태권도 학원 피아노 학원" 이것은 우리 아이들이 하고 싶어서 하는 일이 아니라 우리 엄마가 계획을 짜서 그대로 시행하는 것임을, 대부분의 학원은 엄마의 카리스마로 정하여지는 것임을 잘 드러내고 있다. 현실적인 동심의 아픔이 잘 드러난 작품이다.

"내 마음속에 나는 없고/ 엄마 마음 가득하지요" 이 시의 첫 행과 둘째 행이다. 프랑스의 시인이며 비평가인 폴 발레리가 "시의 첫 행은 신

이 시인에게 준 것이고 그 나머지의 것은 시인이 찾아서 시를 써야 한다."고 했다. 모든 시는 첫 행을 잘 잡으면 그 뒤의 시는 잘 풀려 가는 것을 시인은 이미 잘 알고 있다.

오늘처럼
비가 내리는 저녁에는
따끈한 수제비를 먹고 싶다

밀가루 반죽을 잘해야
부드럽고 야들야들한
수제비를 먹을 수 있다고 했다

감자를 도톰하게 썰고
호박은 반달 모양으로
송송 썰어 넣었다

엄마 이마에는
땀방울이 송골송골
맺힌다

생각만 해도
군침이 돈다

—「감자 수제비」 전문

이계옥 시인의 작품 「감자 수제비」는 그 감자 수제비를 먹어 보지 못한 사람들은 그 토속적인 맛을 알 수 없을 것이다.

우리나라는 김일성이 쳐내려온 6 · 25 전쟁을 겪고 난 이후 먹을 것 없어서 송피로 죽을 끓여 먹고, 쑥을 뜯어 먹었다. 감자로 수제비를 끓여서 끼니를 이어갈 수 있는 집은 더없이 훌륭한 음식이었다.

어머니의 노고가 항상 뒤따르고 끼니를 해결하기 위해 얼마나 고생했는가를 지금도 음식을 장만해 보는 사람들은 잘 알고 있을 것이다. 지금은 별미로 맛보는 특식이 된 감자 수제비를 시인은 잘 알고 있을 것이다.

날마다
내 가슴속에
흑심을 품고 살지만

겉으로는 아무도
말할 수 없지

마음에는
중심이 있어야 해

—「연필 1」 전문

이계옥 시인은 천성 동시인인 것만은 분명하다. 독자들의 마음을 꿰뚫어 보는 중심이 확실히 보이는 시인이다.

옛날 우리나라 연필은 칼로 깎으면 연필심이 잘 부러지고, 또 연필심을 싸고 있는 나무의 질이 좋지 않아서 칼을 대고 깎으면 한쪽으로 쭉 갈라져서 연필을 잘 깎지도 못했다.

그 당시 일본 제품 '톰보' 즉 잠자리 표로 된 연필을 선물 받아서 써 보면 연필을 깎은 나무 냄새가 향긋하고 오래도록 부러지지 않고 잘 써지는 기억을 필자는 아직도 하고 있다. 지금은 'Made in Korea' 제품이 세계에서 제일이지만 그때는 그랬다.

이계옥 시인의 이 작품 「연필 1」은 설명할 필요 없이 아주 쉬우면서도 이미지가 뚜렷하면서 누구나 쉽게 이해되는 좋은 작품이다. 철학적인 요소까지 가미했다. 마음에는 중심이 있어야 한다고 말이다.

첫눈 내리는 날
집중이와 분산이를
만났다

인사동 아이쇼핑 하기도
바쁜 날이다

집중이는 한곳에 머물러
집중하느라 나오질 않는다

분산이는 아이쇼핑도 하지 않고
분산하게 인사동 골목을 누빈다

첫눈 내리는 날
다음 이다음에는
집중이와 분산이를
함께 만나지 말아야겠다

—「인사동」 전문

대한민국 서울하고도 인사동에 가 보면 삶들이 인산인해(人山人海)가 난다. 시인은 그 인사동을 배경으로 한 '집중이'와 '분산이' 두 사람의 캐릭터(Character)를 잡아서 시를 썼다.

이계옥 시인 자신이 인사동에 가서 한곳에 머물면서 들여다보면 한

없이 시간 가는 줄 모르게 시간이 가지만 또 한곳에만 보고 있을 것이 못 되고 두리번거리면 하나같이 보고 싶은 물건들이며, 여러 가지 일들이 산재해 있는 것을 다 훑어보다가는 해가 저물게 된다. 이러한 상황의식을 두 사람의 캐릭터를 통하여 멋지게 작품화하고 있다. 이다음에는 꼭 인사동에서 좋은 쇼핑을 하길 바란다.

내 이웃을 억압하면서
잘되리라고 믿지 말아요

네 이웃의 것을 빼앗아
잘살려는 생각도 버려요

재물이 쌓인다고
거기에 마음을
쏟지도 말아요

하늘 위에서
은밀히 감찰하시는
아버지께서 행한 대로
갚아 주어요

—「갚아 주어요」 전문

"인자가 아버지의 영광으로 그 천사들과 함께 오리니 그 때에 각 사람의 행한 대로 갚으리라."(『마태복음』 16:27),

"보라 내가 속히 오리니 내가 줄 상이 내게 있어 각 사람에게 그의 일 한 대로 갚아 주리라."(『계시록』 22:12)

이계옥 시인은 이 두 성경 말씀으로 작품을 구상한 것 같다. 또 "네

구제함이 은밀하게 하라 은밀한 중에 보시는 너의 아버지가 갚으시리라."(『마태복음』 6:4)

성경 말씀은 언제 읽어 보아도 항상 충만한 생동감을 주면서 우리 인간들에게 감동을 일으켜 주고 있다. 이계옥 시인은 기독교 신자이면서 주위의 사람들에게 봉사를 많이 하시는 분이라고 생각한다. 시인의 인성과 종교관이 환히 비치는 작품이다.

마로니에
헤이즐넛
사천 원

마로니에
돌솥비빔밥
이천구백 원

밥보다 비싸
마시지 않고
향기만 마신다

—「대학로」 전문

혜화동 서울대학병원 맞은편에는 많은 연극공연장도 있고 식사할 수 있는 장소도 많으며 커피 전문점도 많고 청소년들의 문화를 만끽할 수 있는 장소이기도 하다.

이계옥 시인이 말한 마로니에 공원 주위에는 커피 전문점도 많고 음식점도 많지만 거기엔 청소년들이 즐길 수 있는 기호적인 것들이 많을 뿐만 아니라 기호품이어서 그런지 밥값보다 비싸다. 커피값이 끼니를 채우는 밥값보다 더 비싸다고 보는 시인의 시선이다. 그래서 커피 한 잔을 먹고 싶었지만 비싸서 사 먹지 않고 냄새만 맡고 돌아서 나왔다는 것이다.

사실 그렇다. 좋은 카페에 가면 밥값보다도 찻값, 음료값이 너무 비싸도 젊은이들은 겁 없이 사서 먹는 것을 볼 수 있다.

무명한 자 같으나
예수 안에서 유명한 자
되게 하셨네

죽은 자 같으나
예수 안에서
살게 하셨네

근심하는 자 같으나
예수 안에서
기뻐하게 하셨네

가난한 자 같으나
예수 안에서
부요하게 하셨네

내가 매일 기쁘게
예수 안에서
입이 열리게 하셨네

—「내가 매일 기쁘게」 전문

이계옥 시인의 작품「내가 매일 기쁘게」는 겉으로 드러나 보이는 크리스천으로서 예수를 믿음으로 말미암아 무능한 자가 유능한 자가 되게 하시고, 살아 있는 자로 만들어 주시고, 마음의 근심을 없게 해 주시고, 가난한 자를 부요하게 하시고, 매일 기쁨을 주시는 예수님을 찬양하게 하신다고 했다. 『고린도후서』 6:9~10 말씀을 토대로 작품 구상한 작가의 신앙 고백과 같은 시다.

항상 기뻐하라
오늘 기뻐하지 못하면
내일도 기뻐하지 못합니다

쉬지 말고 기도하라
오늘 기도하지 못하면
내일도 기도하지 못합니다

범사에 감사하라
오늘 범사에 감사하지 못하면
내일도 범사에 감사하지 못합니다

매일 증인 되라
오늘 증거하지 못하면
내일도 증거하지 못합니다

오늘 내일도
오늘 내일도

—「오늘 내일도」 전문

이계옥 시인의 작품 「오늘 내일도」는 성경 말씀을 토대로 쓴 좋은 작품이다.

"항상 기뻐하라. 쉬지 말고 기도하라. 범사에 감사하라. 이것이 그리스도 예수 안에서 너희를 향하신 하나님의 뜻이니라."(『살전』 5:16-18)

이는 크리스천에게는 익숙한 말씀이다. 그러나 그 반대로 실제 우리들 삶 속에서 가장 실천하지 못하는 말씀의 하나이기도 하다. 생활하다 보면 실천해야 한다고 마음을 갖지만 바쁜 일이 급하게 생기면 할 수 없이 실천할 수 없게 된다. 시인은 하나님 말씀으로 살아 나가는 훌륭한 믿음 생활을 하면서 시작(詩作) 활동을 하고 있음을 증명하고 있다.

이상에서 이계옥 시인의 작품을 평하여 보았다. 그의 대부분의 작품은 짧으면서 잘 읽히고 매우 쉽게 쓰여 있다.

그리고 그 작품들 대부분이 단단한 돌을 능가한 내용의 밑받침을 깔고 있으면서 그 내용이 시인의 인성과 신앙심에서 우러나온 것임을 알 수 있다.

이계옥 시인의 시에는 그 작품을 깔고 있는 언어들의 뿌리가 신앙심이고 성경 말씀으로 연결되어 있다. 언급한 작품 2편을 보아도 누구나 시인이 크리스천임을 알 수 있을 것이다. 왜냐하면 기독교 정신을 바탕으로 한 작품으로 성경 말씀의 힘을 내포하고 있는 언어들이 구성되어 있기 때문일 것이다.

이계옥 시인의 동시는 시인의 인성에서 비롯된 작품이다. 올곧고 따뜻한 인정미가 절로 느껴지는 작품들이다. 특히 동시는 짧으면서도 리듬감이 있어서 잘 읽히고 매우 쉬운 언어로 써 놓아서 동심을 갖고 있으면 누구나 동시의 진정한 내용을 잘 이해하고 공감할 수 있을 것이다.

앞으로 신앙인으로서 하나님과 독자 모두에게 칭찬받는 더욱 훌륭한 시를 쓰는 시인이 되기를 기원하는 바이다.

| 이성보 시조전집 해설 |

삶의 발자국 속에 피어난 건강한 삶 위해

우리가 살아가는 데에 없어서는 안 될 필수적인 것이 무엇인가를 생각해 보면 생필품에서 의 · 식 · 주의 모든 것들이며 정신적 양식인 책과 여러 가지 것들이 없으면 교양 있는 삶을 살아갈 수 없는 것이다. 그래서 옛날부터 말하기를 '책이 없는 궁전에 살기보다는 책이 있는 마굿간에 사는 것이 낫다.'라는 말을 한다.

사람은 다른 동물과 달라서 사고하며 생활하는 동물이기 때문에 약육강식하는 힘센 동물과는 구별이 되는 것이다. 요즘 항간에서는 동물과 같이 생활하는 기업가들도 있다고 하지만 잔인하게 살점을 찢어발기는 인간들도 있다는 옴부즈맨들의 이야기를 들으면서 미국이나 다른 선진국들의 기업인들이 자신의 자산을 사회에 환원하여 빛나는 삶을 영위한다는 말을 들었을 때 우리나라의 기업들도 사회에서 번 돈을 사회로 조금이나마 환원해 주며 산다면 우리나라가 얼마나 좋은 나라가 될 것인가를 생각해 본다.

이성보 시인은 우리 『현대시조』를 위해 많은 헌신을 하고 있는 것을 아는 시인은 다 잘 알고 있다. 거제도의 외딴 섬에서 검소한 생활을 하면서 시조를 열심히 쓰고 살아오는 시인이다. 타인의 아픔도 자신의 아픔처럼 품어주는 시인이며 타인의 어려운 생활을 자신의 일부처럼 살아온 시간의 소유자인 것 같다.

이성보 시인이 제3시조집을 낸다고 원고를 보내왔을 때 필자는 기꺼이 승낙을 하고 집필에 들어갔다. 사실상 필자가 너무나 바쁜 시간을 보내면서도 허락한 것은 그분의 작품에 대한 심성이 너무나 진솔하고 삶에 대한 자신의 정체성(Identity)이 확실한 분이며, 살아가는 패턴이 순수한 점에 끌려서이다.

이번 제3시조집에는 작품들이 60여 편 조금 넘게 발표되고 있다. 그의 작품 대부분은 삶의 편린(片鱗)들이 함께 엮이어 있을 뿐만 아니라 삶의 아픔과 어려움들이 고스란히 담겨 있으며 그것에 대한 스트레스를 술로 푸는 눈물이 담겨 있는 작품도 있었다.

괴테는 그의 시에서 "눈물 젖은 빵을 먹어보지 않은 사람은 인생의 참다운 의미를 모른다."라고 했다. 자신의 일이든 남의 어설픈 일이든 우리가 살아가는 동안 함께 흘리는 눈물이란 값어치가 있으며 혼자서 골방 구석에서 남모르게 흘리는 피눈물도 그것이 진실을 이야기하는 것이라면 신(God)도 함께할 것이다.

가을은 성급하게
겨울로 가고 있다

요 며칠 비운 사이
산을 온통 다 태우고

누군가 비질해 가는
신의 손을 보았다.

돌아보면 세월 잊고
상처 남긴 태풍의 눈

이제 서리꽃 피고
나부끼는 갈대의 파문

자잘한 세간사들이
요철 위에 뒹군다.

—「오늘 1」 전문

이성보 시집 제일 처음에 나오는 작품이다. 농사를 짓는 사람이나 고기잡이를 나가는 어업에 종사하는 사람이라면 일기예보를 빠뜨리지 않고 주간 일기예보나 일일 예보 등을 꼼꼼히 살피게 된다. 보통 사람들은 일기예보가 나오기 전에 채널을 돌려서 다른 채널로 건너가는 것이 일상이다.

나이가 든 사람들은 요즘 계절이나 시간이 뒤에서 등을 떠밀리듯이 흘러 지나간다라고 말하는 것을 들을 때가 있다.

이성보 시인은 계절이 너무나 빠르게 흐르고 있는 것을 감지하고 있으며 봄이 없고 바로 여름으로 건너뛰고 여름에서 가을인 듯하다가 겨울이 우리들 앞을 가로막고 선다.

첫째 수 종장에서 나뭇잎들이 떨어져 바람에 쓸어가는 것을 잘 표현하고 있다. "누군가 비질해 가는/ 신의 손을 보았다." 모든 일들이 짧은 시간 속에서 순식간에 이루어지는 상황이기 때문에 그 변화의 물결을 따라잡기가 어려운 것은 사실이며 시인은 그 변화의 물결이 오고 있음을 작품 속에서 표현하고 있다.

행간을 서성이는
오자(誤字) 같은 나날들을

타래실 사이사이
누벼가는 일손의 바늘

바늘 귀 헛보이는 눈
수심 갈래 눈물 갈래.

행마법에 없는 수순
곤마의 연속이다

돌아올 수 없는 강
서둘러 건너놓고

승산이 없는 승부수
던질 곳도 마땅찮다.

—「오늘 2」 전문

시인이 연작으로 쓴 「오늘 2」의 작품이다.

사람이 살아가다 보면 그 짧은 시간 속에서도 자신의 모든 것들이 변하고 그 변하는 상황을 보면 바로 느낄 수 있는 것이 눈이다. 눈은 쉽게 변화되고 변화된 눈은 원상 복귀되지 않고 다시는 그대로 돌아오지 않는다.

세월의 순간들이 빠르게 돌아가지만 누구 하나 그 빠른 시간들을 잡아낼 수 있는 자는 없다. 하루의 시간을 좌지우지하던 중국의 만리장성을 쌓던 시대의 진시황제도 불로초를 구하지 못해 죽음을 맞는 것도 하나의 일례이다.

이성보 시인이 쓴 둘째 수 초장에 쓴 낱말 '곤마', 이 작품의 문맥으로 보아서 무슨 뜻으로 쓰인 말인지는 짐작할 수는 있지마는 우선 곤마(困馬) 또는 곤마(袞馬) 두 단어가 있는데 전자(前者)는 '사람이 타고 오래 달려서 지친 말, 바둑에서 살아남기 어렵게 된 말' 등으로 풀이되고, 후자(後者)는 '임금이 타는 말'로 풀이되고 있다.

시인은 둘째 수에 표현한 상황을 보면 너무나 지치고, 살아남기 어려운 자신의 일들을 비관적으로 표현한 시이다. 마지막 중 · 종장에서 "돌아올 수 없는 강/ 서둘러 건너 놓고// 승산이 없는 승부수/ 던질 곳도 마땅찮다." 너무나 절망적인 언어로 시를 표출하고 있음을 볼 수 있다.

약이라는 세월 두고
독으로 칠갑한다

사는 게 그런 거라
짐작은 하면서도

식은땀 전신을 적셔
옴짝달싹 못 한다.

보신인가 여겼는데
고쳐 보니 독이었다

그 독을 둘둘 말아
포대긴 양 밀쳐 두고

내 생에 못다 한 노래
수심가로 읊고 싶다.

—「오늘 4」 전문

이성보 시인은 「오늘 4」의 연작을 통해 자신의 생에 대한 아픔 또는 어려움, 슬픔을 함께 토로하고 있는 듯하다.

살아가는 것이 세월이면서 그 세월을 살아가는 사람에게는 독이 될 수 있다는 것이다. 내 자신 앞에 아픔을 늘어놓고 살아 움직이는 것을 보노라면 더욱 허전한 내일이 보일 뿐이다.

살아가는 그 자체가 독일 수도 있고 살아가면서 얻는 아픔도 있는 것이다. 시인은 그 자신의 생을 앞으로 얼마 남지 않아서 그 남은 자신에게 주어진 날을 아껴서 수심가로 노래를 엮고 싶다는 것이다.

작품 「오늘 5」에서도 절망적인 오늘을 노래하고 있는 듯하다. 왜냐하면 현재의 내 자신은 술로 세상을 살아가고 있음을 나타내고 있다. 잠을 청하기 위해서 술을 들이켜고 들이켠 술로 인해 잊힌 삶의 편린들이 또록또록하게 떠오르는 상황이다.

아무리 찾아봐도 좋은 일들은 남아 있지 않고 탈곡을 해봐도 남는 것은 내 자신에게는 쭉정이밖에 없다고 토로하고 있다.

내 슬픈 날 떠오르는 얼굴 하나 있었다
회한의 눈물은 흘러 볼이 다 젖었다
자학도 은총이라는 말씀 새겨듣는다.

온화한 미소 뒤에 도사린 그 음모들
눈 뜨고 헛디디는 오판의 뜀박질 속
목젖이 아리는 울분 울컥울컥 토해낸다.

식은 재를 헤집고 불씨 하나 찾아본다
진작에 꺼진 줄을 번연히 알면서도
행여나 부는 입바람 입만 삐죽 부끄럽다.

—「근황 3」 전문

사람이 살아가면서 자신의 일들을 자학도 해 보고 회한의 눈물도 흘려보고 슬픈 날들의 얼굴들을 기억해 볼 수도 있다. 이 복잡다단한 세상을 살다 보면 "저 사람은 그렇지 않겠지." 하면서 믿었던 사람의 웃음 뒤에 숨어 있는 음모와 허실, 발등을 찍을 한 자루의 도끼가 숨어 있음을 모를 때가 있다. 우리의 마음속 믿음이라는 낱말 뒤에서 속고 또 속아서 패가망신하는 오늘의 사람들이 늘고 있다. 그래도 내 자신은 그런 줄 알면서 그 속에서도 불씨 하나 건져내기 위해서 뒤적이고 있는 헛수고를 생각할 수 있고 그런 상황도 견뎌 보았을 것이다.

아내가 공을 들인
수제비를 받아든다

유년이 목에 걸려
도리질을 해왔는데

뚝배기 국물마저도
남김없이 비웠다.

사람도 나이 들면
소금 절인 푸세마냥

날이 선 고집들도
수월해지는갑다

삭신은 녹슨 지 오래
예서 제서 삐걱댄다.

—「세월 1」 전문

누구나 다 나이를 먹게 되면 신체의 부분 부분이 아파오게 된다. 우리가 유년 시절에는 할아버지가 돌아누우면서 '아야야' '아이고' 하는 소리들을 들을 때에는 이해를 못 했었다. 지금 나이가 점점 들어가면서 그때 그 할아버지께서 돌아누울 때마다 아프다는 말씀이 생각난다.

이성보 시인이 아내가 끓여 주는 수제비를 먹으면서 어린 시절 우리 모두가 가난하던 시절이 생각나서 목이 메는 것을 독자들은 알게 된다. 둘째 수에서는 나이 든 시인의 삭신이 삐걱대는 삶을 살아야 하는 자신을 생각하며 작품을 쓴 것이다.

파릇한 돌나물 싹
덩이져 솟는 날은

어물전 생선처럼
그리움이 파닥인다

뭐 딱히 보고픈 사람
있는 것도 아니건만.

길일(吉日)을 헤매다가
마지못해 눈을 뜨면

녹지 않은 얼음같이
옴짝 않는 나달 앞에

부러진 날갯죽지마다
더께더께 쌓인 수심.

솔가지 끝 묻어나는
회한의 설레임 속

게으른 햇살 한 줌
보도 위에 웅크렸다

이런 날 낮술에 취해
우는 것도 제격이다.

—「실일(失日)의 명(銘) 1」 전문

이성보 시인의 작품「실일(失日)의 명(銘) 1」은 시집 표제의 작품이다.

"글은 사람이다."라는 말이 있다. 이 말은 뷔퐁[1)]이 문장론 강의를 하면서 나온 말로 처음 등장했는데 그 사람의 개성과 특징 등을 그대로 반영하기 때문에 그 시인이나 문인의 글을 읽어보면 그 글을 쓴 사람의 모든 것이 나타나 있다는 것이다. '천재란 인내다.'라고 말한 것도 그에 의해서 나온 말이다.

이 글을 읽어보면 이성보 시인의 소박한 마음과 정감이 넘치는 아픔

1) 뷔퐁 : 프랑스의 박물학자. 철학자(1707~1788).

과 회한의 설렘이 그대로 나타나 있는 것을 볼 수 있다. 봄 햇살을 받은 돌나물 싹을 보면서 어물전 생선을 떠올리고 함께할 사람도 생각하게 한다. 좋은 날을 꿈꾸다가 깨어보면 시인의 앞에는 덕지덕지 쌓인 수심들만 가득하고 회한의 설렘 속에도 따뜻한 한 줌의 햇살이 자신이 걸어가는 보도 위에 외롭게 앉아 있는 것을 볼 때 낮술을 한 잔 먹고 울어보는 것도 어울릴 것 같다고 했다.

마흔도 꽉 찬 마흔
혹(惑)함도 지금은 없다

부대끼는 바람 안고
날을 세워 사는 목숨

난과 돌 깊은 미망(迷妄) 속
어슴푸레 열리는 문.

세월의 잔등에 업혀
허구한 날 자맥질을

허물도 사르고 나면
흙으로 돌아가는가

던지고 사는 셈법을
오늘에사 알 것 같다.

—「터득의 서(書)」 전문

사람들 중에는 태어날 때부터 아는 자가 있고, 배워서 아는 자가 있

고, 고생 끝에 아는 사람이 있다고 한다. 그리고 고생해도 깨닫지 못하는 사람도 있다.[2)] 우리 대부분의 사람들은 깨달아서 알고, 배우거나 남에게 듣고 깨닫게 되는데 이성보 시인도 우리들과 같이 배워서 알고 깨달아서 알게 된다고 보겠다.

「터득의 서(書)」를 읽어보면 시인은 난과 돌에 집착하면서 얻은 터득이다. 불혹의 나이에서부터 세월의 허구한 날을 이곳에다 소비하고 흙으로 돌아갈 때까지 할 것이라고 생각했는데 지금에 와서야 던져버리고 사는 법을 터득한 것이다. 집착은 자신을 해롭게 한다는 것을 터득한 것 같다.

사방이 시시한데
억새밭만 요란하다

해쌓는 몸짓들이
무슨 일을 낼 것 같아

냉가슴 쓸어내린 채
하얀 한숨 흩고 있다.

시 한 줄도 형벌 같은
혼돈의 늪가에서

쓰러지고 쓰러져도
나부끼는 소용돌이……

2) 공자가 나눈 인간의 4가지 형.

피보다 진한 한숨을
하얀 피로 쏟았다.

—「폐허에서(-억새밭 풍경)」 전문

시인은 억새밭 풍경을 보고 '폐허'라고 지적했다. 하얗게 핀 억새꽃들이 바람에 흩날리는 것을 보고 시인은 첫째 수에서 "하얀 한숨을 흩고 있다."라고 표현하고 있으며, 둘째 수에서는 "피보다 진한 한숨을/하얀 피로 쏟았다."라고 나타내고 있다.

억새는 볏과에 속하고, 갈대도 볏과에 속한다고 한다. 같은 계열의 억새와 갈대는 어떤 차이를 보일까?

프랑스의 수학자이며 철학자인 파스칼은 자신의 사상을 집약한 책 『팡세』의 1절 첫머리에서 "인간은 자연 가운데에서 가장 약한 하나의 갈대에 불과하다. 그러나 그것은 생각하는 갈대이다."라고 하였다. 그러므로 억새는 인간에 비유되지 못하고 갈대는 인간에 비유되는 것이 차이일 게다.

사십이 엊그젠데
육십이 낼모레네

앞만 보고 내달리다
벌써 지난 그 반환점

그림잔 길어만 가고
들숨 날숨 가쁜 숨결.

움켜쥔 욕심 덩이
털어보니 빈 쭉정이

애당초 없는 알곡
이랑 가득 재워놓고

빈 집에 도는 헛바퀴
따라 도는 따라지 삶.

―「오십 이후」 전문

사람들이 앞만 보고 살다 보면 옆 사람들과 이야기도 못 하고 살아갈 때가 많다. 이성보 시인은「오십 이후」작품 속에서 자신의 생을 "그림자만 길어만 가고," "빈 짐에 도는 헛바퀴/ 따라 도는 따라지 삶."이라고 비하하고 있다.

나이 40이면 불혹(不惑)이라 한다. 즉 무엇을 당해도 망설이지 않는 나이라는 뜻으로, 나이 마흔 살을 이르는 말이다. 그런데 나이 50은 지천명(知天命)이라 하고, 하늘의 뜻을 아는 나이이며, 공자(孔子)가 오십 세에 이르러 천명(天命)을 알게 되었다는 데서 나온 말이다.

자기 스스로를 반성하고 다시 고쳐나가는 것은 좋은 일이지만 이 작품을 읽고는 많은 상심을 했을 뿐만 아니라 사람이 살아가는 과정에서 얻어지는 많은 어려움을 스스로 극복하고 또 새로운 것에 대한 발견으로 발전을 해 가는 것이 삶의 근본이 아닌가 조심스럽게 권유를 해본다.

빛바랜 사진처럼
가슴에나 지닐 것을

가필하고 채색하여
벽면에다 걸었더니

어느새 타인이 되어
돌아앉은 내 고향.

—「귀향」 전문

요즘 우리가 그 옛날 살던 고향을 가보면 내 살던 집은 다 헐려버렸거나 수리보수 해서 다른 사람이 살고 있어 고향집이라고 기웃거리다 보면 집을 지키던 삽살개가 나와서 컹컹 짖어대고 따라서 이웃집 개들이 합세하여 짖어대는 광경은 타인이 되어 되돌아오는 느낌을 받을 수밖에 없다.

아닌 길을 길이라며
외곬로 내달았네

부여잡은 소맷귀를
본체만체 뿌리치어

삼십 년 쌓은 공든 탑
반 남아는 기울었다.

강산이 세 번 변해
절로 굽은 등줄기여

석양에 붉어진 볼
시브지기 웃는 그대

남은 날 줍는 햇살일랑
오지랖에 담아주리.

—「보은(-아내에게)」 전문

이성보 시인의 이 작품을 읽고 생각난 말이 있다.

'아내의 말을 들으면 자다가도 떡이 생긴다.' 정말 좋은 말이다. 돌다리도 두들겨보고 건넌다고 하는 사람이 바로 내 자신의 분신인 내자(內子)이다. 하늘 같은 사람의 말을 잘 듣게 되면 실패 없는 인생살이가 된다는 말이 있다. 30년 동안 외곬로 살아온 시인은 마지막 남은 날은 아내에게 바치겠다는 약속을 한다.

방학이 끝나는 날 밀린 일기 몰아 쓴다
어제는 큰 고구마 오늘은 물고구마
고구마 하나만 해도 한 달 치가 너끈했다.

땔감 하는 긴긴 산길 고구마로 달랜 허기
삼시 세끼 그 고구마 물릴 만도 하건마는
허기진 우리 팔 남매 큰 것에만 눈이 가고.

어머님 손등같이 살이 터진 군고구마
봉다리 꼭 껴안고 야윈 달을 쳐다본다
썰밀물 가슴에 닿아 내 유년이 둥둥 뜬다.

—「고구마」 전문

시인은 작품 「고구마」를 통해서 어린 시절 살아가던 삶의 현장을 표현하고 있다. 지금의 아이들이나 젊은이들은 춘궁기를 겪어보지 못한

세대이므로 작품 「고구마」를 이해하지 못하는 것이 당연하다. 그러나 부모님이나 할머니를 통해 많은 이야기를 들었을 것이다. 아직도 도시 한복판에서 살아온 초등학생들은 우리가 항상 먹는 쌀밥의 쌀이 어디에서 나는지를 모르는 아이들이나 젊은이들이 있다고 한다.

이성보 시인은 초등학교 다닐 때 일기장부터 삼시 세끼를 고구마로 살아왔고 허기진 8남매를 부모님은 키워냈으며 우리를 위해 일을 하시던 어머니 손등을 생각하며 유년 시절의 아픔을 바닷가에서 지금 살고 있는 것이다.

올올한 기상들이
열병하듯 늘어섰다

정한(情恨)도 내려앉고
열원도 파고들어

먼 하늘 잿빛 구름이
정수리에 내걸렸다.

유년의 아린 추억
이끼 되어 돋아난다

죽순처럼 솟은 소망
솔향기로 솔솔 날아

선 채로 열반에 들어
등신불이 될까 몰라.

—「석림지실(石林之室)에서」 전문

이 시인이 일하는 작업실 이름이 작품 「석림지실(石林之室)에서」인 것 같다. 작품을 읽으면서 석림지실(石林之室)이 얼마나 크고 작품들이 어떻게 서 있는가를 짐작할 수 있다.

빽빽하게 서 있는 입석, 작품들이 열병하듯이 서 있는 석림지실(石林之室)은 시인이 직접 만들고, 깎아 세우고, 정한이 서려 있는 작품들이다. 그 작품에 이끼가 끼여 쌓이고, 또 세월이 덕지덕지 쌓여가면서 죽순과 솔향기 함께 날아들어 와 그 작품들이 등신불(等身佛)처럼 열반에 들 것 같다.

이성보 시인이 강릉의 남진원 시인 〈현대시조 본상〉을 수상할 때 필자에게 선물로 넘긴 풍란 한 폭을 지금도 잘 키우고 있는데 돌에다 아담한 풍란을 심어서 주신 풍란이 지금도 푸르게 서실을 지키고 있다.

돌에 정이 닿으면
그때부터 돌이 아니다

한 시대 떠받쳐 온
네모진 사념들이

오욕의 세월을 베고
남루하여 누웠다.

돌에 피가 스미면
그때 다시 돌이 된다

길섶에 귀를 모으면
고막 찢는 아우성 소리

억새만 죄인이 되어
실바람에 몸을 떤다.

성은 허물어져도
역사는 건재하다

빛바랜 이끼 틈에
아직도 남은 혈흔

무너져 내리는 것이
성벽만은 아니었다.

—「가을 성(城)」 전문

사람이 사물에 정을 주면 그 사물은 새로운 이름이 붙여지고 그것은 다른 세계의 문장이 되는 것을 시인은 작품화하고 있는 것이다. 돌을 다듬는 시인의 정성이 새로운 인물이 되어 되살아나는 것으로 가을의 억새가 바람을 안고 흔들리고 소리를 지르는 형상이다.

성(城)은 허물어지고 있어도 그 성의 이름은 역사로 남아 불리어지고 세월은 함께 이끼를 키워가면서 그 내력을 이야기하고 있다. 바로 그런 것을 역사라고 이름을 붙이는 것이 아닌가?

자맥질하는 산이
기진하여 누워 있다

검푸른 저 물빛은
하늘빛도 닮지 않은

아홉 골 길 잃은 물줄기
서로 골물 트고 있다.

천 길로 쌓은 둑방
빈틈없는 단속이다

실향민은 망향비에
이름 석 자 새겨놓고

물살도 없는 호반에
서로 얼굴 비춘다.

—「구천댐」 전문

시인은 작품「구천댐」을 통해 댐 속에 가라앉은 돌아갈 수 없는 실향민의 가슴 아픈 마음을 생각했을 것이다.

구천댐을 하면서 고향을 떠나오며 아픈 마음을 헤아려보고 지금 깊은 물속에 자맥질하는 산이며 깊은 물빛을 바라보면서 물길을 내리는 물줄기를 보고 있을 것이다.

높은 댐의 둑방길을 걸으면서 실향민의 아픈 마음을 망향비에 새겨두고 물살 잔잔한 호반에 자신을 들여다보는 것이다. 그 깊은 물밑에 가라앉은 고향을 생각하며 말이다.

학자금 나무라던
김 서방네 유자나무

인건비도 안 나온다
따다 말고 그만뒀다

가지 끝 매달린 몰골
울퉁불퉁 가관이다.

허우대는 멀쩡한데
성한 곳이 없는 꼴통

추슬러 가릴 양이면
흠만 자꾸 만져지고

어금니 질끈 깨물고
어깨 뒤를 두드린다.

—「근황 1」 전문

요즘 농사를 업으로 하기 위하여 도시에서 농촌으로 귀농하는 젊은 이들이 점점 늘고 있다. 도시 생활에서 실증을 안고 오는 사람도 있겠지만, 건강을 우선으로 해서 귀농하는 사람들도 본다. 그리고 도시에서 밀리고 밀려서 오는 사람도 없지는 않는 것 같다. 왜냐하면 몇 년 살다 보면 흔적도 없이 가버리고 없는 것을 볼 때 마음이 아프다.

김 서방네 유자나무밭을 보면서 따서 팔아도 인건비도 안 나오는 것을 갈아엎는 배추밭과 같이 나무에 그냥 둔 것을 보고 마음 아프게 생각된다. 팔아서 자식들의 학자금도 되고 일상생활비가 되었으면 얼마나 좋겠는가?

농사가 잘되고 과수도 잘되면 가슴 아픈 것도 펴이지만 사업이나 농사가 잘 안되면 일해도 힘이 나질 않고 오히려 아픈 몸이 성치를 못하게 되는 것이 농사를 지으면서 느껴진다.

허물어져 가는 헛간
햇살이 기웃댄다

봄날을 갈아엎던
쟁기는 녹이 슬어

곰삭은 세월은 결국
거미줄에 내걸렸다.

사람도 한물가면
쟁기처럼 되는갑다

성하지 못한 삭신
바람 앞에 삐걱인다

저만치 무대를 두고
뒷짐 지는 한세월.

—「세월 2」 전문

중국을 통일한 진시황도 세월을 이기지 못했다. 불로초를 구하러 보낸 사람들은 돌아오지 아니하고 만리장성만 길게 길게 늘어나고 지난날의 아픈 상처만 도지고 있을 뿐이다.

고향집을 둘러보러 갔을 때 쟁기를 보관해놓은 헛간에는 옛날에 쓰던 쟁기들만 녹슬어 있고 거미줄만 가득하게 걸려 있는 것을 볼 때 세월의 무상함을 더욱 느끼게 한다.

육신의 아픔은 정신적 뿌리까지 뒤흔드는 상황을 가져오고 그것은 자신의 뉘우침과 반성의 기점이 될 수도 있다.

복수초 두어 송이
봄이 몰래 피워냈다

혹한에 놀란 가슴
지레 온 봄을 반겨

설익은 햇살 한 줌을
은혜인 양 받아든다.

하늘 땅 열린 길에
산빛 물빛 찾아오면

터엉 빈 가슴에다
푸르름을 채울란다

미움도 내 마음을 일
그리움은 손거울.

—「대춘(待春) 1」 전문

우리나라의 계절은 요즘은 아열대성 기후로 변해간다고 말하지만 옛날에는 가난한 사람들은 너무나 추워서 겨울을 넘기기가 매우 어려운 시대가 있었다. 그럴 때 입춘을 기다리거나 봄을 기다리는 사람들이 많았다. 먹고사는 일이기 때문에 정말 봄을 기다리는 것이다.

우리가 봄을 기다리는 것보다 생명이 있는 모든 생물이 먼저 봄을 알리기 위해 나오는 경우가 있다. 뱀도 따뜻한 봄 햇살을 받으면서 일찍 튀어나오다가 다른 동물의 먹이가 되는 것을 볼 수 있고 설중매도 꽃을 이기지 못하고 피워내는 것을 볼 수 있다.

작품에서는 복수초 두어 송이를 피워내고 있는 것을 볼 수 있다. 그들은 봄 햇살을 따뜻한 마음을 받아들고 봄 햇살의 고마움을 느끼고 있다. 텅 빈 우리들 가슴에 봄은 푸른 마음을 기르고 점점 푸르름을 채울 것이다. 따뜻한 마음이 올 때까지 푸르름을 가득히 채울 것이다.

우수가 지난 지 며칠
바람 끝이 매섭다

어제는 느닷없이
눈발마저 흩뿌리고

양지쪽
갓나온 새싹
고개 도로 감춘다.

무심결에 봄을 맞으면
무덤덤 싱거울 거야

소심화 꽃대궁에
곤지발로 다가온 봄

귀문을 활짝 열어젖히고
하늘소리 바람 소리.

—「대춘 4(-소심화(素心花) 대궁 끝에)」 전문

우리나라 모든 가정집에는 소심화(素心花) 한 분 이상은 키우고 있을 것이다. 난 중에는 가장 키우기 쉬운 난이 소심난이라고 한다. 그리고 꽃도 잘 피워낼 수 있으며 난향도 술술 하거니와 꽃 색은 미색으로 보기가 그냥 좋다.

봄을 맞아서 소심난의 촉이 올라오고 꽃대궁이 올라오면 봄은 가장 가까이 와 있음을 알리는 것이다. 그 꽃대가 바람에 움직일 때마다 난향의 움직임이 코끝을 그냥 지나치지 아니한다.

남아도는 시간들이
물 위를 걸어간다

계절은 비탈의 뒤끝
빛살로 누벼 나가고

텅 비운 가슴의 회랑
한숨으로 여닫는다.

소문난 잔치 다음 날
씻긴 그릇에 담긴 하늘

연못의 커단 거울에
구름 몇 점 얹혀가고

낚싯대 드리운 하오
문득 산을 낚는다.

—「실일의 명 2」 전문

사람은 자신에게 주어진 시간을 어떻게 보내는 것이 제일 좋을까? 좋은 친구를 만나면 그에게서 얻는 것이 있을 것이고 원하는 것을 모방하게 된다. 낚시를 좋아하는 사람은 하루 종일 고기 한 마리 못 잡아

도 좋은 사람과 앉아 있으면 좋은 것이다. 왜냐하면 마음이 통하기 때문이다.

이성보 시인은 많은 시간을 돌과 함께하고 또 낚시도 즐기며 사는 것 같다. 연못 같은 넓은 바다에 낚싯대 드리우고 시간을 물 위에서 보낼 때 구름들이 흘러가고 삶의 근심 모두 내려놓고 문득 산 그늘이 내려오며 날이 저물어 간다. 이제 그 나이에는 누가 떠밀 듯이 시간이 흘러가는 것이다.

양어깨에 매단 짐이
한 백 근은 되는갑다

백 근 짐 죄다 지고
갯가로 갈 일이다

간물에 배추 헹구듯
시름덩이 헹궈볼까.

빚덩이 끌어안고
한 십 년 살다 보니

이력이 붙은 가난
옹이처럼 야물어져

빚도 다 재산이란 말
그 말뜻을 알 것 같다.

—「이런 세상사」 전문

사람이라면 누구나 다 시름덩이나 고민덩어리들이나 아니면 근심들이 한두 덩이가 다 있다. 이성보 시인은 시름덩어리가 있어 바닷가에 가서 갯가에 배추 헹구듯이 자신의 시름덩어리를 술술 헹궈냈으면 좋겠다고 한다.

그 시름덩어리 중에는 빚이 있어 그 빚덩어리가 고민을 만들고 만든 고민덩어리는 자신의 마음 가운데 와서 옹이가 되어 아물고 있었다. 그러나 그 빚도 자신의 재산인고로 함께 생각하며 재산으로 생각하면서 살아가는 것이 중요하다고 생각한다.

옛말에 남의 돈을 무서워할 줄 아는 사람이 현명하다고 했다.

오십견으로만 여긴
쉼 없는 어깨 통증

자조의 웃음 속에
부적인 양 붙인 파스

언제쯤 훌훌 벗을까
내 어깨에 메인 멍에.

마음 한 켠 비워보려
가부좌로 앉아본다

난꽃이 피고 지듯
지그시 눈도 감아

이참에 삶의 끝매듭
풀어 놓고 싶었다.

—「풍선」 전문

이성보 시인은 어깨 통증을 앓으면서 오십견인 줄을 알고 붙인 파스가 효력을 발휘해야 할 터인데 개운하지 않음을 항상 멍에처럼 여기고 있는 것 같다.

개운한 마음을 얻기 위해 자신을 마음의 참선으로 가부좌를 해서 앉아 보기도 하고 난(蘭)꽃들의 향기에 취해서 눈도 감아보지만 그렇게 쉽게 풍선처럼 몸이 가벼워지질 않는 것 같다.

이제는 삶의 척도가 젊음을 넘어 육십여 년 넘게 쓴 몸이 마모를 가져오고 우리들의 건강도 붉은 불이 켜여질 때가 되었음을 알고 서서히 건강에 대한 보충작업도 필요할 때라고 하겠다.

이상 이성보 시인의 제3시조집에 실린 작품들을 한 사람의 독자로서 자세히 읽어보았다. 그는 자신의 삶을 긍정적으로 나타낸 작품들이 많지 않았다. 그 대부분의 작품들이 어둡고 아픔을 접목(椄木)한 것이거나 술을 의지하여 삶을 영위하는 씁쓸한 삶의 발자국들이 보이고 있다. 이 시집 이후에는 좀 더 밝고 활달한 생활의 편린(片鱗)들을 보여주었으면 하는 바람이다.

어떤 일에 있어서 슬픔이 큰 것보다 그 슬픔을 두려워하는 마음이 더 크기 때문에 슬픔이 확대되는 것이라고 한다. 신(God)은 절대로 인간이 견딜 수 없을 정도의 슬픔을 주지는 않는다고 한다. 즉 인간은 자기 자신에게 닥치는 역경을 자신의 인내와 노력으로 거뜬히 해결할 수 있도록 한다는 것이다.

이성보 시인이 집안의 화평을 발견하면서 하루하루를 즐겁게 보낼 수 있는 시인이기를, 그리고 행복한 삶이 계속되기를 기원하고 싶다.

"강산이 세 번 변해/ 절로 굽은 등줄기여// 석양에 붉어진 볼/ 시브지기 웃는 그대// 남은 날 줍는 햇살일랑/ 오지랖에 담아주리." 시인의 작품「보은(-아내에게)」에 나타난 아내의 사랑이 담긴 작품으로 앞으로는 더욱 많이 그리고 가득 담긴 부부애가 보기 좋은 길을 터주기를 기대할 뿐만 아니라 우리가 백세시대에 살면서 건강하게, 즐겁게, 그리고 젊게, 살아가기를 기원해 본다.

| 정순량 시조집 해설 |

하나님의 순수한 사랑으로 빚은 시(詩)

하나님이 모세에게 이르시되 "나는 스스로 있는 자이니라 너는 이스라엘 자손에게 이같이 말하기를 스스로 있는 자가 나를 너희에게 보내셨다 하라.(출 3:14)" 정말 하나님은 어떤 존재였을까. 모세는 자기 자신을 보내주신 분이 누구인지 알고 싶었을 것이다. 백성들에게 자기를 보낸 하나님의 이름을 밝히고 싶었을 것이다. 그렇게 해야만 자신이 온 것에 대한 확실한 근거를 알게 할 수가 있기 때문이었을지도 모른다. 하나님은 "나는 스스로 있는 자라" 그리고 영원부터 그 영원까지 스스로 존재하신 분이라고 한다. 이것은 무엇을 의미하는 것일까?

정순량(鄭舜亮) 시인은 하나님의 존재를 잘 알고 살아온 시인임을 익히 잘 알고 있다. 그의 삶은 오직 하나님만 보고 살아온 신실한 믿음을 지닌 장로이다. "나는 세상의 빛이라(요 8:12,9:15), 나는 선한 목자라(요 10:11,14), 나는 부활이요 생명이라(요 11:25), 나는 길이요 진리요 생명이라(요 14:6)." 그는 생활 속에서 항상 하나님과 더불어 살아왔기에 지금까지도 훌륭한 삶의 모습을 지닌 학(鶴) 같은 고고함을 지니고 있다. 부부 금실까지 좋은, 자녀들에게 본이 되는 훌륭한 삶을 살아온 시인이다.

정순량 시인은 그 삶의 근본 바탕 앞에 항상 "여호와여 주는 나의 방패시요 나의 영광이시요 나의 머리를 드시는 자이시니이다(시 3:3)" "그가 내게 부르기를 주는 나의 아버지시요 나의 하나님이시요 나의 구원의 바위시라 하리로다(시 89:26)" 이렇게 하나님을 의지하며 살아왔기 때문에 그는 어려운 병환 중에도 굳건히 살아났고 보배로운 삶을 늘 영위했을 것이다.

정순량 시인은 결혼 50주년을 맞으면서 열두 번째의 시조집을 펴낸다고 했다. 그의 작품 속에는 하나님을 떠나서 쓴 작품들은 거의 없다. "나는 일상생활 중에 얻어지는 모티브에 상상력을 보태어 작품을 완성합니다.", "성경 말씀을 읽고 묵상하면서 신앙시조를 많이 발표했습니다.", "작품을 읽으면서 어렴풋이나마 작품의 배경을 그림으로 연상할 수 있고, 행간에서 들려오는 메아리를 들을 수 있다면 다행이겠습니다." 작은따옴표 속의 글은 시인 자신이 작품에 대해서 쓴 머리말의 중요 부분을 절취(切取)하여 옮겨 보았다.

시인의 일거수일투족이 하나님을 위한 생활이면서 시편도 주님의 음성을 나타내기 위한 노래로 보여진다. 사람이 살아가는 동안 숨 쉬고 움직이는 모든 일들이 무엇을 향해 움직일 수 있는가는 대단히 중요하다.

이번 작품집 속에는 많은 분량의 신앙 시가 실려 있다. 평론을 하는 분이라 해도 기독교인이 아니면 이해하기가 힘들고 작품 평을 쓰기도 어렵다는 생각이 든다. 필자 자신도 하나님의 말씀을 잘못 해석할까봐 많은 고심이 된다는 것을 밝히는 바이다.

오랜 가뭄 탓에
수심도 낮아지고

탁한 못물에
숨쉬기 버거운지

물고기
몸부림치며
수면 위로 뻐끔뻐끔.

거북등 된 논바닥에
꼬실라 진 벼를 보며

하늘을 원망한 듯
무슨 소용 있을까만

농부는
가슴 태우며
담배 연기 뻐끔뻐끔.

—「가뭄 탓」 전문

정순량 시인의 작품 중에 신앙 시가 아닌 몇 안 되는 작품 중의 한 편이다. 오랜 가뭄 속에서 살아왔던 우리 인간들, 그 옛날 사람들은 하늘이 비를 내리지 않는 상황을 왕이 덕이 없다고 여겨 높은 산에 올라가서 기우제를 지냈던 역사를 알고 있다.

이 작품은 종장 마지막에 '뻐끔뻐끔'이라는 구절이 매우 인상적이다. 첫 수에는 물고기가 산소 부족으로 몸부림치며 수면 위로 뻐끔뻐끔, 둘째 수에서는 농부의 가슴 답답함을 담배연기로 승화하여 '뻐끔뻐끔', 자연을 극복하는 인간의 삶에 대한 편린(片鱗)을 잘 표현하고 있다.

언행이 겸손하면
어디서나 존경받고

마음이 겸손하면
영예를 얻으리라

이 진리 낮아지는 처세론
실행하긴 힘드네.

—「겸손」 전문

성경 말씀은 오묘한 진리를 담고 있어서 무궁무진한 삶의 진리를 찾아낼 수 있다. '주 앞에서 낮추라 그리하면 주께서 너희를 높이시리라' 성경 상의 하나님은 없는 자, 가난한 자, 외로운 자, 슬픈 자, 힘없는 자 등 이런 사람을 들어서 훌륭하게 쓰시는 분이셨다. 낮은 사람 그들이 부(富)하게 되는 방법 즉 세상살이 바른 처세법이 겸손임을 성경에 빗대어 교훈하듯 풀어내었다.

나들이엔 불편해도
때맞춰 내리는 비

봄 가뭄 해갈하려
하늘이 베푼 은혜

예부터 풍년을 기약하는
약비라며 반겼네.

—「곡우」 전문

곡우는 24절기 중에 여섯째로 봄의 마지막 절기다. 청명과 입하 사이에 들며 봄비가 내려 온갖 곡식을 기름지게 한다고 하여 붙여진 이름이다. '곡우에 가물면 땅이 석(3) 자가 마른다.'라는 말이 있다. 또한 이날에 부부가 합방하는 것을 꺼리는데 이것은 부부가 잠자리를 하면 토신(土神)이 질투하여 쭉정이 농사를 짓게 한다는 전설 때문이다.

올해는 4월 20일이 곡우이며 우전(雨前)차는 곡우 이전에 따서 덖어서 만든 차로 녹차 중에서 가장 좋은 차로 대접을 받는다.

곡우에 오는 비는 사람만이 아니다. 지구상의 만물 모두가 기다리는 단비이다.

마음으로 예수 믿어
의인이라 인정받고

입으로 시인하여
구원에 이르나니

값없이 주시는 은혜요
한량없는 사랑이라.

—「구원의 길」 전문

'네가 만일 네 입으로 예수를 주로 시인하며 또 하나님께서 그를 죽은 자 가운데서 살리신 것을 네 마음에 믿으면 구원을 받으리라.' 사람이 마음으로 믿어 의에 이르고 입으로 시인하여 구원에 이른다고 성경에서 말씀하고 있다.

정순량 시인의 작품은 하나님이 값없이 주시는 그 많은 은혜와 끝없이 주시는 주님의 사랑을 받으면서 그것이 곧 구원의 길로 느끼고 있는 것이다.

“한 번 다녀가라”는 스승님 전갈받고도
몸이 성치 않아 차일피일 미루다가
국화꽃 한 송이 올리니 미어지는 가슴이여.

다방과 식당에서 매주 뵙던 습작 시절
작품에 밑줄 그으며 엄히 가르치시던
그 사랑 가히 없어라 이승에서 뵐 길 없네.

예 저기 거처 옮기며 서울에 사실 적엔
녹음기 앞에 두고 몇 밤을 담소 나누던
이제는 유품이 되었네. 테이프에 남긴 말씀.

상주가 알아보고 두 손 마주 잡으니
더더욱 민망하여 울컥 치미는 슬픔
생전에 찾아뵙지 못한 못난 제자 웁니다.

—「국화 한 송이 올리며」 전문

정순량 시인의 작품 「국화 한 송이 올리며」는 부제 ‘백수 스승님 영전에’가 붙어 있다.

타계하신 백수 정완영 사백의 영전에 국화를 올리면서 떠오르는 정감을 시로 쓴 작품이다. 백수께서 작품을 가르치시던 생각과 살아계실 때 찾아뵙지 못한 마음속 아픔, 이제는 살아서 뵙지 못한 슬픔을 토로하고 있다. 녹음기로 녹음한 음성과 가르침이 이제는 유품이 되어버린 것에 대한 아쉬움이 그리움으로 남는다.

마지막 수에서는 상주가 정 시인을 알아보고 마주 잡은 손이 더욱 민망할 뿐만 아니라 찾아뵙지 못한 제자의 마음은 슬픔이 가득하였음을 토로하고 있다.

하늘의 법 잊지 않고 날마다 깨우쳐서
진정 마음으로 명령을 준행하면
그것이 장수의 비결 평강의 복 누리리라.

인자와 또 진리가 네게서 떠나지 않고
그것을 목에 매고 마음 판에 새겨두면
사람과 하나님 앞에 존귀함을 얻으리라.

마음을 다하여서 여호와를 신뢰하라
네 명철 믿지 말고 여호와를 인정하라
범사에 널 옳은 길로 지도하여 이끌리라.

스스로 지혜롭다 자만하지 말지어다
여호와를 경외하여 악을 멀리 떨쳐내면
그것이 양약이 되어 네 골수를 윤택케 하리.

—「그리하면 8」 전문

잠언 3장은 젊은이들에게 주는 교훈의 글로서 다윗 왕이 아들 솔로몬 왕에게 주는 말씀으로 알고 있다.

나의 법을 잊어버리지 말고 네 마음으로 나의 명령을 지키라고 한다. 그렇게 하면 장수하고 평강을 더하게 한다.

인자와 진리가 네게서 떠나지 말게 하고 그 인자와 진리를 너의 마음판에 새기고 생활을 하면 모든 사람들과 하나님 앞에 은총과 귀중히 여김을 받을 것이라고 한다.

마음을 다하여 여호와를 신뢰하고 너 자신이 지혜롭다고 여기지 말라. 너의 명철을 의지하지 말라. 여호와를 신뢰하라. 그리하면 범사에 너를 옳은 길로 지도하시리라.

스스로 지혜롭다고 자만하지 말라. 여호와를 경외하면서 악을 멀리하라. 그리하면 그것이 네 몸에 양약이 되어 네 골수를 윤택하게 하리라. 고 다윗 왕은 아들 솔로몬에게 하나님의 법을 교훈하고 있다. 우리는 자녀들에게 무엇을 물려주고 싶은가? 한번쯤 생각해볼 일이다.

숙명의 인연으로
왼 종일 날 따르는

한낮엔 난쟁이,
해 질 녘엔 키다리라

해 지면 꿈꾸러 가고
날 밝으면 동행한다.

—「그림자」 전문

정순량 시인은 늘 함께 따라다니는 그림자에 대한 숙명적인 이야기이다. 시간대별로 정 시인과 함께하는 그림자는 어떤 면에서는 하나님과 같은 존재로 생각했을지도 모른다.

왜냐하면 나와 동행하는 존재로서 언제나 같이하고 함께 생활하는 그림자는 낮에 해가 바로 머리 위에 있으므로 그림자가 짧게 되고 해 질 녘에는 서쪽으로 기울어져서 그림자가 길게 되며 해 지면 함께 잠자리에 들기 때문에 함께 꿈을 꾸고 아침에 날이 밝으면 또 함께 동행하는 것이다.

1
주술사 주문 걸듯 자기 자신 사랑하고
긍정의 언어로 자기최면 거듭하면
생각이 행동을 바꾸어 성공으로 이끈다.

2
이미 병이 깊어 죽음 앞둔 환우라도
긍정적 태도로 자신의 병 달래면서
절대자 손길을 간구하면 기적의 빛 밝혀 든다.

3
정상을 코앞에 두고 하산한 산악인이
재도전 다짐하며 자신에게 해주는 말
"괜찮아, 다시 시작하면 돼" 자기 설득 힘이 된다.

4
"할 수 있다, 할 수 있다" 긍정의 힘 되뇌이며
역전승 이루어 낸 박상영 금메달리스트
별명인 '긍정의 아이콘' 태극기를 휘날렸다.

—「긍정의 힘」 전문

정순량 시인은 조엘 오스틴 목사가 쓴 책 『긍정의 힘』을 읽고 그것에 힘입어 작품화하고 있는 듯하다.

'긍정의 힘'을 강조하는 조엘 오스틴 목사의 『긍정의 힘』은 미국 차세대 리더로 급부상하고 있는 저자의 저서로 최선의 삶을 위한 7단계를 안내하고 있다. 단계별로 실질적인 제안과 조언을 제공하며 오늘을 온전히 살기 위한 구체적인 방법을 알려준다.

이 책이 말하는 마음의 힘은 '하나님 안에서 품는 긍정의 힘'이다. 저

자가 안내하는 7단계를 거침으로써 평범함을 넘어 잠재력을 끝까지 발휘할 뿐 아니라 발목을 잡고 있는 부정적인 태도를 벗어던져 비전을 품을 수 있도록 인도한다.

이 책 『긍정의 힘』은 출간되자마자 베스트셀러로 자리매김했다. 조엘과 빅토리아 부부는 하나님의 조건 없는 사랑과 끝없는 희망을 사람들에게 전하고 있다.[1)]

정순량 시인은 긍정의 힘을 통해 생각이 행동을 바꾸면 모든 사람은 성공을 이끌어 낼 수 있고, 긍정적인 태도로 하나님께 간구하면 기적을 일으킨다. 다 잃고도 다시 시작하는 사람들도 자기 자신이 긍정적인 마인드로 다시 일어나면 자기설득력을 가지는 힘이 된다.

'할 수 있다'는 긍정의 힘을 꾸준히 연결하면 좋은 결과를 가져올 수 있다는 시인이 갖는 긍정의 힘이다. 이 긍정의 힘은 하나님과 함께하지 않으면 기적이 일어나지 않는다는 것을 정순량 시인은 잘 알고 있는 것이다.

수술 후 가스 방출
마음 졸여 기다리고
처방하는 간호사를
벨 눌러 기다리고
주치의 회진 시간에
좋은 소식 기다린다.

물 마시고 미음 먹고
흰죽과 밥 기다리고

1) http://book.daum.net/detail/book.do?bookid=KOR9788953105409

매달린 주사제를
떼어가길 기다리고
회복해 퇴원할 그 날
간절하게 기다린다.

—「기다림 1」 전문

우러러 하늘 보고
고개 숙여 땅 살펴라
간구한 것 주실 거라
확신하고 기다리면
언젠가 그분의 때에
풍성하게 받으리라.

—「기다림 2」 전문

앞의 두 작품은 정순량 시인의 삶에 있어서 오랜 시간 동안 기다림에 대한 하나님의 응답을 말하고 있는 것이 된다.

작품 「기다림 1」에는 부제 '다시 병실에서'가 붙어 있다. 2수 1편의 작품으로 수술 후 입원하여 아픈 상태에서 기도하면서 기다리는 시인의 고통이 얼마나 큰가를 알 수 있는 작품이다. 수술 후 마음을 조려가며 기다리고, 그 후 간호사를 기다리면서, 정 시인이 의사를 기다리며 회진하는 중 좋은 결과를 기다리고 있으며, 아픈 모든 상황을 회복하고 마지막 퇴원하기를 기다리는 시인의 간절함이 들어 있는 작품이다.

작품 「기다림 2」에는 우리가 살아가는 동안 항상 하늘을 우러러보면서 살아간다는 것을 시인은 독자들에게 말해주고 있는 작품이다.

절대자 하나님이 우리와 함께하고 있음을 아는 사람은 항상 긍정적인 마인드를 갖고 살아가면서 간구하며 꾸준한 삶을 영위해 나가면 언젠가는 하나님이 때를 맞춰서 풍성한 삶을 일궈주실 것을 믿고 의지한다는 것이다. 내 머리 위에는 늘 하나님이 함께하심을 독자들에게 일러주는 작품이다.

"헛되고 헛되도다"
전도자 이르신 말

흙으로 빚은 육신
땅으로 돌아가고

주께서 받아주시면
본향으로 귀환할 영.

—「길이 참으시고」 전문

정순량 시인의 작품 「길이 참으시고」에는 부제 '-전도서 12:8'가 붙어 있다. 우리가 살면서 선악의 일을 행한 것에 대해 하나님은 모든 행위와 모든 은밀한 일을 다 심판하신다고 했다. 이 전도서는 다윗의 아들 예루살렘 왕 전도자의 말씀이라고 했으며 '헛되고 헛되며 헛되고 헛되니 모든 것이 헛되도다'로 시작하고 있다.

봄을 재촉하는
따스한 햇살에도

꽃샘추위 몰아치면
함께 겪는 어려움을

어쩌랴 그러려니 하고
숨죽이고 견뎌야지.

—「꽃샘추위」 전문

봄에는 봄을 시샘하면서 훼방꾼이 꼭 찾아오는 것이 통례이다.

한 해도 거르지 않고 찾아오는 그 불청객은 바로 꽃샘추위이다. 언제나 한결같은 그는 모든 동식물에게 어려움을 겪게 하고 우리들의 삶을 움츠러들게 하는 장본인이다.

그러나 어떻게 하겠는가? 그것은 우주 만물을 창조하신 절대자의 권한인 것을 사람들은 잘 알고 있다. 그러니 참고 기다리면 된다. 다시 따사로운 세상이 열릴 때까지 우리 인간들은 참고 기다릴 수밖에 더 없는 것이다.

춘하추동 사계절을
쉼 없이 기록하여

거짓 없이 빠짐없이
실록으로 남겨놓는

아무도 거역할 수 없는
하나님의 덧셈법.

—「나이테」 전문

정순량 시인의 작품 「나이테」를 읽으면 한 해 두 해 춘하추동을 꼼꼼히 기록해 놓는 하나님의 계산법이 빈틈없다는 것을 알 수 있다. 아무도 속일 수 없는 하나님의 계산법 앞에는 누구도 속일 수 없다는 것을 찾아볼 수 있는 작품이다.

시인의 이 작품을 읽으면 노년층이 즐겨 부르는 대중가요 〈고장 난 벽시계〉의 가사가 떠오른다. '고장 난 벽시계는 멈추었는데 저 세월은 고장도 없네.' 이 대목과 연관이 되어 세월의 무상함 같은 것들이 작품 속에 오버랩(Overlap) 된다. 이 세상을 주관하는 하나님의 법을 누가 어길 수 있겠는가?

> 누구든 차별 않고
> 친구로 반겨 맞아
>
> 어우러져 노래하며
> 낮은 데로 함께 가는
>
> 강물은 수행자의 표상
> 상선약수(上善若水) 아닌가.
>
> —「낮아지기」 전문

정순량 시인의 작품 「낮아지기」는 가장 좋은 삶이 물과 같으며 물은 몸을 낮추는 겸손과 어울림을 갖추고 있음을 말한다. 남에게 이로움을 주는 삶을 물에 빗대어 노래하고 있다.

원래 상선약수(上善若水)는 노자 사상에서 찾아볼 수 있다.

"上善若水. 水善利萬物而不爭, 處衆人之所惡, 故幾於道. 居善地, 心善淵, 與善仁, 言善信, 正善治, 事善能, 動善時. 夫唯不爭, 故無尤"《노자(老子)》

가장 좋은 것은 물과 같다. 물은 온갖 것을 잘 이롭게 하면서도 다투지 않고, 모든 사람이 싫어하는 낮은 곳에 머문다. 그러므로 도에 가깝

다. 살 때는 물처럼 땅을 좋게 하고, 마음을 쓸 때는 물처럼 그윽함을 좋게 하고, 사람을 사귈 때는 물처럼 어짊을 좋게 하고, 말할 때는 물처럼 믿음을 좋게 하고, 다스릴 때는 물처럼 바르게 하고, 일할 때는 물처럼 능하게 하고, 움직일 때는 물처럼 때를 좋게 하라. 그저 오로지 다투지 아니하니 허물이 없다.[2)]

물에는 우리가 살아가는 동안 세상을 살면서 항상 겸손하라는 속뜻이 들어 있으면서 늘 낮아지는 삶을 살아가라는 뜻도 겸한 것이다. 우리 시인들, 특히 시조시인들은 시대에 민감해야 하며 그 시대의 변화된 상황에 접목할 줄 알아야 피부로 느낄 수 있는 작품들을 빚어낼 수 있는 힘이 생기는 것이다. 작품의 변화와 시도, 이것은 내일의 우리 문단에 새로운 바람을 예견할 수 있고 파도 소리를 들을 수 있는 청각과 시각 그리고 촉각을 갖추는 무장이며, 무너지는 시인의 감각을 되살아나게 하는 촉매제가 되는 것이다.[3)]

성경 말씀 묵상하며
내 삶을 성찰하고

때로는 골똘하게
한 낱말에 심취되어

쓰임새 적절한 글귀
이리저리 찾는다.

낱말과 낱말 사이
숨어 있는 뉘앙스에

---

2) http://tip.daum.net/question/91973181

3) 박영교, 『시조 작법과 시적 내용의 모호성』(도서출판 천우, 2013), p.159

혹하는 반짝거림에
팽팽한 긴장감이

내 가슴 두근거리는
글 꼬투리 얻는다.

—「낱말 사냥」 전문

정순량 시인의 작품 「낱말 사냥」을 읽으면서 그의 작품에 대한 언어의 습득을 찾아볼 수 있다. 성경 말씀을 읽다가도 작품에 쓰일 글귀를 찾고 때로는 어떤 작품을 읽으면서도 놓치지 않고 찾아서 작품 활동에 쓰임을 얻게 됨을 안다.

낱말과 낱말 사이 숨겨져 있는 언어들도 어렵게 찾아내고, 눈에 반짝이면서 들어오는 언어들도 잊지 않고 찾아서 가지고 올 뿐만 아니라 팽팽한 긴장감을 가지고 글을 대하다가 가슴 두근거리는 언어를 얻게 되면 정말 즐거운 마음으로 작품을 만들게 된다는 것이다.

이 작품으로 정순량 시인이 시조를 빚을 때 단어 하나하나를 얼마나 귀하게 쓰는가를 눈여겨볼 수 있고 작품을 사랑하는 정도도 엿볼 수 있다.

돌아올 기약 말고
훌훌 떠나거라

구월에 다시 오마
헤어지며 말했지만

내일도 담보할 수 없는
인생살이 아니던가.

차라리 잊고 있다
깜짝 나타나면

기적인 양 펄쩍 뛰며
껴안고 반길 것을

기다림 그 긴 세월을
내가 어찌 견딜꼬.

—「널 보내며」 전문

이 작품은 정순량 시인이 '구월에 다시 오마' 고하면서 이민을 떠난 친구를 그리워하는 작품이다. 부제 '이민 간 친구'.

정순량 시인은 돌아올 수 없다면 기약도 없이 훌쩍 말없이 그냥 떠날 것이지 온다는 약속은 왜 하는가? 그날을 기다리는 그리움으로 아픈 마음은 어떻게 하라고 하는가? 그리움으로 투덜대는 작품이다.

그리움이란 머릿속에서 나오는 것이 아니라 가슴속 깊은 곳에 자리하다가 마음에 병이 들면 그 병을 따라 눈물과 함께 따라 나오는 것이 그리움이라고 한다.

견디기 어려운 마음의 병, 그 기다림의 아픔을 정순량 시인은 짧은 시조 두 수를 통해 잘 나타내고 있다.

우리네 어릴 적엔 친구들과 어우러져
방과 후 운동장에서 해지도록 놀이하다
아무개 밥 먹으라며 찾으셨던 어머니.

수업 마친 운동장을 썰물처럼 빠져나가
교문 밖 노란 버스 서둘러 올라타고

학원을 옮겨 다니다 축 늘어져 귀가한다.

아파트 놀이터에도 아이들은 놀지 않고
노란 차 기다리며 핸드폰을 친구 삼아
제대로 놀 시간 없는 이 시대의 슬픈 초상.

—「놀 시간 없는 아이들」 전문

정순량 시인의 작품「놀 시간 없는 아이들」은 요즘 아이들의 바쁜 생활을 작품화한 것이다. 정 시인이나 60~70대 사람들이 클 때는 친구들과 어우러져서 길거리나 운동장에서 놀다가 저녁때가 되어 어머니가 저녁 먹으라고 부르면 집으로 들어가서 저녁을 먹고 숙제 조금하다가 잠자리에 들면 하루를 다 보내던 시대이다.

요즘은 모든 것이 경쟁시대 경쟁사회다. 하지 말라고 해도 열심히 하는 시대에 살고 있다. 아이들에게는 이 시대가 너무나 가슴 아프고 슬픈 시대라고 하겠다.

마음이 즐거우면 얼굴에 희색(喜色) 돋고
근심 걱정 깊어지면 심령이 상하느니
행복도 마음 다스리기 나름
그 무엇을 탓하랴.

인생의 행복과 불행이 마음먹기 달렸거니
범사에 감사하고 자족하며 살다 보면
행복의 바이러스가
웃음으로 전파된다.

'내 마음 나도 몰라' 혼란스런 그 순간에
마음을 연단케 하는 여호와께 내맡기면

하늘 복 경영하는 법을
깨우쳐서 알게 하네.

—「마음 다스리기」 전문

잠언은 다윗의 아들 이스라엘 왕 솔로몬의 잠언이다. "마음의 즐거움은 얼굴을 빛나게 하여도 마음의 근심은 심령을 상하게 하느니라."(잠언 15:13) 그리고 "마음의 즐거움은 양약이라도 심령의 근심은 뼈를 마르게 하느니라."(잠언 17:22).

자기 자신의 행복과 근심은 마음 다스리기 나름이며, 범사에 감사하며 스스로 만족함을 느끼면서 살아가다 보면 행복이 저절로 찾아온다는 것이다. 그리고 내 마음을 연단하고 주님께 내 마음을 맡기면 하늘 복을 깨우치게 된다는 것이다.

아까워도 어쩌겠나
부귀공명 두고 가는

얼핏 생각하면
별것 아닌 인생여정

진짜로 매달려야 하는
보람된 일 무엘까?

이 세상 그 무엇이
목숨보다 귀하던가

마지막 그날에는
헛되고 헛된 것을

영혼이 돌아갈 처소
마련됐나 묻지요.

—「마지막 날」 전문

우리가 이 세상에 빈손으로 와서 살다가 아무것도 가지고 가지 아니하고 공수래공수거(空手來空手去) 가는 길에 무엇이 가장 귀한 것인가를 생각해 볼 시간을 가져야 한다. 정순량 시인은 이미 그런 것을 위해 오래전부터 예비해서 걱정이 없는 사람 같다.

첫수에는 이 세상 살다가 떠날 때는 무엇이 가장 중요한 것인가? 가장 보람된 일이 무엇인가를 생각해 봐야 한다고 했고 둘째 수에서는 헛되고 헛된 이 세상에 왔다가 너는 마지막 그날에 내 자신의 영혼이 돌아갈 처소를 마련해 뒀나를 물어보는 일이라고 시인은 묻고 있다.

애급을 탈출한 후
사십 년 광야 생활로
저들을 낮추시고
고난으로 연단한 후
마침내 가나안 복지
약속의 땅 허락했네.

올림픽 수상대에서
메달을 깨물어보고
만감이 교차하여
눈물짓는 선수에겐
마침내 혹독한 훈련이
빛 발하는 순간이네.

—「마침내」 전문

『신명기』에는 모압 평야를 가득 메운 백성들은 모세의 연설을 들으면서 자신들의 과거, 현재, 미래를 주관하는 하나님의 손길을 확인했다. 하나님을 사랑하고 순종할 때만이 축복의 땅을 정복하고 지켜낼 수 있었다. 그것이 하나님과 사람이 맺은 계약의 조건이었다.

그리고 모세는 열두 지파를 각각 정성스럽게 축복하고 후계자 여호수아에게 리더십을 승계시킨 뒤 자신의 생을 마감한다.

"네 열조도 알지 못하던 만나를 광야에서 네게 먹이셨나니 이는 다 너를 낮추시며 너를 시험하사 마침내 네게 복을 주려하심이었느니라."(신명기 8:16)

정순량 시인이 2수 1편으로 된 작품「마침내」는 첫수는 애급을 탈출한 후 사십 년 광야 생활로 이스라엘 민족에게 연단을 시킨 후 가나안 복지인 약속의 땅을 허락한 것을 노래하고 있으며 둘째 수에서는 올림픽에서 메달을 딴 선수들은 혹독한 훈련을 시킨 후 마침내 빛을 발하는 순간을 허락한다는 것도 다 하나님의 뜻이라는 것이다.

1
이 세상 비밀 없어 새가 듣고 쥐가 듣고
활시위 떠난 화살 쏟은 물에 비유되는
말, 말, 말
입술에 파수꾼 세워
미리미리 단속해야.

민들레 홀씨 날리듯 사방으로 퍼지는 말
인격이요 품격일레 숙고하고 가다듬어
말조심
실수 없도록
고운 말씨 주고받자.

2
'사랑한다' 그 한 마디
심장 박동 빨라지고
'미안하다' 그 한 마디 앙금 모두 씻겨내고
'고맙다' 그 한 마디에 밝은 미소 떠올리네.

—「말, 말, 말」 전문

요즘 우리 사회에 너무나 막말, 좋지 못한 말들이 국회의원들의 회의에서부터 모든 사람에게 만연되어 있다. 어째서 그런 세상이 되었는지 걱정스럽다. 심지어 교회에서까지 목회자들의 험담까지 서슴없이 주고받는 교인들이 있는가 하면 학생들이 담임선생님의 험담은 어제 오늘 일이 아닌 듯하다.

정순량 시인은 그런 것들을 먼저 파악하고 앞의 2수를 작품화한 것이고 뒤의 한 편을 통해 우리 생활에서 꼭 필요한 말들, 즉 사랑한다, 미안하다, 고맙다 등으로 좋은 사회를 만드는 데 필요한 말을 만들고 있다.

어디론가 바람 불어
민들레 홀씨 날리면

하늘 뜻 은혜 입어
싹틔워 꽃피우듯

성경을 배포하리라
영혼 구원 위하여.

성령의 바람 불어
흩어지는 생명의 씨

거듭나 새싹 돋고
영혼의 꽃 피우리라

민들레 홀씨 날리듯
'기쁜 소식' 전하리다.

—「민들레 홀씨 날리듯」 전문

"너는 말씀을 전파하라. 때를 얻든지 못 얻든지 항상 힘쓰라. 범사에 오래 참음과 가르침으로 경책하며 경계하며 권하라."(딤후 4:2)

하나님이 맡기신 일을 성취하기 위해 우리가 해야 할 일은 좋은 동반자를 선택하는 것이다. 좋은 동반자를 만나는 것은 날개를 다는 것과 같다. 혼자서는 결코 큰일을 성취할 수 없다. 함께 일할 때 상승효과를 얻을 수 있다. 좋은 동반자를 찾기 이전에 자기 자신이 먼저 좋은 동반자가 되라. 탁월한 인물 곁에는 탁월한 동반자가 모이기 때문이다.

정순량 시인은 언제라도 전도하기 위해, 전파하러 떠나기 위해 항상 준비된 전도자임에는 틀림이 없다. 성경 배포하고 영혼 구원을 위해 '민들레 홀씨 날리듯' 기쁜 소식 전하기 위한 준비가 되어 있는 전도자이다.

단출했던 신혼 시절 단칸방도 호사롭고
마주 앉아 식사하며 매양 행복이더니
자식들 성가 시키고 나니 다시 둘만 남았다.

방 넷 너른 아파트 가득 채운 살림살이
살아온 세월만큼 얘깃거리 가득한데
오롯이 식탁에 앉아 마주 보며 웃는다.

외출했다 들어오며 아내가 안 보이면
"여보! 여보!" 불러대며 온 집안 뒤지는데
어디서 불쑥 나타나면 그렇게도 반갑다.

—「부부」 전문

부부는 우리가 살아가는 과정이라고 생각한다. 그 옛날에는 곁방살이에서도 즐겁고 삶의 아픔도 없었으나 지금의 결혼하는 조건은 아들은 집이 한 채 덩그렇게 살 형편이 되어야 결혼할 수 있는 여건을 갖추었다고 할 수 있다. 언제부턴가 경제적으로 어려움이 있으면서 사람의 됨됨이보다 맞벌이 부부를 선호하게 되고, 힘들다고 결혼하기도 꺼리는 시대가 되었다.

정순량 시인의 작품 「부부」는 그 이전의 이야기이다. 아이들 키울 때는 방이 비좁아도 걱정 없고 먹지 않아도 배고프지 않았는데 지금은 텅 빈 방을 보면서 그 옛날 즐겁던 시절은 다 떠나가 버리고 방마다 오롯이 둘만의 외로움만 남아 돌아다닌다.

때로는 자다가도 불러보고 대답이 없으면 직접 잠자리에 가서 흔들어 깨워보기도 하고 한쪽이 없으면 물 한 모금도 넘어가지 않을 때가 있다. 옆에 있으면 그냥 편안하고 없으면 불안한 관계 그것이 바로 부부의 정이며 사랑이란 걸 노년이 되면 누구나 알게 된다.

성령의 도움 받아
소원을 성취하고

기쁨과 평강을
날마다 누리면서

올해도
은혜와 사랑에
감사하는
복 받은 자!

—「새해에」 전문

시간은 요지부동
항심(恒心)으로 의젓한데

서두르며 사는 나는
나이 따라 다른 느낌

세모(歲暮)에 조급해하는
이런 모습 왜일까?

—「세모에」 전문

“소망의 하나님이 모든 기쁨과 평강을 믿음 안에서 너희에게 충만케 하사 성령의 능력으로 소망이 넘치게 하시기를 원하노라.”(롬 15;13)

정순량 시인의 작품「새해에」는 기쁨과 평강을 날마다 누린다. 소원 성취하고 즐겁게 살아가는 시인의 새해는 올해도 은혜와 사랑으로 복 받은 자의 삶을 표현하고 있다.

작품「세모에」는 시간은 어김없이 하루 24시간, 반복하여 한 해가 된다. 그러나 우리의 삶은 시간을 따라가도 반복이란 없다. 하루하루 그 삶은 나이를 먹고 삶의 패턴도 나이만큼 달라진다. 달력의 마지막 장, 아쉬움이 또 남는데 한 해가 지나면 어김없이 나이테를 한 살 더 두르게 되는 세모가 된다. 노년에 든 사람이면 마음이 더욱 초조해지는 세모임을 우리는 알고 있다.

물비늘 반짝이는
호숫가 낚시터에

낚싯대 드리우고
여유롭게 세월 낚는

미끼는 도둑맞아도
가을 햇살 벗한다.

—「세월 낚는 노인」 전문

정순량 시인은 작품 「세월 낚는 노인」을 통해 노인들이 하루 동안 햇빛과 함께 시간을 보내는 것을 의미하고 있다. 노령에 접어들면 누구나 세월 낚는 노인이 된다. 남는 것은 시간뿐 느긋한 하루가 된다.

세월을 낚는 중국 태공망(太公望)은 중국의 은나라를 멸망시킨 인물로 염제신농의 후손이라고 전해오며 본명은 여상 강태공이라고도 한다. 주나라 문왕이 웨이수이 강[渭水]에서 낚시질을 하고 있던 여상을 만났다. 선군인 태공이 오랫동안 바라던 어진 인물이라고 여긴 데서 유래한다.

산에 올라 외친 함성
메아리로 돌아오는데

아무리 고함쳐도
이 사회는 반향 없어

신문고 머리로 받으며
피 흘리는 슬픈 서민.

—「신문고」 전문

신문고 제도는 중국 요임금이 아랫사람의 의견을 듣기 위해 '감간지고'를 두었다는 고사에서 비롯되었다. 남조 이후 기록에 등문고가 나타나고 당(唐) 이후 조당에 설치했으며, 송(宋) · 명(明)으로 이어져 내려왔다.

조선시대에는 억울한 일이 있으면 사헌부에 고하고, 그래도 억울하면 신문고를 쳐서 왕에게 직소했다. 한때 폐지되었다가 성종 1471년 다시 설치되었다가 또다시 폐지되었다. 영조 1771년 복구되는 등 여러 차례 변화를 겪으면서 백성의 억울함을 풀어주기 위한 제도로 설치되었으나 이용이 엄격히 통제되었기 때문에 실제로는 효율성이 없었다.

정순량 시인이 작품 「신문고」를 통해 하고 싶은 말은 자유민주주의 시대인 지금도 서민들의 억울함이 풀리지 않는 한탄이다. 산 위에 올라가서 외치는 함성도 메아리의 반향으로 돌아오는데 아무리 고함을 쳐도 반향이 없는 우리의 현실이 안타깝다는 생각이 작품 속에 가득 깔려 있다.

다양한 색과 무늬
벚나무 낙엽들이

피카소 그림 같은
아름다운 배경 삼아

사진을 찍어달라며
밝은 미소 짓는다.

낙엽을 쓸고 있는
경비실 아저씨께

"예쁜 낙엽 쓸지 말고
오래 보면 안 될까요?"

아직도 소녀적 감성에
맘 설레는 아내여.

—「아내 엿보기 28」 전문

정순량 시인의 아내에 대한 이야기를 작품화한 것이다.

함께 평생을 살아가다 보면 더러는 다툴 때도 있고 슬플 때도 있으며 때로는 고성도 지르고 우울할 때도 있을 것인데, 정순량 시인 부부는 여러 작품을 통해 보건데 한 번도 그런 삶을 살아온 것이 없고 다투는 말도 한 적 없는 성실한 크리스천의 모범적인 가정임이 분명하다.

작품 「아내 엿보기 28」은 전 2수 1편으로 아름다운 배경을 삼아서 사진을 찍어 달라고 투정 부리는 부인의 밝은 미소를 찍어주며 경비실 아저씨에게 낙엽 떨어진 것을 그대로 두고 오랫동안 보면 안 되겠는가를 물어보면서 소녀시대의 설레는 맘을 보이는 아내의 감성을 잘 표현하고 있는 작품이다.

애굽을 빠져나와
광야 생활 고달플 때

때맞춰 공급받은
만나와 메추라기

은혜로 연명케 하신
땅의 양식 아니었나.

“내 살은 참된 양식
내 피는 참된 음료”

영생의 생명 양식
사랑으로 먹이시니

진실로 하늘 양식에
천국 비밀 있었네.

—「양식」 전문

출애굽에서 나온 지 한 달이 지나면서 가지고 온 양식이 다 떨어지게 되었다. 먹을 것이 없는 현실 속에 직면하자 애굽에서 해방되어 얻은 가치가 무엇인가 하는 불평을 하게 되었다.

이스라엘 백성은 모세와 아론에게 “우리가 애굽 땅에서 고기가마 곁에 앉아 있던 때와 떡을 배불리 먹던 때에 여호와의 손에 죽었더라면 좋았을 것을”(출 16:3) 하고 불평을 한다.

이런 불평에 대해 하나님께서는 “보라 내가 너희를 위하여 하늘에서 양식을 비같이 내리리니 백성이 나가서 일용할 것을 날마다 거둘 것이

라. 이같이 하여 그들이 내 율법을 준행하나 아니하나 내가 시험하리라"(출 16:4) 말씀하시면서 그들에게 일용할 양식을 약속한다. 이제 만나와 메추라기를 매일 먹게 된 것이다.

정순량 시인은 작품「양식」을 통해 우리가 먹고 마시고 생활하는 모든 것이 하나님의 은혜로 이루어지는 것이라는 걸 익히 잘 알고 있는 사람이다. 생명 양식인 떡과 포도주(예수님의 살과 피)를 사랑으로 먹이시고 은혜로 우리들의 삶을 채워주시는 하나님이시라는 것도 잘 알고 있는 주님의 종이다.

행복에 겹던 욥도
불행을 몸소 겪는

성령이 허락하신
사탄의 모진 시험을

누군들 피할 수 있겠나
하나님만 의뢰할 뿐.

아내도 친구들도
힐난하고 저주하는

감당하기 힘든 고난
끝까지 인내하여

시험의 덫을 헤어나
곱절 축복 누렸네.

—「욥의 반전」전문

욥기는 믿음과 고난 그리고 회복, 즉 모든 것을 잃어버린 사람의 아픔을 다룬 이야기다.

그러나 욥은 고난 속에서도 믿음을 잃지 않았으며 비극적 사건을 접한 직후 욥은 땅에 엎드려 하나님께 예배를 드렸다. 그는 자신이 하나님 앞에 엎드리지 않는다면 분노와 쓰라림의 감정에 사로잡힐 것을 알고 있었다. 욥은 자신의 내면을 살필 줄 알았다. 내적으로 견고한 사람만이 할 수 있는 행위였다.

정순량 시인은 팔십 평생을 살아오면서 수많은 어려움과 슬픔을 겪었을 것이다. 그것을 신앙심으로 극복하는 과정이 곧 그의 시편으로 표출되었다. 우선 작품 속에서 보면 여러 번 병상을 겪었다. 눈물로 호소하고 기도한 흔적이 작품에 녹아 있다. 하나님의 가호로 지금까지 건강함을 유지하고 있음이 그의 믿음이고 신앙이기에 기독교 색채 짙은 다작을 낳았다.

영안이 한눈팔아
잠시 잠깐 휘청댈 때

사랑의 회초리로
따끔하게 후리치면

말씀을 묵상하면서
맘의 평안 되찾는다.

마음은 원이로되
육신이 약한 연고로

반복되는 헛발질도
사랑으로 지켜보며

따끔한 회초리 경고
이다지도 고마울까.

―「회초리」 전문

'회초리'는 오랜만에 들어보는 언어이다. 정 시인은 생의 고난을 하나님이 내리는 신앙의 회초리로 여기고 있다. 고난도 고맙게 여기는 욥과 같은 신앙을 지닌 작가가 부럽기도 하다.

요즘 교육에는 회초리가 없다. 학교도 가정에도 하나같이 회초리가 없다. 예부터 '매를 아끼면 자식을 버린다고 했다.' 이 매는 무엇을 의미할까?

교육에 칭찬만 능사일까? 귀찮다고 방임하지 말고 잘잘못을 따지고 책임질 것은 책임지게 하는 교육이 이뤄졌으면 좋겠다. 하나님도 이스라엘 백성에게 많은 회초리를 드셨지 아니한가?

이상에서 정순량 시인의 작품 176편을 꼼꼼하게 읽어 보았다.

작품은 그 작가에게 있어서 살아 있는 영혼의 꽃이다. 그러므로 시인들은 자기 창작품에 대해서 발표하기 직전까지 퇴고와 번민을 함께 갖게 된다. 그 작품에 대해서는 항상 자신의 진실과 인격과 명예가 함께함을 생각하지 않을 수 없는 것이다.[4]

정순량 시인의 작품을 대하면 성경말씀에서 얻어진 시적 이미지(Image)를 접목시켜 시를 구상하고 퇴고와 번민을 함께하면서 자잘한 삶의 여유를 작품화하고 있다.

시인이 이 땅에 발을 붙이고 사는 동안은 모든 자연과 사람과 사회

4) 박영교, 『문학과 양심의 소리』(도서출판 대일, 1986), p.182

와 사물들을 사랑하고 노래하며 또 그것을 그림으로 그리듯이 작품화 할 줄 알아야 한다. 또 시인의 눈은 오히려 보이지 않는 것을 보아내는 힘이 있어야 하고 들리지 않는 것도 들을 수 있는 귀를 가져야 한다. 이를 승화시켜 독자들의 공감을 얻을 수 있어야 한다.

정순량 시인의 작품 속에는 독자들이 볼 수 없고 들을 수 없는 하나님의 음성을 찾아내어 들을 수 있게 할 뿐만 아니라 시인의 주위 자연 속에서도 하나님을 발견하여 사랑을 몸소 실천하고 있는 사람임을 표출하고 있다.

시인의 마음속에는 큰 바다가 펼쳐져 있어야 하고 때로는 높은 산도 우뚝 솟아 있고, 푸른 평원과 골짜기, 모래바람 몰아치는 사막도 깔려 있어야 한다. 고난 속에서 얻어지는 삶의 애절함과 또 푸른 평원에서 하늘을 바라보는 희망 솟구치는 환희도 있어야 한다. 호락호락한 삶은 없다. 어떤 경우에 처하든 그 삶의 모습을 형상화한 작품의 편린이 독자의 온 마음을 후리치는 회오리바람이 되거나 깜깜한 밤바다의 등대이기를 바란다.

그 크신 하나님의 사랑을 작품으로 빚은 정순량 시인의 작품이 이 험한 세상에 빛이 되고 소금이 되었으면 한다. 또 이 작품 하나하나가 하나님을 모르는 사람들의 마음 가운데 표석이 되어서 삼십 배, 육십 배, 백 배의 결실을 맺기 바란다.

| 조근호 제4시집 해설 |

바람과 함께한 시간 속의 여행

시인은 빛을 스스로 만들어내며 살다가, 죽어서는 광채를 발하는 별과 같은 존재이기 때문에 이름을 남기는 시인은 항상 절차탁마(切磋琢磨)하는 자세로 세상을 살아나가는 것이다.

세상이 어지러울 때 깨끗한 정신력을 발휘하여 시대를 평정해 나가는 동시에 질서와 자리를 정리 정돈할 수 있는 힘을 표출하고, 자생할 수 있는 능력을 만들어나가는 지혜와 청렴, 정체성(Identity)을 펼칠 수 있는 인재 또한 시인이며 문인들이다.

요즘 문단은 많은 문인들을 쏟아내고 있어서 오륙십 년대와 같이 희소가치(稀少價値)를 생각할 때와는 또 다른 양상을 나타내고 있다. 지금은 시인이 되기는 쉬운 시대이나 문단에 등단 후 좋은 작품을 발표하기 위해 부단히 노력해야만 진정한 문인이 됨을 요즘 등단한 시인들은 잘 알고 있다.

조선조에는 시를 짓지 못하면 과거에 급제할 수 없었고 급제할 수 없으면 관직에 나갈 수 없기 때문에 입신양명(立身揚名)하기 위해서는

시를 쓰고 공부하는 것은 필수적이었다. 지금에 와서 시인(詩人)이나 문인(文人)이 되는 것은 선비정신을 이어받아 깨끗한 사람의 표상이면서 법 없이도 살아나갈 수 있는 인격적인 대명사가 되었다.

조근호 시인은 대전을 중심으로 문단 활동을 하는 이름 있는 훌륭한 중견시인이다. 문학지에 발표하는 그의 작품을 읽으면 기분이 좋다. 왜냐하면 발표한 그의 작품은 언제나 좋은 작품이었고 한 번도 타작을 만날 수 없었기 때문이다.

조근호 시인의 제4시집『바람의 동행』은 전 5부로 구성되어 있다. 제1부 '살며 사랑하며', 제2부 '세상 사는 이야기', 제3부 '바람 따라 흐름 따라', 제4부 '바깥나들이' 시편, 제5부 '동심 속에 젖어 살며'이다. 작품을 대해보면 어느 것 하나라도 언급하고 싶지 아니한 작품이 없을 정도로 소중한 작품들이 실려 있다.

작품을 읽으면서 조근호 시인만큼 사회생활과 학교생활 그리고 가정생활을 참 잘해 나온 다복한 시인이라는 점이 부럽다. 그런 생활을 작품 속에 무르녹여 좋은 작품으로 승화시키고 있음을 볼 수 있어 좋다.

이제 조근호 시인의 작품을 감상해보자.

하늘을 우러르며
기도하게 하소서.

은혜와 감사 속에
내가 젖어 있음과
건강한 육신으로
활보할 수 있음과
사랑하는 가족이며
좋은 이웃이 있음과
무엇보다도

당신께 사랑받고 있음을
감사하게 하소서.

돌아서
이 너른 세상을
사랑하게 하소서.

—「나의 기도」 전문

조근호 시인의 기도는 끊임없는 은혜에 감사, 건강한 육신, 활보할 수 있음, 사랑하는 가족과 좋은 이웃, 부부의 사랑 속에서 하나님께 감사하는 것을 잊지 않고 있음을 노래하였고 이 넓은 세상을 사랑할 수 있는 시인의 마음도 담아 놓았다. 그는 범사에 감사하면서(살전 5장 16~18) 살아가는 방법을 터득하고 있다.

결혼하고 삼십 년이 다 되어가는 해에
딸을 결혼시키며 떠오르는 후회가 있다.
그동안 사랑한다는 말 한마디 하지 못했던…….

번듯한 옷 한 벌, 따뜻한 웃음 한 번
근사한 식사 한 끼 사주지 못한…….
어쩌면 그리도 멋없이 살았는지 아려오는 가슴이다.

낡은 청바지 하나로 한여름을 넘기며
얇은 월급봉투를 이렇게 저렇게 쪼개던 아내
못 본 체 살아온 날들이 해당화보다 아파라.

의젓하게 잘 자라준 남매를 바라보며
사는 일 그 자체가 행복이라 여기는 당신

찬란한 햇살의 뜨락에서 활짝 웃으며 사시게.

—「아내에게」 전문

어디를 가나 무엇을 보아도 요즘 세상은 아내에게 잘못하면 여지없이 파면당하거나 내쫓기게 되거나 과하면 이혼당하는 시대이다. 조근호 시인은 아내에 대한 사랑이 남다른 것 같다.

시인은 아내에게 쓰는 시를 통해 후회되는 일을 고백하고 있다. 결혼 30년이 다 되어가는 해에 딸을 결혼시키면서 아내에게 후회되는 일, 그것은 '사랑한다.'는 말 한마디 못한 것을 후회하고 있다고 했다. 둘째 수에서는 번듯한 옷 한 벌, 따뜻한 마음(웃음) 한 번, 근사한 식사 한 끼, 사 주지 못한, 어쩌면 멋없이 살아온 지난 일들이 가슴이 아려온다고 했다.

청바지 하나로 여름을 나고, 얇은 월급봉투를 쪼개어 쓰면서 못 본 체 살아온 날들이 해당화 가시에 찔린 아픔보다 더하다. 마지막 수에서는 의젓하게 잘 자라준 남매를 보면서 행복하게 여기며 잘 살기를 바라는 시인의 마음이 가득 담겨 있다.

내게 다가온
너희들의 모습은 정말 환희였어.
산이 산끼리 모여
스크럼을 짜고 살듯
우리는 흔적을 만들며 출렁이는 강이었지.

갖가지 경보음이 울곤 한단다. 살다 보면
쉽게 흔들리지 않는 것도 헤쳐가는 방법이지.
저토록 고운 햇살이 네 하늘에 걸렸잖니?

스스로 돌아보아 당당할 수 있다면
우리, 무엇을 망설이랴 청초한 꽃피우기
삶은 늘 미완의 여백
그래서 더욱 찬란한.

—「찬란한 여백」 전문

작품 「찬란한 여백」은 '딸 그리고 아들에게'에게 보내는 메시지이다. 정말 잘 키운 딸, 아들에게 "우리는 흔적을 만들며 출렁이는 강"이라고 하면서 "저토록 고운 햇살이 너희들 하늘에 걸"려있다고 격려까지 아끼지 않고 쏟아부어주는 아버지의 축복, 그리고 마지막에는 "삶은 늘 미완의 여백"이라고 던져 놓으면서 오늘의 충실함이 찬란한 미래가 됨을 예고하고 있다.

신록이 산천을 뒤덮은 아름다운 오월.
라일락꽃 향기가
온 강산을 물들인 날
너는 그렇게 우리 곁으로 왔구나.

해와 달도 너를 위해 더욱 곱게 빛나고
바라보는 눈길마다 행복 가득 웃고 있나니
부모님의 깊은 뜻 알뜰하게 헤아리며
너른 세상 채워 나갈 은혜로운 인재 되어라.

얼마나 기다리던 긴 시간이었는지
우리 모두는 애타게 기다렸단다.
맑은 향기 발산하며
모든 이에게 사랑받고

세상을 이끌어 갈 귀한 보석 되어라.

—「예쁘고, 건강하고, 총명하게」 전문

외손자 김은재 출생을 축하하는 시이다.

5월 라일락꽃이 피고 온 강산에 신록으로 물들인 날 너는 태어났다. 모든 자연의 빛들이 너에게 눈길을 주고 부모의 깊은 뜻을 헤아려 너는 세상을 하나하나 채워나가는 인재가 되기를 기원하면서 모든 이에게 사랑받고 세상을 이끌어갈 귀한 인물이 되기를 축복하는 환희에 찬 손자 탄생 축시이다.

남다른 집념으로 바위를 뚫어가며
힘들어도 내색 않고 장하게 삶을 일궈
마침내 올라섰구나!
행정고시 높은 봉(峰)을….

아들로 태어날 때
서울대 입학할 때
커다란 기쁨 주어 가슴 뿌듯했었는데
다시 또, 행정고시 합격하며
하늘 날게 하였구나.

수영대회 앞서가는 꿈
비행기 솟아오르는 꿈
살구꽃 만발한 꿈
말을 타고 출근하는 꿈
아비가 좋은 꿈 꾸었으니 가문 더욱 빛내거라.

—「고지에 올라서서」 전문

이 작품은 조근호 시인의 아들 조한진 군의 '행정고등고시' 합격을 축하하는 시이다. 시인은 이외에도 아들이 서울대학교에 입학 및 졸업할 때에도 쓴 축시가 있고 자식에 대한 애착이 대단한 시인이다. 후손들의 창창한 앞길을 보면서 시인은 흡족한 생각과 마음을 갖고 커다란 기쁨으로 직장생활의 보람을 얹어 살아가는 시인의 마음이 담겨져 있다. 고지에 올라서서 내려다보는 기대되는 앞날, 아들에게 더욱 번창해질 가문의 미래를 부탁하는 아버지로서의 행복이 가득 녹아 있는 시이다.

물살에 반사되는 햇살은 참 아름답다.
긴 성벽을 돌아야만 만날 수 있는 내력의 강
아직도 물수제비뜨던
추억이 강을 지킨다.

작은 바람에도 흔들리던 갈잎의 노래
몇 번씩 쓰러졌다 단정하게 일어서던
마침내 낡아서 희미해진
유년기의 흑백사진.

우두둑 부러진 채 흐르는 시간 위로
푸른 대밭에 출렁이는 눈부신 나비의 춤
아득한 자작나무 숲으로
길이 하나 보인다.

—「유년의 강」 전문

작품 「유년의 강」은 낡아서 기억조차도 희미해진 유년기의 흑백사진 한 장에서 얻은 시상이다.

강이 물빛에 반사하는 햇살은 그때 그 어린 시절에도 참 아름다움을 느끼고, 성벽을 따라 길게 흐르는 내력의 강은 흐르고 물수제비뜨던 기억을 추억으로 간직한다. 계절이 바뀌면 갈잎이 바람에 서걱이는 소리 들으며 몇 번씩이나 변화한 시인의 젊은 날, 모습이 낡아서 희미한 유년기의 사진들 이제 그 시간의 마디마디 위에 푸른 대밭 눈부신 나 자신의 길, 그 숲의 조그마한 길 하나까지 시인에게 유년으로 가는 추억임을 시사하고 있다.

진눈깨비 내리는 날엔
듣고 싶은 이야기가 있다.
철철 넘치도록
가슴조차 열어놓고
잊혀진 아버지의 증언을
돌이켜 듣고 싶다.

돌아가 쉴 곳 있음이
더없이 다행인 날
무엇을 기다리며
흘러 온 먼 길인가
이 땅에 남겨질 그림자 하나
선명하게 새기고 싶다.

—「포장마차」 전문

진눈깨비 날리는 날 포장마차에 앉아 흰 눈 내리는 그 눈을 보며 그 옛날 아버지가 나(조 시인)에게 남겨준 증언을 생각하고 있다.

그 증언이 무엇이든 간에 아버지를 생각하면서 돌아가 쉴 곳이 있음을 다행으로 여기며 기다리면서 살아 온 먼 길이지만 이 땅에 작가가 살아온 선명한 흔적 하나를 남기고(새기고) 떠나고 싶다는 간절한 시인의 마음이 뚜렷하게 부각되고 있는 작품이다.

아침에 눈을 떴을 때
해야 할 일이 있음과

건강한 몸과 마음으로
세상을 볼 수 있음과

어쩌다 외로울 때면
푸른 하늘 바라보는 것.

—「작은 행복」 전문

작품 「작은 행복」은 우리가 세상을 살아가다가 무엇이 그리울 때도 있으며 해야 할 일이 있어서 좋고, 건강한 몸과 마음을 갖고 세상을 살아갈 수 있어서 좋으며 어쩌다 외로움이 몰아닥칠 때 푸른 하늘을 쳐다볼 수 있어서 행복한 작가의 긍정적이고 건강한 마음이 돋보인다. 그리고 그것은 범사에 감사하며 사는 본보기가 되는 것이다.

하늘빛이 푸를수록 타오르는 뜨거운 가슴
알 수 없는 피안을 향해 꽃은 그렇게 웃는데
나 또한 행복이었음을 문득 깨치는 햇살이다.

가슴에 담아둔다는 게 억울할 때도 있었지
꽃잎 스치는 바람결에 들려오는 해탈의 함성
내 안을 들여다보며 녹슨 이야기 솎아낸다.

지천명을 살아오며 다져온 숱한 언약
받은 만큼 돌려주며 뒤돌아 부끄럼 없기를
해맑은 네 모습 보며 하늘을 우러른다.

—「연꽃, 그 눈부심을 위하여」 전문

우리나라 '연꽃' 하면 궁남지를 떠올릴 것이다. 궁남지의 연꽃을 보면서 하늘이 푸를수록 붉은 꽃들의 마음을 생각하게 되고 연꽃을 보면서 문득 깨치는 피안, 행복을 감지한 시인은 이 세상에서 나(시인)대로의 행복을 느끼면서 '둘째 수(首)' 억울하여 마음에 담아 두었던 껄끄로운 일들을 연꽃을 통하여 자기 성찰을 하고 해탈을 맛본다. 지명(知命)을 살아오면서 숱한 언약, 말하자면 받은 만큼 돌려주고 뒤돌아보아 부끄럼 없는 삶을 추구하면서 평생을 살고 싶어 하는 시인의 깨끗한 맘이 나타나 있다.

이 시대에
우리가 해야 할 일은 무엇인가
쑤셔오는 뼈마디 굳어가는 핏줄 사이로
점령군, 그 당당한 기세의
눈발이 날리고 있다.

청동빛 바람결에 타오르는 갈증…… 갈증
산조차 등이 시려 돌아앉은 겨울 들녘
봄으로 가는 길목 위에
먼 햇살이 타오른다.

누구냐,
서걱이는 갈대숲을 흔드는 이는.

철새가 남기고 간 상형문자 사이사이
언 발은 녹이며 살자
부활의 강 꿈을 꾸며.

—「겨울 갈대숲 6」 전문

작품「겨울 갈대숲 6」 연작을 읽으면서 점령당한 우리의 삶을 어떻게 해야 하는가? 아니면 겨울 눈발이 치는 날 우리가 살아남을 수 있는 방법적인 문제를 생각하게 한다.

가만히 잘 살아가는 우리의 육신과 정신을 겨울 갈대숲같이 서걱이는 바람으로 흔드는 이는 누군가? 언 발을 녹이며 살 수 있는 마음 가질 수 있는 봄의 길목을 찾으며 살아가면서 따사로운 햇살을 품고 살아가야 할 것을 생각하게 한다.

신열 앓는 대지 위에
사념의 꽃 피워놓고
청산을 굽이돌아
홀로 짓는 공간인데
그래도 흘러야 하는가
무채색의 살풀이굿.

짓누르는 무형의 나래
뒤척이는 사금파리
굳어가는 실핏줄에
햇살이 쏟아지면
수묵화 한 귀퉁이쯤
흔들리는 여백을 본다.

—「바람과 억새」 전문

작품「바람과 억새」를 읽어보면 바람과 억새는 서로 상극이면서 상생의 면을 보이고 있다. 억새가 가만있으려 하나 바람이 그냥 두질 않고 흔들어 주는 것이 되고, 억새꽃이 익어 바람이 흔들어 주어야 씨앗을 날려 보내는 상생 관계를 생각할 수 있다.

무더위에 신열을 앓는 대지 그 위에 흰 구름 같은 생각을 펴는 꽃을 피우며 청산을 굽이돌아 혼자서 피고 지는 공간 속에 그래도 흐르는 세월의 길가에 살풀이하듯 흰 머리를 풀어 젖힌다. 그 무형의 나래 위에 이제 말라가는 햇살 속에 수묵화 한 폭을 보는 그림의 여백을 보는 듯한 시인의 느낌이다.

돋보기를 벗으면
나도 모르게 찡그리며 본다.

이 좋은 세상 무엇이 못마땅하여
찡그리느냐며 가족들이 나무란다.
언제부터 눈에 힘을 주며 살았는지
꼿꼿하게 힘이 들어가 있나 보다.
조금은 부드럽게 바라보고
조금은 자상하게 살아가야 할 나이에
눈의 힘부터 뺄 일이다.

가끔은
입장 바꿔 생각하며
부드럽게 살 일이다.

—「물이 흐르듯 1」 전문

작품 「물이 흐르듯 1」 연작은 사설시조로 구성된 작품이다. 조근호 시인은 이 작품을 통해 독자에게 즐겁고 부드럽게 그리고 자상하게 살아가야 할 것을 당부하는 작품이다.

살아가면서 가끔은 남의 정황도 알고 입장을 바꿔 생각하면서 남의 어려운 일상도 생각할 줄 아는 사람이 되었으면 하는 마음이 짙게 깔려 있고, 이 좋은 세상을 살아가면서 못마땅하게 찡그리고 살아갈 것이 아니라 얼굴을 활짝 펴고 즐겁게 부드럽게 그리고 남을 위하여 자상하게 살아갈 것을 은근히 조언하고 있다.

땀나도록 살아온 일상
훌훌 털면 빈손이고
목청 다한 삶의 노래
부르고 나면 적막인 걸
싱싱한 햇살 받으며
살아온 게 축복이다.

청동거울 닦는 세상
인생길은 초행인데
떨리는 가슴으로
어지럽던 춤사위
나만의 강줄기를 열어
달빛 가득 품는다.

—「가랑잎 단상(斷想)」 전문

작품 「가랑잎 단상(斷想)」을 읽으면서 인생의 마지막 가는 길은 가랑잎과 같이 훌훌 털면 빈손뿐이고 목청을 다하면 가랑잎 부스럭거리는 적막일 뿐인 것을 조근호 시인은 먼저 알고 있다.

지금도 살아 있고 살아가는 것이 축복일 뿐이다. 깊은 인생길은 항상 초행길이며 가슴 뜨거운 일생 동안 어지럽게 춤을 추듯이 살아오다가 이제 나만의 강줄기를 따라 가난한 달빛을 따라 삶을 영위해 가야 하는 것을 시인은 노래하고 있다.

새로 바른 한지창(韓紙窓)에
묵매(墨梅) 치는 달그림자

바람도 숨을 죽여
울밖에 서성이는데

먼데 산 산꿩 소리에
작은 귀를 키운다.

적막도 깊어지면
시름 되어 흐르는 것

덮어 놓은 책갈피를
탈출하는 집념의 강

끝내는 절망을 벗고
길을 여는 시간의 벽.

—「가을 그림자」 전문

작품 「가을 그림자」에서 달빛이 한지 창에 묵매를 그리는 날에는 바람도 조용하게 서성이면서 먼 데 산 꿩의 울음소리를 듣게 된다.

달빛의 적막이 깊어지면 내 마음속 적막이 시름으로 흐르고 책갈피에 내가 읽고 생각하던 집념들이 흩어져 가고 결국은 절망을 벗어버리고 가을의 소리를 들으며 삶의 허망도 함께 느끼면서 삶의 진실을 알게 되는 것이다.

임진란에 죽은 도공(陶工), 죽어 하얀 흙이 되다.
회한 속에 묻힌 임네 한 조각 심장만 살아
살과 뼈 뜨겁게 비비며
피로 짜던 월광곡.

빛이 선다.
가랑잎에 묻힌 임의 서러운 눈빛.
흙 묻은 숨소리를 역사 앞에 정결히 씻고
청청한 씨알을 캐며 퍼져나는 흰빛이여!

천년 세월 사무친 혼 강 따라 다 흘렀어도
점토로 앓던 넋이 달빛 먹고 우뚝 솟아
비로소 옷고름 풀며
아! 숨을 쉬는 목숨 한 점.

—「백자 앞에서」 전문

시인은 작품 「백자 앞에서」를 통해 임진왜란 때 붙잡혀 간 도공들의 삶을 생각하면서 그 도공이 죽어 하얀 혼을 남긴 백자빛 흙이 되어 되살아나는 삶을 생각하고 있다.

달빛 속에서 빛던 백자 달항아리, 지금은 서울 시내 부유층의 유산으로 남기는 현상이다. 흰빛으로 세상을 살다가 흙 묻은 숨소리를 한없이 한탄하며 역사 앞에서 깨끗한 마음으로 살아 있는 흰빛으로 서겠

다는 각오이다. 오랜 세월 동안 사무친 혼으로 남는다. 한 줌 흙으로 앓던 넋이 달빛과 함께 섞어서 비로소 흰빛으로 우뚝 솟은 살아 숨 쉬는 모습으로 우리들에게 다가온다.

오늘도 사북(舍北)행 열차는 운행되고 있었다.
움푹 패인 가슴으로 검은 한숨이 흐르고
모두가 떠나가 버린 숲
널브러진 꿈의 파편.

정제되지 못한 소망
지층 속에 남았는데
파 들어간 막장에도 분수의 꿈은 솟구치고
보름달 솟는 밤이면 반딧불로
떠돌던 혼.

그대 기억하게나
벗고 싶었던 남루의 탈을.
갱목 사이사이 질긴 목숨 받쳐 놓고
한때는 힘차게 달리던 길
겨울 수사(修士)로 누운 사북.

―「사북, 혹은 갈망의 숲」 전문

작품 「사북, 혹은 갈망의 숲」을 통해, 강원도 철암 장성 사북을 말하면 석탄 산지를 생각할 수 있다. 이제는 모두가 떠나버린 그곳 검은 흙들만 산곡마다 구멍 나 있다. 마지막 남은 지층 속에는 아직도 막장을 이야기하고 솟구치는 꿈의 파편들이 보슬비처럼 내리는 곳, 보름달 같은 밤은 못 돼도 반딧불처럼 어린 꿈들이 아직 남아 있는 곳, 그 검은 얼굴로 막장까지 들어갔다가 나오는 아픔과 남루의 탈을 그 질긴 목숨으로 갱목을 의지하여 지탱하고 한때는 수많은 돈이 들끓던 길, 이제는 아무도 없는 겨울 벌판에 눈 내리는 곳이라고 보는 것이다.

사직의 넋은
늘 장막에 가려 있었다.
보이지 않는 언덕 너머 빛깔 푸른 햇살을 향해
해풍(海風)만 칭얼거리며 몸부림을 치던 역사.

피멍 든 쇠사슬을 바다 깊숙이 묻어놓고
밀었다가 당기다가 수장시킨 왜구의 넋.
물살은 새파랗게 살아남아
강강수월래 전한다.

누구냐?
아직도 잠들지 못한 이는.
상처 많은 송진 내음 마디마디 삭정인데
울돌목 그 푸른 함성으로 맥을 잇는 겨레여!

—「울돌목에서」 전문

작품 「울돌목에서」는 임진왜란 때 해전을 이야기하게 되고 그 해전에서 이순신 장군의 모습을 떠올리게 된다.

명량해전에서 전장(戰場)에 나가기 전 장졸들에게 한 말, 필사즉생(必死則生) 필생즉사(必生則死) "반드시 죽으려고 하는 자는 살 것이고, 살려고 하는 자는 죽을 것이다."라는 유명한 말씀을 남기면서 대승을 이룬 이순신 장군은 밀물과 썰물 사이 정조(停潮)의 시간대를 잘 알고 수군과 13척의 판옥선만으로 왜선 133척을 격파한 전과를 올린 곳이다.

명량해전의 승리는 이순신 자신의 전술도 중요한 한몫을 차지하고 주민들의 도움 없이는 이룰 수 없는 전과이지만 울돌목(한자로는 [鳴梁])의 지형도 한몫을 한 덕분이며 그곳은 말 그대로 물이 돌면서 운다고 해서 붙여진 이름이다. 울돌목은 지금 진도 대교 바로 밑에 흐르는 바다의 길목이다.

이순신 장군은 쇠사슬을 바다 밑에 잠입시켰다가 왜적선이 돌진해 오는 시기를 틈타서 쇠사슬을 잡아당겨서 한꺼번에 수십 척의 왜선을 침몰시켰으며 지형지물을 잘 이용한 장군의 지략을 높이 산 전투이다.

조근호 시인은 그곳의 역사를 잘 알고 있으며 물살의 빠름도 알고 있는 시인이다. 우리 겨레가 이순신의 전적으로 인해 우리나라가 살고 조상들이 살고 지금의 후손들이 살아가고 있는 것이다.

오기로 가꿔 놓은 실낙원의 한 귀퉁이
잡목과 꽃 사이로 사계절이 흐르는데
뚜렷한 증거를 댈 수 있다.
우리들의 미래여.

뿌리고 가꾸다 보면 맑아 오는 영혼 줄기
이 시대의 우울들을 모조리 뽑고 보면
맨발로 뛰어오는 바람
출렁이는 유람선.

길 솟은 열대림과
어우러진 남도 사투리
지느러미 파닥이며 해금강이 넘실대면
마침내 섬은 노래 부른다

청동피리 화음으로.

—「외도(外島), 그리고 꿈」 전문

작품 「외도(外島), 그리고 꿈」을 읽으면서 생각나는 것은 이 세상에서 어느 곳에서나 한두 사람의 희생으로 이렇게 좋은 환경을 후세에 남겨줄 수 있지 아니한가. 때로는 봉사하면서 나라에도 충성하면서 우리는 살아야 하고 자신의 욕망도 펼쳐나가는 큰 힘이 따라서 크는 법이다.

외도(外島)는 남해의 한 조그마한 섬에 불과하다. 그 섬에서 어느 교사부부가 정착하면서 그 섬을 일구고 새롭게 만들면서 조금씩 투자를 해서 지금의 외도가 되었다는 이야기를 들었다.

조 시인은 외도(外島)를 여행하며 그 미래를 꿈꿔보면서 삶의 뚜렷한 증거를 댈 수 있는 미래를 찾을 수 있는 것을 보고 있다. 가꾸는 사람은 얼마 되지 않지만 그 영향으로 인해 수많은 관광객들은 쉴 새 없이 오고 가는 발길을 보면서 모든 우울증과 스트레스를 날려 보낼 수 있는 곳으로 보고 있다. 주위의 열대림, 남도 사투리가 어우러지고 해금강의 주위에 파닥이며 넘실대는 파도와 섬들의 노랫소리를 시인은 듣고 있다.

전등사에 부는 바람은
언제나 차갑습니다.
경멸에 찬 눈빛보다
더 차가운 것은 없습니다.
오늘도 숱한 시선들 앞에
그녀는 떨고 있습니다.

사랑한 게 죄라면
세상은 모두 지옥입니다.
풍경(風磬)은
다 잊으라며 불경만 외워대고
나녀(裸女)는 아픔을 끌어안은 채
그냥 앉아 있습니다.

—「전등사의 바람」 전문

강화도는 전란의 오랜 시달림을 갖고 있는 섬이기도 하며 우리나라 혼의 시발지라고도 할 수 있다. 올림픽 성화나 체육대회 때 채화를 하는 마니산에서 해 오기도 하며 역대 나라가 어려움을 닥칠 때마다 강화도로 피신을 하는 것도 그런 것이 아니겠는가?

조근호 시인의 작품「전등사의 바람」을 읽어보면 그 법당 네 귀퉁이에 발가벗겨 앉혀 놓은 나녀(裸女) 상에게 연민의 정을 은근히 주고 있는 듯하다.

전설에 의하면 절을 중수하는 도편수(都便手)가 절을 지으면서 오랫동안 집에도 못 가고 일을 하다가 술집 여인과 눈이 맞아서 새로운 살림을 차리려고 그 여인이 돈이 필요하다 하여 도편수가 번 돈을 모두 술집 여인에게 맡겨놓았는데 어느 날 갑자기 사라지고 없어져서 화를 이기지 못하여 평생 기둥 위에 발가벗고 앉아 무거운 지붕을 떠받들고 살도록 하기 위해서 그렇게 했다는 것이다. 그래서 도편수(都便手)의 화가 지금도 그 나녀(裸女) 상으로 하여금 무거운 짐을 풀지 못하게 한 것이 우리가 보는 나녀(裸女) 상인 것이다.

단종을 뵈러 가는 날
서강물은 아주 흐렸다.

속절없던 눈물들이
얼마나 피맺혔으리.
조용히 흐를 수 있는가
울부짖는 강물이여!

서강에는
래프팅을 띄우지 말아야 하리.
피맺힘 잊은 채로 희희낙락
아! 어쩌랴.
삼면은 빠른 강줄기
뒷면은 절벽인 유배지여!

—「청령포에서」 전문

우리는 흔히 청령포에서 단종의 아픈 역사를 이야기하고 서강의 깊은 물줄기를 안고 도는 그 맞은편 강변에서 왕방연이가 읊고 가는 시조 한 수(首)의 소리도 듣고 있는 것이다.

조 시인은 둘째 수에 보면 거기에서 래프팅하며 희희낙락하는 사람들이 못마땅함을 작품 속에서 토로하고 있다.

지금까지 청령포에 대한 작품을 보아도 그런 생각을 갖고 쓴 작품은 하나도 없다. 오직 조 시인의 작품에서만 역사의식이 투철한 것을 엿볼 수 있어 좋다.

프랑크푸르트 거리 한구석
자리 잡은 괴테 생가
그대 붓끝에서
파우스트가 태어나고
그대의 예리한 생각

온 세상의 빛이었지.

세상에 태어나서
이름을 남길 수 있다면
살아온 인생길이
구름 같다고 말하랴
나 또한 무딘 붓끝을
갈아가며 살겠네.

—「괴테 생가에서」 전문

작품 「괴테 생가에서」는 괴테의 삶에 대한 일, 그가 남기고 간 작품들을 생각하며 시인은 새로운 각오와 자신의 삶에 대해 다시 가다듬고 무딘 붓끝을 곤두세울 각오를 다짐하는 것이다.

괴테의 「파우스트」 「젊은 베르테르의 슬픔」을 읽고 중학교 시절 얼마나 울었는지 눈이 퉁퉁 부어 있을 때도 있었다.

문인으로서 평생 남겨 둬야 할 한 작품이라도 있었으면 하는 시인들도 많다. 시인이 죽고 나서 시비(詩碑)가 세워지고 많은 사람들의 입에서 회자(膾炙)되는 시가 있을 것을 기대하는 시인이 얼마나 될까?

인간의 역사는 위대하였다.
붉은 대리석 건물
중세 영화에서 보아온
사자가 나오던 광장
덜커덩 철문이 열리며
들려오는 함성 소리

인간은 잔인하였다.

사자와 인간의 싸움
사자와 싸워 살아남은 자는
용서받을 수 있었다지.
누구를 용서할 수 있는가
우리 또한 원죄의 인간.

—「콜로세움 앞에서」 전문

작품 「콜로세움 앞에서」는 조 시인이 '유럽 나들이 16' 부제가 붙은 작품이다.

그 콜로세움 앞에서 시인은 지난날 로마시대에 그 잔인한 살상과 사자를 풀어놓고 사람을 물어 죽이는 실제상황을 영화를 통해 보던 그런 악랄한 그들이 떠오르고 있는 것이다. 그 함성 소리에 사자를 이기고 일어서는 그 용맹한 자들은 용서를 하고 살려 주었다고 하는데, 시인은 반문한다. 누구를 용서하고 용서하는 자는 그 누구인가?

정복자의 오만으로
수집해 놓은 고대 박물관
그래도 양심은 남았는지
입장료는 무료였다.
제대로 다 보려고 한다면
열흘도 부족하다는 곳.

웅크리고 누운 미라가
남은 머리카락을 빗고
교과서에나 보았던
즐비한 고대의 유물
몇 년 전 한국관이 세워져

작은 빛을 내고 있었다.

—「대영 박물관에서」 전문

작품「대영 박물관에서」를 읽고 나면 이 세상에는 너무나 큰 도둑놈들이 많다는 걸 느낀다. 남의 무덤을 파서 자기네 것으로 등재하고 남의 나라 역사책을 도둑질해 가서 자기네 박물관에 보관하고 돈을 받아먹는 파렴치한 제국들, 나쁜 놈들, 욕밖에 나오지 않는다.

이상에서 조근호 시인의 시집에 실린 작품을 잘 읽어 보았다. 앞으로 세상을 다시 산다면 조 시인만큼 알차게 살아보고 싶은 생각이 뇌리에 계속 남는다. 그러나 그것이 인위적으로는 안 되는 것을 알면서 사람의 욕심으로만 이루어질 수 없다는 걸 살아가면서 터득하게 된다.

이런 시구(詩句)가 생각난다. 두견제백주(杜鵑啼白晝) 시각복거심(始覺卜居深) '두견새 한낮에도 슬피 우니, 비로소 깨달았네, 내 자신이 깊은 산에 사는 것을' 이 작품과 같이 조 시인에게는 항상 봄이 머물러 있고 또 행복이 늘 함께 존재한다는 것을 내 자신은 깨닫지 못할 때가 있을지도 모른다고 생각한다.

조근호 시인의 작품은 언제 읽어봐도 이미지의 형상화가 잘 살려져 있고 늘 대해보아도 긍정적인 삶의 자세가 느껴지면서 작품성도 갖추어져 있어서 한국의 시조시인들 중에서도 선두주자를 자처해도 될 만큼 살아 움직이는 시를 쓰고 있다. 필자의 시 해설이 조 시인의 훌륭한 작품에 누가 되지 않을까 두려움을 금치 못하면서 필을 놓는다.

| 최윤표 제2시조집 해설 |

묵직한 언어 속에 들어 있는 생명력

최윤표 시조시인의 작품을 읽으면서 삶의 편린(片鱗)들이 다양하게 펼쳐져 있음을 볼 수 있다. 작품 속에는 생각의 깊이와 넓이, 인생의 진리와 허실, 행동의 오만과 진실, 삶의 서정과 아픔이 고스란히 담겨 있기 때문에 작품을 신실하게 읽고 깊이 이해할 수 있어야 그 내용도 함께 만나볼 수 있는 것이다.

최윤표 시인의 시조집 작품을 읽어 내리는 데에는 여간한 인내심을 갖고 독파할 수 있어야 하며, 수시로 작품 속의 내용과 호흡이 길다. 시인의 연륜이 높아서 작품이 이미지 중심으로 흐르는 작품이 아니라 이야기 중심으로 흐르는 것, 내용 중심으로 움직이는 것은 어쩔 수 없는 상황인 것 같다. 너무나 묵직한 작품들로 구성된 점이 특징적이다.

최윤표 시인의 작품집 전체를 훑어보면 전 5부로 구성하고 있으며 제1부 「인왕산」 등 24편, 제2부 「선구자」 등 24편, 제3부 「독도」 등 24편, 제4부 「욕망을 품은」 등 22편, 제5부 「지금껏 홍일점」 등 27편 전 작품

이 121편을 싣게 된다.

제1부에는 어머니와 고향에 대한 그리움 제2부에는 꽃 이야기를, 제3부에는 독도와 새에 대한 작품들이 위주였으며, 제4부에서는 무전여행, 또는 꽃에 대한 작품, 가족여행에서 얻어진 작품들, 제5부에서는 산과 암자에 대한 노래가 위주인 것 같다.

그러면 최윤표 시인의 작품을 만나보자.

지향 없이 걸어오니 원행 길은 멀어지고
남쪽에서 그리울 땐 못 잊어서 그려보면
사무친 그리운 사연 피지 못할 꿈이런가

갈길마저 멀고 멀어 끝없는 한 무심하고
세월 또한 말이 없고 무정 강물 흘러간 데
가고자 한 휴전선아 종점이라 못 가는가

전쟁터에 사무치던 젊은 청춘 넋이로고
두고 왔던 고향이고 자라던 곳 보이건만
영원한 묘향산맥은 내 영혼 노닐 곳인데.

—「영원한 묘향산맥」 전문

묘향산은 우리나라 지형의 등뼈와 같은 산맥이 묘향산맥이다. 이 작품을 통해 보면 최윤표 시인이 직접 묘향산을 접해보고 쓴 작품 같아서 흥미롭다. 시인의 고향 산천이 가까운 곳에 있는 것으로 느껴진다. 물론 시인은 자기 고향이 아니더라도 고향처럼 느껴지면 그곳이 곧 고향인 것 아니겠는가?

초등학교 때 산맥 이름을 줄줄 외우면서 공부한 것이 지금도 그 마음속에 뿌리내려 있어서 묘향산맥 하면 우리나라의 등뼈와 같이 남북으로 바로 뻗은 산맥으로 잘 알고 있는 것이다.

우리가 지금까지 읽어왔던 고시조 속에는 옛 선조들의 체취와 생활 풍습 언행 그리고 시대상까지 느낄 수 있듯이 현대시조 속에서도 우리들의 발자취와 생활의 단면을 떠올릴 수 있으며 그런 면을 형상화하고 있음이 분명하다. 우리는 그것을 통하여 시대를 분명히 알고 바로 볼 수 있는 마음을 이야기하고 또 그 노래로 인해 민족의 횃불을 볼 수 있게 하는 힘을 싹틔우는 것이다.

일송정 달빛 아래 물소리의 자진가락
이 한밤 애원 토한 적막강산 전선야곡
언제쯤 웃고 만날까 기약 없는 부모형제

철새 떼 모여들어 구슬피 운 한탄 노래
따스한 혈육의 정 잊은 정을 다시 살려
가슴속 맺힌 한탄을 말끔하게 씻어가며

문화도 애원하니 한 맘 한 뜻 합심하고
천만세 누려 가며 얼굴 주름 펴고 살길
한탄강 이름을 바꿔 통일강 노래 부르죠.

—「한탄강」 전문

시인은 '한탄강'이라는 이름을 불러보면서 남북이 갈라져서 한민족이 서로 왕래도 못 하고 볼 수도 없고 하염없이 세월만 가는 것이 한탄스럽고 안타까운 삶의 아픔을 이 작품을 통해 찾아볼 수 있다.

"언제쯤 웃고 만날까 기약 없는 부모형제" 첫째 수 종장이다. 최윤표 시인은 이산가족의 아픔을 너무나 절절하게 느끼면서 만날 날을 기다리면서 이 작품을 쓰고 있다. 둘째 수에서는 이 가슴속에 맺힌 아픔을 씻을 날을 생각하며 살아가고 있는 것이다. 마지막 수에서는 한탄강을 이름 바꿔서 '통일강'으로 부르자고 노래하고 있다. 이산가족의 아픔이 얼마나 절절했으면 그렇게 하자고 노래하겠는가?

지구촌 휴양기지 분단의 제약 거둬
우리의 힘 합쳐서 살아갈 미명의 덕
간직한 명산의 절경 느긋이 열어가며

형상은 말 없어도 눈부신 아름다움
그리운 금강산의 절경의 저 모습을
세계인 불러 모여서 살아온 이야기를

남북 간 디딤돌 될 앞날의 새싹들과
중추적 역사들의 보물도 아름드리
억겁을 탐험한 전설 한국얼 알려주세.

—「한국 얼」 전문

최윤표 시인은 금강산 산행을 하면서 느끼는 우리나라의 얼을 생각해보는 것이다. 우리나라의 명산 금강산을 모든 사람들에게 느긋하게 구경할 수 있게 할 수 없겠는가? 라는 의문점을 던지고 있다.

"형상은 말 없어도 눈부신 아름다움" 둘째 수 초장이다. 전 세계 사람들을 불러 모아 이 아름다운 절경을 구경시키면서 서로 살아온 이야기를 나누고 싶다는 시인의 생각이다. 마지막으로 우리나라의 얼을 세계만방에 알리고 싶어 하는 시인의 마음이 작품에 고스란히 표출되어 있다.

보이지 않는 시도 나의 씨알 분명하고
행여나 기대했던 고독의 씨 하나 몸에
품고서 고향 산천을 언젠가 찾아가리

선조님 뒤를 이어 봉오산과 벽옥산의
거석리 아담스런 학 둥지인 명당자리
영혼의 태 자리 광명 증거를 심으리라

이 세상 하직하면 후인들은 뒤를 이어
태어난 작가 고을 억만년의 거울이 될
선구자 학산거목을 기리도록 남겨두리.

—「억만년(億萬年)의 거울」 전문

최윤표 시인의 작품 「억만년(億萬年)의 거울」 속에는 고향 산천을 언젠가는 찾아가서 선조의 뒤를 이어 오봉산과 벽옥산의 거석리 명당마을을 찾아가서 영혼의 태 자리를 이루겠다는 생각, 마지막으로 시인이 이승을 하직한 후 후인들은 작가의 고을이 억만년의 거울이 될 선구자의 학산 거목을 기리도록 할 것이라고 생각하고 있다.

문학은 인간이 살아가는 길(道)라고 생각한다. 문학은 사람이 살아가는 길에 뜨겁고 눈물 있는 정원의 꽃 향이거나, 또는 춥고 삭풍이 부는 날 따끈한 희망을 주는 내용(內容)이거나 아니면 부패한 정치판 속에서 깨끗한 이슬을 건져 올리는 이야기라고 할 수 있다. 어려운 세상살이에서 보석 같은 언어로 사람들에게 삶의 활력을 부여해 정신의 투

혼을 건져 올릴 수 있는 것이 바로 문학의 힘이며 우리들에게 비치지 지 않는 정체성(Identity)을 잡아내어 일깨워주는 것이 문학이라 생각한다.

금강산 사계절은 두만강 변증하듯
모래톱 멧새들이 멱 감아 깃털 떼면
그 광경 하나하나가 시구절로 울먹이네

폭포는 끊임없이 칠십 성상 울먹이고
봉래산 아름드리 절개들을 자아내고
물소리 구슬프게도 끊지 않는 애곡이여

흐르는 물살들이 힘 넘친 너울춤에
풍악산 짐승들은 목청껏 노래하는
세상의 태평연월을 노래하고 즐겨 살고

개골산 천지 얼면 먹을 게 없는 울음
한 많은 세상살이 막막해 죽어가고
압록강 못내 물소리 호령들 한을 토하네.

—「금강산 사계절」 전문

최윤표 시인은「금강산 사계절」을 금강산 여행 후 쓴 것 같다.

금강산은 두만강의 변증하는 것처럼 멧새들이 멱 감으면서 깃털 떼는 것부터 하나의 시 구절이 표현된다고 한다.

둘째 수 여름은 금강산이 봉래산이라는 이름으로 불려지면서 아름드리 낙락장송이 절개를 지키면서 계곡마다 물소리가 끊어지질 않는다. 셋째 수에서는 금강산의 가을 이름으로 풍악산은 모든 짐승들의 살찐 울음소리며 세상의 태평성대를 즐기는 산으로 변신한다. 마지막 수는 금강산의 겨울에 부르는 이름으로 개골산에는 모든 동식물이 얼어붙어 세상이 막막하게 보이면서 죽어가고 있는 산으로 물소리마저 얼어붙어서 소리를 토하지 못함을 시인은 아쉽게 생각한다.

아버지 사십 세 운 성상이 무정하오
어머니 사십오 세 홀로 되어 흥타령에
사려의 호미 살이로 구십 세 운명 일생

고향을 떠나온 지 시간은 주마간산
고모령 넘어 넘어 걷고 걸은 길 끝없던
이 못난 막내아들은 찾아갈 곳 어데뇨

흘러간 세월 따라 뵈올 날 앞에 두고
나는요 가시밭길 타향살이 오뚝 인생
희망을 찾아가는 곳 어버이 뵈오려요

사나이 불석신명 눈앞에 아롱거려
살아온 고독 참아 읽어오는 발자취는
영광을 얻는 그때가 내 청춘 블루스여.

—「내 청춘 블루스」 전문

시인은 작품 「내 청춘 블루스」를 통해 자신의 일생을 작품으로 독자들에게 보여주고 있다. 아버지는 사십 세에 운명하시고 어머니는 사십오 세에 홀로되어 구십 세까지 사시면서 우리들을 길러 주셨으며 둘째 수에서는 고향을 떠나오면서 어머니는 고모령을 넘어서 걷고 걸어 넘어온 것으로 시인은 막내아들로 갈 곳을 모르는 것이다.

밤사이 생각나던 입술도 곱게 열어
화신의 나그네로 봄 화장 곱게 하고
치마폭 향기 날리며 미소 짓고 오노니

범나비 눈초리는 점찍어 놓았거늘
사모한 그 마음을 탐닉한 이 재주여
먼동이 중천을 여니 수줍음 보이는가

아쉬움 접고 보니 연연한 마음 내켜
청춘을 모름지기 이제야 알았으니
만남을 무릅쓰리라 모도리 목련화야.

—「목련화」 전문

목련꽃은 봄의 화신이다. 누구든지 보아도 검은 나뭇가지에 앉은 학 같은 자세로 봄을 불러오는 마음가짐이다. 최윤표 시인은 “치마폭 향기 날리며 미소 짓고 오노니”로 목련화를 표현하고 있다.

둘째 수에서는 목련화가 활짝 피면 범나비가 점을 찍어놓고 사모하는 마음으로 아침 중천에 뜬 햇살에 목련화는 수줍음을 보이고 있다. 마지막 수에서는 청춘을 이제야 알고 보니 더욱더 만남을 무릅쓰리라고 생각한다.

1
노을이 질 무렵에 갈대의 꽃 너울바람
가만히 바라보면 여인네 치마폭처럼
황혼의 빛살 안고서 너울춤 추는 기라

—「금낭화」 일부

2
들녘에 하늘하늘 고개 숙인 꽃들인가
누구를 위하여 핀 사연마저 갖췄을꼬
오늘은 허전한 곳에 너만 혼자 외롭구려

—「기다린 들국화」 일부

작품 1은「금낭화」의 첫째 수이다. 금낭화의 색깔은 붉다. 그리고 줄줄이 달려 있는 꽃이다. 노을의 색을 달고 앉아 있는 여인네의 모습을 연상시킨다. 황혼의 빛깔을 깔고 앉아서 바람에 하늘거리며 영롱한 빛깔을 자랑하고 있는 것이다.

작품 2는「기다린 들국화」 첫째 수이다. 들국화는 야생이기 때문에 생활력이 강하다. 어디서나 잘 살고 그늘이나 양지바른 곳에도 잘 견디며 꽃을 잘 피운다. 가을밤 정자나무 밑에서 소슬바람을 맞아가며 가을의 쓸쓸한 마음을 감추고 홀로 허전한 곳에서 누구를 기다리는 외로움이여.

바다 호젓한 길 연인과 거닐 때면
즐비한 풍광의 멋 한눈에 사로잡는
바다의 고래 떼들의 놀라움 보는 고야

수평선 저 먼바다 집 한 채 보인 듯이
떠가는 무궁화호 뱃고동 소리 내며
목적지 찾아간 기선 뒤에는 갈매기 떼

청해의 깊은 곳엔 고기 떼 이채로움
사방엔 운산으로 엎드린 흑룡 등들

햇살이 낙조에 흠뻑 젖은 아름다움아.

—「낙조(落照)」 전문

최윤표 시인의 작품「낙조(落照)」에는 그리움의 풍광들이 앉아 있고 먼바다 뱃고동 소리며 넘어가는 햇살의 아름다운 노을을 만나보게 한다.

연인과의 산책할 때면 한눈에 사로잡는 풍광들이 눈 안에 들어오고 돌고래 떼들이 놀라움을 보여주고 있다. 다음은 수평선 먼바다 집 한 채가 떠가듯 큰 배가 고동 소리를 울려가며 떠나가고 그 뒤로 갈매기 떼들이 날고 있다. 그리고 맑은 바다 깊은 곳에서는 고기들이 노닐고 있는 모습이며 좌우의 산맥들이 흑룡의 등을 보이며 낙조에 흠뻑 젖고 있는 모습이다.

한 맺힌 일제 치하 연초 놋쇠 식량 공출
울분을 참아 오던 고초 망상 절규 "광복"
결국은 남북 두 동강 잘린 실타래 성상아

우리의 부모님이 그 억압에 끌려가고
무지의 쌩 억지 속 구타하고 징용 사망
그 숱한 세월 세태에 헐벗고 배를 곯았지

그러나 우리 형제 굴하지도 아니했던
해중의 파수병의 보물 독도 우리 영토
대한의 사시 영겁의 입지 갖춘 강지 빛난

교감한 동해바다 자손만대 평화통일
불멸의 신망애의 인동처럼 긍지 품고

아름찬 태극 깃발과 그 위상 동방 예지여.

—「독도」 전문

독도는 그 옛날부터 우리나라 땅이면서 우리 고유의 영토이다. 대마도도 그 땅은 우리나라 섬이다. 왜 이렇게 되었는가? 말 많게 된 연유는 바다의 선을 잘못 그은 모 대통령까지 거슬러 올라가야 한다고 한다.

어찌했거나 일본 초중고등학교 교과서에 일본 영토로 표기되어 교육하고 있는 것은 확실하다. 한심한 노릇이다.

최윤표 시인의 작품 「독도(獨島)」에 대한 작품은 너무나 많다. 「독도는」, 「독도가」, 「독도란」, 「독도여」, 「독도만은」, 「독도라 함은」, 「그 이름 독도」 등 많은 작품을 함께 발표하고 있다. 새 이름으로는 구관조, 팔색조, 귀곡조, 역력조, 불사조 등의 작품을 읽어볼 수 있었다.

사붓이 아장걸음 내 시선 홀리는가
마주쳐 교차된 너와 나의 눈망울이
말없이 빛난 미소가 스스럽게 유혹해

일상은 무엇에! 허름한 옷 아우거리
고결한 그 모습 호미 끝에 해가 지고
매화의 웃는 얼굴이 희망찬 삶이려니.

—「매화」 전문

매화는 봄의 전령사이다. 사실상 매화는 고결한 절개를 말하는 향기와 꽃이며 그 설한풍에도 고고하게 살아남아서 자신의 향취를 전달하

는 것으로서, 퇴계(退溪) 선생이 단양군수로 있을 때 그의 애첩 두향이가 이별할 때 준 난분을 자신이 죽을 때까지 잘 간직하고 있었다는 말이 있다.

최윤표 시인의 작품「매화」도 설중매의 빛난 미소를 아름답게 받아들여지고 매화의 향기를 희망찬 삶으로 받아지고 있다.

제주도 청정해역 부서진 파도 소리
해안의 검붉은 땅 유채꽃 수를 놓고
자연이 빚어낸 색채 향냄새 천 리 갈 제

연연히 이맘때면 대지를 물들이고
신혼의 부부들이 담아낸 이 사진첩
영원히 파뿌리까지 흔적으로 남으리

한 쌍의 꽃과 나비 인연의 언약 맺어
부귀와 공명 영화 꿈 일궈 살으리요
인간사 역경 속에서 사랑도 피우리라.

—「유채꽃」 전문

최윤표 시인의 작품「유채꽃」은 '제주도 가족 관광여행'이라는 부제가 붙어 있다. 제주도 여행에서 느낀 점 등을 작품화한 것이다.

제주도 청정해역의 부서지는 파도 소리에서부터 유채꽃 자연이 만들어 낸 색채 향내 등을 노래하면서 신혼부부들의 신혼여행지로서 찍어내는 사진들의 모습들, 오랜 세월 동안 남기를 바라는 마음, 사람이 살아나가는 데 모든 역경을 이겨내고 좋은 사랑으로 살아갈 것을 시인은 희망한다.

떠나온 산자락도 어렸을 때 그대론데
내 살던 그 형상은 간데없는 옛집이여
대나무 숲의 새들은 옛 그대로 하모니여

하늘의 장어구름 메 준령을 펼쳐 흘러
낚시를 드리웠던 냇물 모습 어데 가고
순희와 마주 앉아서 희락의 덧셈 하던

무엇이 나를 잡고 덧붙다가 뒹굴어진
희설의 덧없었던 그 시절은 가슴 울린
고향의 물레방아도 흔적인들 보이잖네.

—「고향의 물레방아」 전문

작품「고향의 물레방아」를 읽으면 그 옛날 고향의 모습은 오간 데 없고 자연과 산천은 그대로 볼 수 있지만 인위적인 것은 많이 변한 것을 알 수 있다. 최윤표 시인은 작품 첫수에서 다 변하고 산자락, 대나무 숲속 새들의 지저귀는 소리는 여전하다고 노래한다. 다음은 시인이 알던 사람들은 다 어디를 가고 없으며 낚시하던 냇가도 변해 있음을 고백한다. 마지막으로 그때 그 시절의 덧없음을 가슴 울리고 고향의 물레방아도 보이지 않는 가슴 아픈 옛 시절을 노래하고 있다.

이름을 부르기가 너무나 원통하다
전쟁의 골육상쟁 남북 간 그랬음이
골짝의 죽은 원혼이 한을 품고 있으리

지리산 피아골로 불러진 이름이여
그 이름 빛날지니 묵념을 올립니다

덕분에 살아간 정신 혼령들의 덕이죠

잠깐사 연곡사에 들러서 영혼들께
불심을 참불하여 들이고 발길 옮긴
피아골 천상의 구름 무례함 띄웁니다.

—「피아골」 전문

지리산은 백두대간의 끝자락이다. 바로 소백산의 마지막 끝이어서 우리나라의 마지막 살아 있는 산이다. 이 지리산 자락으로 인해 많은 사람들이 먹고 살아가는 것을 우리는 잘 알고 있다. 지리산은 우리의 역사와 함께한 산도 드물다. 멀리는 임진왜란 의병에서부터 한말 의병활동, 가까이는 한국전쟁(6 · 25전쟁)에 이르기까지 지리산은 밀고 밀리던 역사의 현장이었다.

해방 후에는 한국전쟁을 겪으면서 지리산은 격렬한 싸움의 현장으로 전쟁 통에 숨어들어온 빨치산이나 공산주의자들 그리고 그들을 토벌하던 군경들과의 치열한 격전지였다. 그때 죽은 사람들의 넋이 스며들어 피아골의 단풍이 다른 곳의 단풍보다 유난히 붉게 타오른다고 한다. 최윤표 시인은 지리산 피아골의 그런 여러 가지 상황을 잘 알고 있는 시인이다.

이상에서 최윤표 시인의 작품 전편을 차근히 읽어보았다. 그의 작품 속에는 우리나라의 역사가 녹아 있고 구수한 삶의 이야기가 담겨 있으며 살아가는 사람들의 발자국 냄새가 젖어 있어서 좋다.

문학작품은 어쨌든 간에 삶의 정서가 풍부하게 담겨져 있어야 하고 독자로서 느낄 수 있는 높은 수준의 감동을 수반해 있어야 한다는 것은 자명한 사실이다.

최윤표 시인의 작품을 읽어보면 인간미가 젖어 흐르고 사람들이 살아가는 아픔과 그리움과 저녁노을 같은 설렘이 함께 있어서 독자들이 작품을 대하는 데는 친근감을 주고 있는 작품이라고 할 수 있다. 앞으로 더욱 훌륭한 작품이 나올 것을 기대하는 바이다.

| 최정규 제4시집 해설 |

작품소재의 참신성(斬新性)과 연령을 넘는 창작활동

최정규 시인이 네 번째 시집을 출간한다고 원고를 보내왔다. 작품 속에는 바다 냄새가 물씬 풍기는 작품 보따리를 풀어 놓았을 때 시의 향기가 많이 우러나는 국물 마시는 느낌을 받았다.

시는 일종의 음악(音樂)이지만 단순한 음악이 아니다. 영혼의 깊은 본성을 전달하는 어떠한 흐름을 인도하는 역할로서의 작용을 한다.[1) 그리고 시는 또한 시인 자신을 끊임없이 만들어 간다. 흔히 인격이니 개성이니 하는 이 자기 동일성(Self Identity)의 형성과정이 우리의 인생이다.[2)]

시(詩)는 무언(無言)의 행동이며 정신적 발로의 움직임인 동시에 사상적(思想的) 시발이기도 하다. 시인(詩人)은 개인의 삶에 대해 말하고 있는 것 같지만 그것은 인류 전체의 움직임 그것이어야 하고 인생전체

---

1) 정한모, 『현대시론』(민중서관, 1974), p.9

2) 김준오, 『시론』(문장, 1994), p.47

(人生全體)를 대변해 주는 것이어야 한다.

시인이 살아 있다는 것은 훌륭한 작품을 꾸준히 발표(發表)할 수 있어야 하며 모든 사람들에게 존경을 받을 수 있는 품행과 살아 있는 작품으로 수시 자신을 점검할 수 있어야 할 것이다.

현대시는 독자들에게 지적(知的)이면서 복잡한 논리적(論理的) 표현과 새로움의 조형성(造形性)을 시각적(視覺的) 심상으로 요구해 오면서 다차원적인 논리적 심상으로 옮아가지 않을 수 없게 되었다.

그러므로 독자들은 제자리 걸음마를 면치 못하면서 시인들의 작품만 새롭게 또 새롭게 이끌어 가는 형상이 되고 보면 한때는 난해 시(難解詩)를 낳기도 하였고 때로는 시의 서정성(抒情性)은 시의 사상성 논리성으로 점차 바뀌어 가고 있다. 그래서 한때는 작품을 쓴 시인 자신도 자기 자신의 작품을 이해 못 하는 작품이 되어서 시의 무용론(無用論)까지 제기되기도 하였으며, 시의 난해성으로 그 내용이 독자들에게 전달(傳達, Communication)되지 않는 것이 작품에 있어서 결정적인 문제를 일으키고 있었기 때문이다.

지금에 와서는 시인을 대량 양산하고 있는 이유 중의 하나가 출판인쇄 문화의 발달로 문학지(文學誌)가 우후죽순(雨後竹筍)처럼 나타나서 문학의 저변 확대라는 명목으로 시인이 양산되었던 것이다.

이제는 옛날 청록(靑鹿)파 시인이니 하는 시인이 귀한 시대가 아니며, 시인이라면 무조건 대접받던 시대는 끝난 것이다. 다만 작품을 열심히 쓰고 꾸준하게 좋은 작품을 발표하고 훌륭한 시집을 발간하여 우리 보통 사람들(독자들)에게도 정신적, 정서적으로 혜택을 줄 수 있는 문인이어야 존경받을 수 있고 시인의 자리를 지켜나가는 시대가 되었다.

엘리엇(T.S. Eliot)가 말하기를 “진정한 시(詩)는 이해되기 전에 전달할 수가 있다."라고 했는데 이 말은 작품에 있어서 난해한 시가 아니라 독자들에게 작품의 이해성과 전달적인 요소가 쉬우면서 감동을 먼저 가져다주는 좋은 시를 의미하는 것으로 생각된다. 즉 시(詩)는 먼저 시로서의 전달(Communication)을 생명으로 한다는 것을 의미하기도 한다.[3)]

시인이 여행을 하여 그곳에서 얻은 감정이나 감동을 가지고 작품을 쓰는 경우가 많이 있다. 이것은 새로운 세계로부터 얻어진 실제로 접해보고 리얼한 감동을 그대로 받은 것으로 독자들에게 전달하고픈 생각이면서 감동의 생생함을 체험함에서 오는 간접체험을 전달(Cmmunication)하려는 발로라고 생각한다.

시인은 자신의 시에서 항상 살아 꿈틀대는 현실과 미래의 우리 삶에 대한 예측을 먼저 짚고 쓰는 시가 많이 있다. 그것은 시인이 세상을 내다보는 눈을 반 발작이나마 독자들보다 앞서 살아가는 생활이라는 걸 표출하는 것이 아니겠는가?

그래서 J. 아이작스는 "시인(詩人)이란 추도연설을 하기 위하여 태어난 것은 아니다. 만일 이것이 진실이라면 그 사실은 시인에게 무서운 책임의 무거운 짐을 지우게 되는 셈이다. 시인의 촉각은 움직이고, 그 촉모는 열병을 앓고 있는 듯한 격렬함을 가지고 흔들리고 있어야만 한다."[4)]라고 언급하고 있다.

실비아 브라운이라는 예언자는 "태초에 하나님이 우리를 위해 계획을 세웠고 그 계획은 영원할 것"이라는 말로 저자(著者)는 인류의 희망적 미래를 전한다. 지구 종말은 쉽게 일어나지 않을 것이라고 강조한

---

3) 정한모, 『현대시론』(민중서관, 1974), T.S. Eliot의 용어 재인용, p.85

4) JacoB. Isaacs, 『The Back ground of modern poetry, An Assessment of twentieth century Literature』, 이유식 옮김

다. "핵무기 발사를 명하는 붉은 단추를 누를 만큼 정신 나간 지도자는 없을 것이므로 핵전쟁은 일어나지 않을 것이며, 우주가 변덕을 부려 어떤 행성과 지구가 충돌시킬 일도 없을 것이기 때문"이라고 예언했다. 그래도 지구는 위기에 처한다. 지구 축(23.5도)의 기울기가 변해 해류와 기상에 엄청난 변화가 일어나 큰 재앙이 닥친다는 것이다. 2020년에는 대기오염으로 둥근 지붕을 덮은 도시가 생겨날 것이라는 예언은 환경오염의 심각성을 반영하는 것이어서 주목할 만하다.

시인은 이러한 엄청난 예언은 못 해도 살아가는 보법상의 조그마한 예언은 항시 할 수 있는 정신과 능력은 가지고 살아가야 하는 것이 시인의 자세이며 임무라고 감히 말할 수 있을 것이다.

시라는 것이 인간의 마음의 병을 치료하고 평범한 하나의 인간으로서 떳떳하고 정직하게 살아가는 것보다 더 시적인 소재가 없으며 이러한 인간의 자연스러운 발언을 떠나 시적인 언어, 소재가 있을 수 없는 것이라고 白樂晴 씨는 -詩와 民衆言語-에서 말하고 있다.

이제 최정규 시인 제4시집 원고를 보자. 그의 시는 언제 어느 때 만나봐도 톡톡 튀는 언어로 작품의 탄력성(彈力性)을 찾아볼 수 있어 좋다. 독자로 하여금 민중(民衆)을 느낄 수 있을 뿐만 아니라 항상 민중과 함께 살아온 시인인 것 같은 느낌을 만나볼 수 있어 더욱 공감이 간다.

최정규 시인 제4시집 『이탈과 진입의 행간』은 전4부로 나누고 있으며 제1부 '삼척연가'는 21편의 작품을 싣고 있고 대부분의 작품들은 그곳 삶에 대한 애환이거나 살아가는 모습과 풍습을 담고 있으며 제2부 '쉼표'는 14편의 작품을 싣고 있으며 대부분의 작품은 바닷가 풍경과 해안도로에 대한 이야기이다. 제3부 '강원의 유역을 돌아'는 총 17편의 작품을 싣고 있으며 강원도 각 지역을 돌면서 느껴지는 서정성을 밑바탕으로 엮어나가고 있으며 제4부 '바다 멀미 꽃 멀미'에는 17편의 작품을 싣고, 계절에 따른 소식이나 아픔, 또는 그곳 사람들의 이야기를 담고 있으며, 총 69편의 작품을 싣고 있다.

제1부부터 작품을 들어보자.

만선 입항에 비린내로 질퍽거리다
높은 산이 막아선 하루가
유리창에 각혈하고 돌아서는 해넘이 무렵이면
썰물처럼 사람들이 빠져나갔다

남은 해 정리하고 떠나는 낚시꾼 자리에 고요가 고이고
따라나서던 파도는 등강을 넘지 못하고 목을 놓는다
모두 보내고 나면 온기 가시는 포구
적막에 들어 쓸쓸해지는 나마깐

산발치로 애돌다 더는 갈 데 없는 물결이
빈곳마다 비집고 들어
낮 동안 햇살과 이야기로 빛나던 것들
어둠에 묻어 재운다

방파제 끝
등대가 불빛으로 일어서면
또 다른 항구로 돌아서는 나마깐은
낯선 시간으로 항해를 떠난다

우리 여정 갈피갈피 빈 포구 있어
혼자 견뎌야 하는 바다 한 켠씩 간직하고 사느니
떠나는 것 끊임없이 보내면서
외로움 견디며 사느니

—「나마깐」 전문

이 작품은 저녁에 만선한 배가 입항하면 모든 사람들이 즐거워하며 해가 넘어가고 등대가 불빛을 발하면 항구는 또 다른 항구로 돌아서는 것을 보고 시인은 작품을 쓴 것이다.

우리가 살아가는 데에는 남모를 마음 한켠에 외로움을 간직하고 살아가고 있어 그 빈 포구에는 만선의 풍어만 있는 것이 아니라 남모를 외로움도 자리하고 있음을 표현하고 있는 것이다.

겨우내 허공 젓던 꽃가지에
봄비 걸려 속살거리더니
울렁울렁 입덧에
우련 분홍빛 꽃 보물 해산했네

바람 든 유채꽃 덩달아
노랗게 풀어 흔드는 화냥끼
봄날이 흥건하게 설렌다

맹방 바다 녘 꽃들 소란에
인파 멀미
꽃 멀미
푸른 솔바람도 괜스리 흥겨워라

꽃 웃음 유혹에
나도 누구 꽃이 되고 싶다
이 봄의 기도도 꽃처럼 피우고 싶다

—「꽃멀미」 전문

작품 「꽃멀미」는 겨울을 보내고 봄비가 내려 입덧하는 것처럼 속살

거리는 봄비소리에 꽃들이 피고, 봄날이 흥건하게 설레는데 솔바람도 봄바람에 흔들리며 자신의 마음을 감출 길 없어 시인 자신의 마음도 봄 향기에 취해 꽃이 되고 싶은 심정을 노래한 작품이다. 마지막으로는 이 봄날에 올리는 기도도 봄꽃처럼 피우고 싶은 생각을 작품 끝에 피력하고 있다.

물 찬 관절 절룩거리며
막 도착한 목선이 허리를 편다
짠물로 늙어 주름살 패인 뱃바닥에서
바다 놓친 절망들이 길길이 튄다
포획자의 젖은 손길이 분주하다
소금기 바람 한 번 피워 보도 못한 남정네
해진 상처 달래는 아낙들 손길이 바쁘다
고된 항해일지 덮은 어선들
수평선에 푯대 목을 걸고 쉼표가 되어
뒤뚱뒤뚱 물마루 탄다
바다가 뼛속까지 스민 뱃사람들
젖은 일상 깔고 앉은 낮 술잔에
낮달이 빠져 흔들리고
구릿빛 웃음소리가 축항에서 곤두박질친다
비린내, 술내, 바다 내, 항구 내, 사람 내, 바람내…
사는 냄새 물씬한 항구에서
나도 한 점 풍경으로 어우러진다.

—「항구 풍경」 전문

우리는 바다를 보면 평온함을 느끼고 삶의 활력소를 얻는 것만 생각하는데 바다를 터전으로 하는 사람들은 그렇지가 않다. 멀리서 보는 바다는 평온할지 모르나 직접 바다를 접해서 살아가는 사람들은 그 터전이 뼈아픈 전쟁터이며 목숨을 담보로 하루하루 살아가는 삶의 현장이다. 이런 것을 잘 아는 시인은 이 작품을 통해 스스로 살아나가는 항구 풍경을 적나라하게 작품으로 구상하고 있는 것이다.

물 찬 관절 절룩거리며 도착한 목선이 그제야 허리를 펴고 남정네들이 내리고, 아낙들의 손길이 바쁘다. 바다가 뼛속까지 스민 선인들, 항해일지를 덮고 낮 술잔에 웃음소리와 비린내, 사람 사는 냄새 물씬 풍기는 항구 풍경을 스케치하고 있다.

해랑산 단애 처녀 죽음 달래 앉힌 신당
좌우 꾸러미로 남근 거느려 있다
그거 장만할 제 마을 수장들
지극정성 다하는 생홀아비
왼 세끼에 홀수로 엮어 소지 올리며
풍년 풍어 무사 안녕 빈다네
혹여 아들 낳고 싶은 욕심에
몰래 훔쳐 가기도 한다지
살아
처녀가 사랑 맛 드리길 했겠소
사랑 짓 해보기를 했겠소
거시기 보기를 했겠소
죽어
큰 거시기 작은 거시기 외국 거시기
푸짐한 익살 희희낙락 헤 버러진 흥분
여기도 저기도 남근 풍년
원 없이 횡재하는 해신당 처녀.

—「남근 풍년」 전문

작품 「남근 풍년」은 해신당에 얽힌 이야기를 작품화하고 있다. 남근 공원에 가면 수많은 남근을 깎아서 배치해 놓았는데 사람들은 그것을 보고 어떻게 생각하고 떠날까?

전설은 어느 곳 어느 마을에도 다 비슷비슷한 내용이지만 남근(男根)이라는 것은 생산의 내용이 담긴 것이라 그 옛날 없이 살던 날 많은 것들은 풍년을 기원하면서 얻어진 전설일 것이다.

아기 못 낳는 사람들, 남아(男兒) 선호사상에서 남아 생산을 목적으로 하는 사람들이 몰래 훔쳐 가는 것을 찾아볼 수 있으며 살아남기 위한 목적일 수도 있음을 언급할 수 있겠다.

고된 밤이 입항하는 꼭두새벽
어부의 노역이 홍정 붙여 질퍽질퍽
태평양 물빛 베인 등허리로 눈치가 미끌린다

미명을 이고 온 아낙
임질에 따라왔던 샛별 돌아간 아침
하늘빛 청명도 하다

하루분의 소란이 계산되어
버스가 싣고 시내로 떠난 뒤
주변에서 뭉그적거리던 침묵이
적막으로 밀려드는 어판장

일상이 바다인 사람들
앉는 곳 술판이 되어
연신 돌리는 낮술에
바다가 취해 비틀거린다.

바다에 덜미 잡힌 남정들
남정에게 걸려 넘어진 아낙들
남루한 살이 해진 상처 깁는
그물 무더기의 힘겨움이
내게는 한가로운 풍경이 된다

—「어판장」 전문

작품 「어판장」은 미명(未明)을 안고 태평양 물빛을 싣고 들어온 만선된 배들이 새벽을 가르고 들어와서 잡아 온 고기들을 내려놓으면 사람들은 어판장에 둘러서서 경매를 하고 하루분의 소란들이 계산된다.

시인은 이 작품에서 좋은 시적문장(詩的文章)을 창출(創出)한다. 예를 들면 "미명을 이고 온 아낙"이라든가 "하루분의 소란이 계산되어" "바다에 덜미 잡힌 남정들" 등등의 문장들은 일품이다.

어느 시인이 이런 말을 만들겠는가? 어느 사람이 이런 문장을 쓰겠는가? 시인은 자기 자신의 몫을 항상 가지고 시를 엮어나간다는 말을 하고 싶다.

저녁 강 건너온 완행열차
새벽 졸음에 잠시 누운 사이
닫는 놈 뺨 갈기듯 흥분되는 새벽 장

어둠 묻은 행렬 속속 들어
바다가 놓친 생명들을
무더기무더기 부려놓는다

눈 비비는 좌판 위에서
밤새 벼린 칼끝 마름질에 발려진 살점

뼈와 대가리가 수북한 무덤이다

살아 짠물 들이지 못한 생살
왕소금에 절일 즈음
어둠의 자리 서서히 밀고
서슴서슴 들어서는 신새벽

이슬 젖은 남새 샛별로 묶어
본 무더기보다 덤이 더 많은
산마을 촌부의 인정도 함께 어우러진다

허기진 비닐봉지에는
바다 심장 소리
산마을 이슬 내음
하루분의 희망으로 배부르다

기적소리 끊긴 지금도
첫새벽이면 여상하게 깨어
새날 당기는 번개시장.

—「번개시장」 전문

번개시장은 어느 곳이든 다 있는 지명인가 보다. 작품「번개시장」을 읽어보면 시간과 장소만 다를 뿐이지 갑작스럽게 눈 깜짝할 사이에 장이 서는 장터를 번개시장이라고 하는 것을 느낄 수 있다. 번쩍거릴 시간에 다 팔리고 없어지는 장터, 우리 서민들이 나와서 깜짝 장이 서는 곳, 자신이 갖고 있던 진귀한 것들을 가지고 나와서 장이 서는 것을 그 진귀한 것을 사기 위해 몰려드는 장터 생활을 작품화하고 있다.

세기의 장한 아들 황영조 낳아 기른 초곡
장악골, 부채방골, 망굿재, 봉의재, 망재봉 갈피
갈피 속세 풀 무성해 세일이라고도

정월 열며 농악 건립 패 지신 밟아
"…큰 눈물 헐어내어 몸채 삼간 지으시고
작은 눈물 헐어내어 행랑 삼간 지으시고…"

사월 초하룻날 궂으면 흉년 든다 맘 졸이고
오월 단오 도신제, 구월산맥이
"축원문으로 널어 넣구요…"

동짓달 초사흘 서낭 생신제
"…쬐끄만 풀잎들도 견디는 세상
살은 척 죽은 척 뿌리는 땅속 깊이 묻고…"

한지 접어 배 성주 모시어
"야랏세 어이차 뱃노래 흥겨워라"

이 신 네 저 신 네 조상님 네
일 년이라 열두 달 삼백 예순닷 세
액살, 재살, 해난, 재난 다 막아 무사토록
자식 위해 일구월심 빌고 빈 소원

가슴에 바다 품고 물결처럼 달리다 쓰러지고
쓰러져도 다시 달려
세계를 뛰어넘은 대한의 아들
장한 황영조 낳아 키워낸 초곡.

—「황영조네 마을」 전문

작품 「황영조네 마을」에는 부제 '초곡'이 붙어 있다. 초곡이라는 동네는 황영조가 태어나서 자란 어촌이다. 그곳에 가면 황영조 기념관이 있고 그가 일생 동안 살아온 모든 것들을 볼 수 있도록 만들어 놓았으며 그의 고생담이나 살아남을 일들을 후세 마라토너들에게 보여주는 곳이다.

앞의 작품 「신들의 놀이터」나 작품 「바람둥이 남신」들도 그곳의 풍광이나 전설을 토대로 노래한 작품이다. 전자는 덕봉산 홍견(洪堅)과 회선대(會仙臺)에 얽힌 내용을 작품화한 것이고 후자는 임원 윗말 바람둥이 남 성황신에 대한 것을 작품화하고 있다.

최정규 시인은 삼척지역에 얽힌 많은 전설과 그 마을에 얽힌 이야기를 토대로 작품화하고 있으며 그 풍광에 대한 멋있는 이야기들도 작품을 통해 만나볼 수 있어 좋았다.

일망무제(一望無際)의 창망한 물 바닥에서 햇살이 튄다
물 멀기가 거침없이 달려와 너래 바위로 기어오른다
바다 한가운데 앉아
흰 파도 듬뿍 얹은
아이스크림의 부드러움을 음미한다

말 많고 탈 많은 세상에서는
꽃이 피는지
낙엽이 지는지
시대가 얼어 터지는지
어느 계절이 지나는지 모를 일이다

살다
살다가

사는 게 벼랑인 날
슬픔 들키고 싶지 않은 날
바다에 흔들리고 싶은 날이면
땅 밑으로 내려가 마린테크의 무심을 즐긴다

—「마린테크」 전문

작품 「마린테크」는 부제 '삼척 새천년 도로 땅 밑'이 달려 있다. 아마도 바다가 곁에 바로 보이는 땅 밑에 자리 잡은 경양식집이거나 아이스크림 등을 먹을 수 있는 음식점, 또는 커피 등을 먹을 수 있는 그런 집일 수도 있다.

시인은 일망무제(一望無際)의 바다 햇살이 튀고, 너래 바위로 기어오르는 흰 파도의 소리, 그곳에 들어가면 계절이 바뀌는 것도 모를 일이다.

살다가 사는 게 벼랑인 날, 흐느끼고 울고 싶을 때 그 울음을 들키지 않기 위해, 바다의 파도에 흔들리고 싶을 때는 이곳을 온다는 시인의 솔직한 고백이다. 한번 가보고 싶은 곳이다.

달린다, 지구의 중심에서 땅끝으로
핏빛으로 응고된 오늘이 백미러로 들어선다
달린다, 푸른 늑골 사이사이 내일을 잉태한 모성이
하얗게 웃으며 질주를 따라온다

과거~ 지금을 통과한 시간의 소멸
다시는 돌아갈 수 없는 후회
지금~ 어제와 내일의 징검다리

혹은 어제의 열매 내일의 씨앗
미래~ 지금 향하고 있는 곳
혹은 희망이거나 꿈의 처소

생성을 잉태한 소멸의 환희에서 해산된 생명
그 선물의 신비
오늘의 정원에서 푸르게 자라나고
과거로부터 파생된 현재의 해체를 지나
미래로 진입하는 나의 자리는 늘
이탈과 진입의 행간이다.

—「이탈과 진입의 행간」 전문

작품 「이탈과 진입의 행간」을 읽어보면 적당한 애매성(Ambiguity)으로 인해서 작품의 깊이와 풍부한 상상력이 조화롭게 이루어짐을 볼 수 있다.[5] 이 작품은 표제시(標題詩)로서 시인이 그 어떤 마음을 담고 쓴 시라고 보여진다.

우리가 작품을 읽을 때 그 작품에 들어 있는 내용과 이미지의 형상화 언어의 신선감(新鮮感) 등을 느끼게 되는데 최정규 시인은 이 작품을 통해 표출하고자 하는 생각이 무엇인지 찾아볼 수 있었다.

시인은 차를 운전하면서 앞에서 지나가는 현재의 일들이나 좌우 주위의 풍경이나 상황이 백미러에 들어섰다가 질주하면 멀리 따라오고, 과거에서 지금까지 시간의 소멸들, 오늘 이 시간 이 시점에서 지나간 시간은 다시는 돌아올 수 없다는 것을 느낀다. 시인은 미래가 지금으로 돌아온다는 것은 꿈이거나 희망이라고 생각한다.

5) 박영교, 『문학과 양심의 소리』(도서출판 대일, 1986), p.69

이 세상에 새로 태어나는 것, 그리고 소멸한다는 것에 대한 신비로움과 환희, 그리고 과거로부터 현재를 지나 미래로 진입하는 일에 대해 시인은 항상 환희와 신비로움으로 살아가고 있음을 이 작품을 통해 보여주고 있다.

죽어서도 눕지 못한 갈대
칼바람에 휘둘리다 찢은 하늘이
잿빛 무게 버티다 하얗게 무너진 날
표백된 세상에서 일탈한다

햇살 풀리면 사라질
안개 같은 우리네 삶이

헛된 날들의 수고 개켜두고
하늘 열차 타고 떠난다

도시의 밀림을 빠져나와
자우룩하게 설레이는 설화 숲 지나
태초의 신비경으로 자꾸 오르면
천년이 하루 같은 새 하늘나라
목숨보다 나를 더 사랑하신
임을 만날 수 있으려나.

―「눈 오는 날의 소묘」 전문

작품 「눈 오는 날의 소묘」는 그 첫 행, 첫 연을 잘 뽑아내고 있다. 시의 첫 행은 신(神)이 자연(自然)으로부터 시인에게 주어진 것이고 그 나머지는 그가 자기 힘으로 발견해 내는 것이라고 폴 발레리는 말하였

다. 이는 훌륭한 시(詩)는 첫 행이 영감으로 얻어진다는 것이다.[6] 그리고 그 작품이 훌륭한 작품이 되기 위해서는 시인이 각고의 노력과 갈고닦음이 없이는 이루어질 수가 없음을 말해주고 있는 것이다.

이 작품은 4연으로 구성한 작품인데 첫 연을 잘 뽑아내어서 눈 오는 날의 서정을 한껏 느낄 수 있어 작품을 잘 풀어나가고 있다. 둘째 연으로 넘어오면서 삶에 대한 언어, 즉 인간은 잠깐 왔다가 사라지는 안개와 같은 삶을 표출하고 있다. 세 번째 연은 상상의 나래를 펴고 하늘 열차를 타고 떠나는 여행길을 비유적으로 표현하고 있다.

마지막으로는 도시의 밀림, 설화의 숲, 태초의 신비경, 천 년이 하루 같은 새 하늘 새 세계가 펼쳐지고, 목숨보다 나를 더 사랑하신 님을 만날 수 있을 것으로 생각하는 시인의 노래이다.

시인 조지훈은 “시인(詩人)을 통하여 창조된 시(詩)는 제2의 자연”이라고 하였다. 그만큼 시인이 표현한 사상이나 감정을 높은 차원의 아름다움으로 인정하고 승화하려고 하였다.[7]

비로 열린 3월이 흠뻑 젖는다
찌뿌듯한 하늘이 몸 푸느라
뒤척일 때마다 쏟아지는 수액이
곤히 잠든 땅 두드려 생명을 깨운다
씨앗 터져 싹 틔우고
기다림으로 서성이는 마른 삭정이
감감한 시간의 관절을 적신다

좀체 자리 비워줄 일 없을 듯

6) 박영교, 앞의 책, p.86
7) 박영교, 『시와 독자 사이』(도서출판 청솔, 2001), p.255

성천으로 쌓인 하늘 잔해 지우며
봄에게 돌려줄 땅 찾던 햇살
구름 덮고 잠들어 있다
텃새도 철새도 그리 잠이 들었나 보다

마른 우듬지에 걸린 하늘
잿빛 깊이 헤아림이 안 되는
명랑이라고는 없는 우울한 길목
비를 통째 마신 매화나무
젖은 어깨 일으켜 웃음 망울을 돋운다

나도 젖는다
내 안에 말라 있는 오래된 믿음
잠들어 있는 기도
3월의 비에 틔워 부활을 준비할 일이다.

—「3월, 비에 젖다」 전문

작품「3월, 비에 젖다」는 메말라 있는 땅을 두드려 잠자고 있는 생명을 깨우고 씨앗을 터뜨려 싹 틔우고 모든 마른 관절까지 적신다. 그리고 맹숭한 나무들, "비를 통째 마신 매화나무" 젖은 가지들에서 꽃망울을 준비하고 시인 자신의 내 안에 말라 있는 믿음, 잠들어 있는 기도, 3월의 비에 부활을 준비해야겠다는 노래이다.

최 시인이 교회 권사여서 작품 곳곳에 크리스천 냄새가 묻어 있고 살아 있는 생생한 내용이 또한 그것을 뒷받침해 주는 것 같다.

꽃 계절이 내 안에 눕더니
고열로 도져

링거 줄에 묶여버린 일상

분분하던 꽃소식
훠얼 훨 나비로 날아간 자리
자리마다
파과지년(破瓜之年)의 유두 같은 풋열매 맺고

봄 앓이 하는 동안
출력된 연둣빛 소식들이
자자하게 나 걸려 있다

치유된 계절이
살 오르는 햇살 포식하며
무한 창공으로 날아오른다
봄날의 화창한 바이러스가 된다.

—「몸살」 전문

사람들 중에는 봄을 타는 사람이 있고 가을을 타는 사람이 있다. 특히 봄을 타는 사람은 봄이 되면 입맛이 없고 밥이 당기지 않으며 시름시름 앓아 자리에 눕는다고 한다.

작품 「몸살」은 시인이 꽃이 피는 봄날 계절병에 걸려 고열로 링거를 꼽고 일상을 보낸 것을 작품화하고 있다. 작품 「이탈과 진입의 행간」도 마찬가지이지만 미래에 대한 시간적 상황을 민감하게 다루고 있는 작품이다. 작품 속의 파과지년(破瓜之年)도 마찬가지이다.

우리가 시간 문제를 논할 때 과거보다 더욱 중요한 몫을 차지하는 것이 미래(未來)다. 우리 자신의 의식 자체가 과거보다는 미래(未來)에 더욱 깊이 연결되어 있다. 물론 우리는 과거를 회상하고 현재의 경험에 매달리는 면을 가진다. 그러나 일상 우리가 영위하는 생활은 그보다 더욱 큰 진폭(振幅)과 강도(强度)로 미래에 대한 희망(希望)과 불안(不安)을 가진다.[8)]

꽃소식에 나비 날고 그 자리마다디엔 16세 처녀의 유두 빛 같은 풋열매 달리고 그런 연둣빛들이 시간이 지나는 동안 자자하게 변해 있다. 치유된 자신이 햇살을 받으며 무한 창공으로 날아오르고 나는 봄날의 바이러스가 된다고 한다.

이상에서 최정규 시인의 작품을 읽어 보았다.

우리가 살아간다는 것은 우리 자신의 힘으로도 안 되고 자연의 힘도 아니라는 것이며 우리를 보호하며 저 위에서 계산하는 분이 있어 계산하고 계신다는 것을 항상 알고 있어야 할 것이다.

최정규 시인의 작품 속에는 우리를 구속하시고 주관하신 이의 배려가 작품 구석구석에 숨겨져 있어서 그가 신(神)의 가호를 의식하고 있음을 독자들은 잘 알고 있다.

시집에 실린 작품을 통해 보면 최정규 시인은 강원도를 사랑하고 고향을 사랑하고 삼척을 누구보다도 더욱 사랑하는 시인이다. 그래서 시인이 쓰는 시적 소재는 강원도를 소재로 삼척을 소재로 고향을 소재로 쓰고 있다.

고향의 후배 시인을 키우기 위해 늘 고생하고 노력을 아끼지 않으면서 꾸준한 작품을 생산해 내고 있는 최정규 시인 그는 삼척 어느 곳이라도 작품 속에는 늘 심고 있으며 바닷가 비릿한 냄새와 같은 끈끈한 믿음의 냄새도 작품 속에 키우고 있음을 늘 볼 수 있어서 크리스천이

8) 김용직, 『현대시 원론』(학연사), p.155

라는 이름을 항상 지니고 살아가는 시인이다.

우리가 작품을 읽으면 항상 젊음을 유지하고 있는 시인은 드물다. 연륜을 더할수록 작품의 영감이나 그 소재가 함께 고태의연한 작품으로 전락하기 쉬운 것이 보통이다. 그러나 최 시인은 연령에 따라 전과 다른 눈으로 보기 때문에 그의 예술의 소재는 끊임없이 갱신되고 있으며 새로운 것에 도전하는 시인이기도 하다. 앞으로도 꾸준한 좋은 작품을 발표하고 훌륭한 시집을 상재(上梓)해 주기를 바란다.

| 한계순 제2시집 해설 |

그리움이 깔린 조용한 갈참나무 같은 싱싱한 시

한계순 시인 자택 들어가는 입구에는 천연기념물 제285호 갈참나무 한 그루가 서 있다. 한계순 시인은 항상 이 갈참나무를 보면서 살아가는 시인이다. 그는 이 갈참나무와 같이 싱싱하고 살아 움직이는 시를 발표해 왔다. 그리고 그는 늘 소녀 같은 마음으로 살아가는 작품을 구사하고 누구도 생각할 수 없는 시를 구사하는 시인이다.

한계순 시인은 2011년 9월에 첫 시집 『또 하나 얻어진 나이테』(도서출판 천우 刊)를 출간하고 이제 두 번째 시집 『그리움을 줍다』를 오랜 고심 끝에 탈고하였다.

작품 대부분은 첫 시집 작품을 벗어나서 좀 더 단단해진 작품들이며 호흡도 길고 작품에 자신감이 생겼을 뿐만 아니라 스스로 작품의 실마리를 풀어나가는 품이 작품의 성숙도를 생각할 수 있게 한다. 우리가 살아 생활하고 일을 하는 동안 사물에 대한 감동으로부터 영감을 얻어 시를 쓰게 되며, 그 감동은 마음속 깊은 곳에서 파도처럼 밀려오는 순

수한 열정을 안고 오는 파도소리와 같은 형상일지도 모른다.

한계순 시인은 다른 시인과 달리 그가 생각하는 이미지 구상이 기발하다. 한 시인의 시적 감동은 어떤 사물을 유심히 보는 관점에서 얻어지는 폭포와 같은 이미지를 쏟아내는 것이 그의 시적 감동의 유일성이라고 할 수 있겠다.

시(詩)는 시를 쓴 그 시인의 인격이며 얼굴이다. 또한 그의 정신과 삶 그 자체(自體)이기도 하다. 왜냐하면 우리가 사용하는 언어생활, 지적 정신생활, 일상의 표현 등 그 모두가 우리 삶 속에서 우러나오는 것으로 곧 우리의 언어요, 시인 것이기 때문이다.[1)]

한계순 시인의 제2시집 『그리움을 줍다』는 전 4부로 나누어 싣고 있다. 제1부 '여울목' 21편, 제2부 '그리움을 줍다' 20편, 제3부 '억새가 사는 이유' 21편, 제4부 '흘러가야 한다' 22편, 전 작품 84편을 싣고 있다.

작품 한 편씩 보면서 그의 작품 속에 흐르고 있는 이미지와 내용 전반에 걸쳐서 훑어보도록 한다.

꽃이 내려요
새하얀 꽃들의
넋이 내려와
삭막한 세상에
은빛 꽃을 피워요

잊혀진 첫사랑도
사뿐사뿐
발꿈치 들고 돌아와
새하얀 미소로

1) 박영교, 『시조 작법과 시적 내용의 모호성』(도서출판 천우, 2013), p.137

손짓해요

꽃으로 살다
꽃처럼 사랑하고
꽃잎 되어 떠나가면
그리움 내리는 밤
눈꽃으로 피나 봐요

—「눈」 전문

한계순 시인의 작품은 늘 자연과 함께하고 있으며 또 하나 항상 함께하는 것이 있는데 그것은 그리움이다. 자연을 사랑하지 않는 시인이나 일반 사람들이 없지 않겠지만 그의 삶 속에 꿈틀거리고 살아 오르는 것은 바로 자연이며 그것을 그리워하는 그리움이다.

이 세상, 삭막한 세상에 흰 눈이 내려 꽃을 피우고 있으며 잊혀진 첫사랑의 이야기도 발꿈치 들고 사뿐사뿐 걸어오는 미소로 눈 내리는 소리를 표현하고 있다. 그리고 그것은 그리움으로 변신하여 밤을 지나 새벽에는 설화로 피었음을 표현하고 있다. 날이 추울수록 눈은 마른 가지에 붙어서 오래도록 설화로 남게 되며 그것은 그리움으로 변신하여 꽃으로 화신이 되는 것이다.

무얼 바라고 무얼 얻으려 하는가/
알아주기를 원하고/
사랑받기를 바라는가/
내가 나눠주고/
내가 사랑하면 그만이지/
허허/
세상사 호락호락하지 않으니/

하늘 아래서 못 얻으면/
하늘 위에서 얻으려니 믿고/
그래/
남은 길/
웃으며 천천히 걸어가자

—「허허 그래」 전문

한계순 시인이 사랑에 대한 지론을 이 작품을 통해 피력(披瀝)하고 있는 듯하다. 사랑받기 위해 남을 사랑하는 것이 아니라 내 자신이 사랑하면 그것으로 나눠주면 그만이지 뭐 그리 바라는 것인가? 내가 사랑하여 그것으로 만족하면 그만이고, 그것을 이승에서 얻지 못하면 저 세상에서 얻으려니 믿고, 남은 세상을 천천히 살아가자고 언급하고 있다. 사랑이란 사람의 힘으로 강제로 얻어지는 것이 아님을 한계순 시인은 잘 알고 있는 것이다.

누구는 복잡한 가슴
비워볼까 찾았고
누구는 빈 가슴
채워볼까 찾아온다

누구는 차창 안에
고성방가 풀어놓고
누구는 계곡 물에
찌든 삶을 풀어낸다

누구는 세상이
싫어서 숨어들고

누구는 세상이
부끄러워 숨어든다

첩첩한 번뇌 안고
떠도는 나그네
합장한 샘물에
심보나 헹궈서

염불하는 바람결에 말려서 가소

—「백담사」 전문

우리는 살아가면서 마음의 염원이 있을 땐 조용한 사찰이나 교회를 찾아 자신의 의미를 기도하며 마음의 안정을 갖는다.

마음을 비우기 위해 찾을 수도 있고 가난한 마음을 채우기 위해 도량을 찾을 수 있다. 어느 것이나 마찬가지로 고려할 수는 있겠으나 세상을 살기 싫어서 찾을 수도 있고 세상에 자신을 내놓기가 부끄러워서 그곳을 찾을 수도 있는 것이다. 그러한 마음의 번뇌를 안고 살아가는 것 또한 삶의 한 방식일 수도 있으며, 자신의 아픈 마음이 가람의 바람소리에 젖어서 다시 삶의 힘을 얻어 나갈 수 있는 길이 될 수도 있는 것이다.

한계순 시인의 「백담사」는 누가 읽어도 공감이 가는 작품이라고 할 수 있겠다.

날마다 귀한 분을 만나
작은 속삭임으로
큰 울림을 듣는다

침묵의 깨우침에는
잠든 세포가 눈을 뜨고
여명의 기지개 찬란하다

깨알 같은 언어를
달군 가슴에 달달 볶으면
혜안 가득 진액이 나오고

찾는 만큼 보이고
보는 만큼 얻어지는
딱 그만큼만
허락되는 지혜의 원천이다

—「책」 전문

세상에서 가장 큰 지식의 보고는 책이다. 옛날에는 자신이 원하는 책 한 권을 사기 위하여 서울에 유명 서점을 뒤지고 다니거나 옛 고서를 찾기 위해 청계천 고서점이나 인사동 골목을 휩쓸고 다니면서 어렵게 얻은 책을 밤새워서 읽은 적이 있었다.

이제는 인쇄술이 발달하여 누구나 자기가 쓴 이야기나 자신의 시를 작품화하여 원하는 대로 책으로 발간할 수 있어서 책의 홍수시대, 범람하는 책의 물결 속에서 보물 책이 어떤 것인가를 선별하여 가리기가 힘든 시대가 왔다.

한계순 시인은 책을 통해 우리들의 지혜가 자라고, 귀한 분을 만나 대화하며 침묵의 깨우침을 준다고 했다. 작은 글씨 하나에도 그 속에서 진액이 나오고 혜안을 갖게 하며, 독서를 통해 내 자신이 찾는 만큼, 보이는 만큼 지혜를 축적해 갈 수 있다고 한다.

저무는 언덕에는
안개 닮은 그리움이 자욱하다

숱한 생채기 달래며
묻어놓은 비애가
서걱대며 보채는 해거름

척박한 삶이 펴 올린
뽀얀 미소는
외로움을 초월한
침묵의 언어이며
못다 한 사랑의 고백이다

한사코
뜨거움만이 연정이 아니라고
빛바랜 유혹으로 손짓하며
바람의 길목을 서성이는 나를 본다

—「억새꽃」 전문

한계순 시인의 작품 「억새꽃」에는 슬픔이 가득한 삶의 원천이 서성이고 있는 것을 볼 수 있다. 억새꽃은 오랜 세월 동안 허옇게 퍼뜨린 안개꽃이다. 바람이 불면 부는 대로 날아가며 안개처럼 흩어지는 꽃이다.

우리의 삶이 척박한 삶일지라도 그의 삶은 외로움을 머금고 살아가는 초월의 언어이며 다 못한 사랑의 고백이라고 할 수 있다. 빛바랜 머리를 하고 차가운 연정으로 길목의 언덕에 서서 사람들의 이름을 부르고 서성인다.

저 어둠의 장벽에서
솟구쳐 오르는 재앙의 불길을

저 죽음의 땅에서
굶주려 헤매는 민족의 눈물을

저 살인마의 시커먼
뱃속에 들어찬 테러의 맹독을

저 집요한 독재의 세습에
희생당해 구천을 떠도는 넋들을

저 자유의 갈망에 목숨 건 탈북자의
피 맺힌 망향의 한을

하늘이여
하늘이여
정녕 민심이
하늘의 마음이거든

—「보았나요」 전문

전 세계에서 유일한 분단국가의 아픔을 한계순 시인은 노래하고 있다. 어둠의 장벽에서 오르는 재앙의 불길, 이 풍족한 삶 속에서도 유일하게 백성들을 배곯아서 굶주려 헤매는 동족의 아픔을 외면하는 김일성 족속들, 저 집요한 독재정치 속에서 탈출해 넘어오는 우리 동족의 아픔을 시인은 그냥 볼 수 없는 듯 탈북민들의 아픔을 노래하고 있다. 하늘은 민심을 그냥 보고만 있지 않을 것이며 푸른 하늘은 항상 하늘을 우러르는 사람들의 것이라는 것을 말해 주고 있다.

새벽 찬 이슬에
해 질 녘 논두길 누비며
벼 이삭 사이로
손보다 빠르게 튀는
눈치가 백단인 놈들을
진땀나게 잡았지
양파 망 속에서 난리치는 놈들을
짠하지만 사정없이 쪄버렸어
살랑대는 갈바람에
발갛게 건조되어 엄청 고소하네
주말에 오는 손자 녀석들 먹이려고
자연산 영양식 준비했지
도시에서 신나게 온 어여쁜 그 녀석들
얘들아 맛난 것 먹자
바구니 들고 양지쪽에 앉았다
우와 신난다
피자야?
치킨이야?
에 잉! 벌레잖아
이건 맛있는 메뚜기란다
냉큼 한 마리 보란 듯이 냠냠
으아 할머니 야만인이다
손자 녀석들 기겁하여 도망친다
쯧쯧

—「잃어버린 맛」 전문

작품「잃어버린 맛」은 요즘 아이들에게 그 옛날 메뚜기를 잡아서 동솥에 불을 지피고 볶아먹던 시절을 말해주고 있는 상황의 시다. 우리들 어린 시절 누런 벼이삭 위로 뛰어다니던 그놈들을 잡느라고 해 지는 줄 모르고 잡던 계절의 이야기다. 지금도 오일장 마당에 나가면 그들을 볶아가지고 조금씩 나오는데 값을 물어보면 매우 비싸게 부른다. 지금의 아이들은 그것들을 직접 볼 수 없고 제약회사에서 가공하여 아이들을 성장시키는 약으로 나온다. 아이들이 먹고 자라나는 원동력이 되기도 하는데 지금의 아이들은 그것을 모르고 자란다.

한계순 시의 중하반부에 보면 아이들에게 메뚜기 영양식을 준비했지만 도시에서 피자나 치킨을 먹고 자란 아이들은 그저 할머니를 “야만인” 취급하면서 도망친다.

야. 이 망나니 도둑놈아
영역을 넘었잖아

불법이 아니라고 밤마다
내 소박한 사랑을 훔치고
얄미운 발자국만 남기냐

싹둑 잘린 상처는 어쩌라고

그 맑은 눈동자
이젠 믿을 수 없어
미움을 엮어 울타리를 칠 거야

—「고라니」 전문

시인이 영주문예대학 수업시간에 발표한 작품이다. 그 얼마나 기발한 이미지인가? 사람이 살아나가는 상황 속에서 수많은 좋은 작품들이 쏟아져 나올 수 있다는 것을 이 작품을 통해 알 수 있다. 우리가 살아나가면서 유심히 보면 무엇이든 다 작품의 소재가 된다는 것을 직간접적으로 나타내는 작품이다. 조금만 더 생각해 보면 좋은 아이디어가 나올 수 있는데 아무 생각 없이 사물을 보고 넘기니 이런 작품이 나오지 않는 것이다.

고라니가 귀엽고 맑은 눈동자에 항상 자연을 가득 담고 다니는 동물이라는 생각은 우리만의 생각이다. 시의 마지막 연을 읽으면서 시인의 생각, 시인의 깨끗한 마음 등을 엿볼 수 있어 좋다. 이 작품에는 "미움을 엮어 울타리를 칠 거야" 이 한 구절이 작품 전체를 좌우하고 있다. 물론 다른 구절도 좋지만….

그런 눈빛으로 유혹하면 어쩌나/
까만 고독의 면전에서/
너무 야하게 분칠을 했잖아/
그 간드러진 미소에 /
바윗덩어리도 상사병 들겠어/
안으려면 외면하고/
돌아서면 안달하는 내숭쟁이/
매화꽃 안고 엔간히 희롱하더니/
엄동의 앙상한 나목에 앉아/
한 폭의 외로움을 그리네/
성에가 붓질하는 창 너머/
환하게 그리움을 걸어놓았네/

—「달님」 전문

한계순 시인의 작품 「달님」은 모든 사람들이 다 쳐다보면서 사랑하는 달을 보며 생각하는 사람들의 각각의 마음을 표현한 시라고 볼 수 있겠다.

달을 쳐다보면서 소원을 비는 사람도 있을 것이고 염원을 고하는 이도 있을 것이며 그리움을 호소하는 사람들도 있을 것인데, 한계순 시인은 고독 · 그리움 · 외로움 등을 이야기하면서 마지막으로는 앙상한 겨울나무 가지에 외로움을 그리고 그리움을 걸어놓는 것으로 달님을 보고 있다.

한세상 준비에 익숙한 삶
미래를 준비하고
자식의 장래를 준비하고
마지막 노후준비를 하고 나서
모두 이루었다고 안도했다
어느 날 점점 빨라지는
나이의 속도가 최후를
준비할 숙제로 다가왔다
알맹이의 갈 곳은 예약되어 있으나
알뜰히도 써먹은 껍데기지만
그냥 버리기는 아깝다
흙으로 돌아가고
혹은 한 줌의 재가 되기 전
하늘이 내린 살신성인은 못 되어도
쭈그러진 빈 몸뚱이나마
재활용이 되고 싶다
혹여 누군가의 생명에 보탬이 된다면
그 얼마나 값진 죽음이겠는가
살아서는 재능기부
죽어서는 시신기증
이것이 참된 보시요

헌신이라 믿기에~

—「초월」 전문

우리가 평생을 살면서 이 세상에 남기고 가는 것이 무엇인가? 사람은 이름을 남기고 호랑이는 가죽을 남긴다고 했다.

한계순 시인은 작품 「초월」을 통해 많은 사람들 앞에서 이러한 일을 했으면 좋겠다는 생각을 피력한다. 평범한 사람들은 미래를 준비하고, 자식의 장래를 준비하고, 마지막으로 자신의 노후를 준비한다고 한다. 살아서 자기가 갖고 있는 모든 재능을 이 세상 사람들을 위해 다 쓰고 난 다음 마지막으로는 한 줌의 흙으로, 한 줌의 재로 돌아가기 전 자신의 시신을 그렇게 아무 쓸모없이 버리지 말고 죽어서도 참된 헌신을 하자는 것이 한계순 시인의 지론인 것이다.

야들한 비단 폭
곱디곱게 물들여

구름솜 사려 넣어
원앙금침 수놓아

추풍에 먼 길 돌아오신
임의 밤을 쉬게 하리

—「노을」 전문

작품 「노을」에 대해서 한계순 시인은 자유시로 쓴 것인지는 모르지만 이 작품은 완벽한 단형시조의 한 수(首)이다. 현대시조의 양상은 그

옛날 고시조와는 달리 자수율만 가지고 언급하지 아니하고 음보율을 함께 곁들여서 율격을 조율함으로서 시조에 대한 그 운신의 폭이 매우 넓어졌다고 하겠다.

노을의 빛깔과 그 아름다움을 비단 폭에 비유하고 있으며 그 비단으로 원앙금침을 만들어 님의 밤을 편안하게 쉬게 하겠다는 한 시인의 생각이다.

애증의 파도가
아름다운 줄
퍼런 멍이 들고서야

밀밀한 모성이
영롱한 줄
진주알 품고서야

잔인한 뙤약볕이
사랑인 줄
소금이 되어서야
알았네

—「바다」 전문

작품「바다」도 단형시조의 형태를 품고 있는 작품이다. 자수율과 음보율을 겸하여 보면 자수가 좀 넘어서도 시조로 수용할 수 있을 뿐만 아니라 언어의 쓰임과 종장처리를 보면 시조의 격조를 알게 된다. 시조에서 초장, 중장도 중요한 역할을 하지만 종장의 역할이 가장 중요함은 강조하고 또 강조해도 부족하다. 시조의 종장은 비유하자면 한복 주름치마의 말기와 같은 역할을 한다고 했다.

한계순 시인은 시퍼런 바다를 보면서 파도, 퍼런 물결, 아프면서도 품고 있는 전복의 진주알, 잔인한 뙤약볕, 소금 등을 통해서 사랑이 무엇인가를 새삼 깨닫게 되고 느낌을 얻는다는 것이다.

머나먼 하룻길이
어이 그리 힘겨운지

이끼 낀 주름 사이로 번지는
회한의 물결 따라
텅 빈 쪽박이 맴을 돈다

혼자만 가는 곳은 아니지만
홀로 가야 할 지독한 고독

내가 너무 오래 살았다
입고 갈 옷은 우예노

낡은 뼈 동이고 갈 삼베옷
먼 옷 챙기시는 어머니

가슴에 묻어둔 애물단지는
어이 쏟고 가시려나

—「수의」 전문

문학은 인간이 살아가는 길이라고 생각한다.

문학은 사람이 살아가는 길에 뜨겁고 눈물이 있는 정원의 꽃 향이거나 또는 춥고 삭풍이 부는 날 따끈한 희망을 주는 내용이거나, 아니면 어려운 세상살이에서 보석 같은 언어로 사람들에게 삶의 활력소를 부

여해 정신의 혼을 건져 올릴 수 있는 것이 문학의 힘이며 우리들에게 비춰지지 않는 정체성(Identity)을 잡아내어 일깨워 주는 것이 문학이라고 생각한다.[2)]

한계순 시인은 작품「수의」를 통해 사람이 살아가는 길이란 무엇인가를 말해주고 있다. 혼자 가는 길이지만 그 고독 속에서 혼자라도 입고 가야 할 수의를 걱정하면서 살아가는 아픔을 쏟아놓고 있다.

사랑하기에
엄동에도 식을 수 없었고
아지랑이 유혹에도
졸지 않았다

간절하기에
밟혀도 누울 수 없었고
목이 타고 배고파도
울지 않았다

모정이기에
옹차게 허리띠 졸라매고
바람의 분탕질에 흔들려도
꺾이지는 않았다

보람이기에
서둘러 금빛 바다 출렁이고
보릿고개 넘던 어머니

---

2) 박영교, 앞의 책, p.149

노랗게 웃고 있다

—「보리밭」 전문

요즘 아이들은 보릿고개를 모르고 살고 있으니 얼마나 다행인가? 그 보릿고개를 없애기 위해 박정희 대통령이 필리핀 마르코스 대통령에게 그 수모를 당하면서 얻어 온 볍씨로 통일벼를 만들었던 것이다.

한계순 시인은 작품 「보리밭」을 통해 지난날 아픔과 오늘날 그리움을 함께 나타내고 있다. 엄동설한에도 푸르게 자라 올라 간절한 그 마음은 밟혀도 살아 오르고 또 살아 올라 배고픈 우리 허기를 채우고 또 삶의 풍성한 방귀도 뀔 수 있게 만드는 보릿고개, 지금은 웃고 넘길 수 있는 고개일 것이다.

니들은
아직도 화들짝 놀라는구나

노랗게 물오른 들판에
한철 북적대던 소박한 전쟁
그 긴장의 싸움에서 이겨
수백 마리 포로를
헝겊 자루에 담아
의기당당 돌아오던
그날에도
산그늘은 내리고
늦바람난 쑥부쟁이
희뿌옇게 헤실대고 있었지

—「논길에서」 전문

앞에서도 언급했지만 메뚜기를 잡아서 반찬으로 해 먹던 시대, 간식으로 볶아먹던 시절이 있었다. 많은 메뚜기를 잡아서 솥에 쪄서 말리고 그것이 돈이 되던 시대였다. 시인은 그런 시대를 겪어왔고 배고픈 시대의 아픔에도 살아온 사람이므로 그 모든 어려움을 이겨내는 힘도 있는 것이다.

한계순 시인은 자기 작품에 대해서 애착을 갖고 열심히 쓰는 시인이다. 시인이 자기 작품에 대해서 역사의 심판 앞에 겸허히 서는 것도 서는 것이겠지만 그 이전에 시인은 자신의 작품에 대해 얼마나 최선을 다했는가, 얼마나 진실하게 마음을 쏟았는가를 한 번쯤 짚어보고 넘어가야 될 줄 안다.[3)]

어둠이 서두르는 산골마을
굴뚝마다 피는 매캐한 연기 골목을 감돌아
아이 부르는 엄마들의 목소리 어우러져 정겨웠다
골목을 누비며 숨바꼭질하다가 시장기가 돌고
삼베 적삼에 젖은 고단을 알 길 없는 철부지들
칼국수 미는 엄마 옆에 붙어 앉아
"국시 꼬리 많이 줘 잉."
쪼르륵거리는 배에 군침을 삼켰다
"앵! 다 썰었네." 눈물이 핑 나도록 속상해하면
"다음에 남겨 주마. 오늘은 반죽이 적어서."
쓴 미소 짓는 엄마가 약속했다
아궁이 불에 구우면 풍선처럼 부풀어 바삭하고 고소한 국시 꼬리
그 맛의 추억을 잊을 수 없다

—「그리움을 줍다」 일부

---

3) 박영교, 『문학과 양심의 소리』(도서출판 대일, 1986), p.100

이 작품은 한계순 시인의 표제시(表題詩)이다. 이 작품은 호흡이 길어서 전작을 싣지 못하고 작품 전반부만 싣고 작품 전체를 감상하고자 한다.

전반부는 그 어렵게 살던 시대, 저녁때가 되면 부엌에서 암반을 펴고 홍두깨로 반죽을 밀어 손칼국수 면을 만드는 어머니 옆에 앉아 칼국수 꼬랑지를 얻어 아궁이 불에 넣어 구워 먹던 이야기를 작품화했다.

그리고 전기가 들어오지 아니한 고향집 호야불을 걸어두고 오빠에게 무시무시한 이야기의 실마리를 들으면서 그 옛날 추억을 떠올리는 시인의 마음, 오늘은 어머니가 애호박을 넣고 손칼국수를 해주던 때를 생각하며 그때 그 감정으로 손칼국수를 해 먹고 싶은 심정을 작품화하고 있다.

아마도 모르긴 하지만 공민왕의 도루묵의 국을 먹는 그런 느낌이 아닐까 싶다.

마지막/
미움까지/
사랑할 수/
있도록/
저 하늘/
끝자락/
노을/
한 동이/
퍼다가/
퍼런 가슴/
붉게/
물들이고/

싶어라

—「마음」 전문

한계순 시인의 작품「마음」 속에는 무엇이 들어 있을까?

지금까지 살아가면서 마음속에 숨어 있던 여러 가지 겪었던 일들을 미움으로 놓고 있는 것들이 사랑으로 변화할 수 있도록 저녁노을 붉게 물든 한 동이를 퍼서 내 마음을 변화하게 만들고 싶어 하는 시인의 본심을 표현한 것이다.

너무 깊어
볼 수가 없었고

너무 높아
잡을 수도 없더니

세월의 깊이만큼
내려가고

나이의 높이만큼
올라가니

이제 보이네
하늘과 바다가

그 주름 속에
타고 있는

뜨거운 사랑이

눈부시네

—「어머니」 전문

한계순 시인의 어머니에 대한 존경과 사랑이 들어 있는 작품이다. 그는 이 작품 외에도 어머니에 대한 작품은 몇 편 더 있다. 작품「사랑의 바다」도 같은 맥락에서 쓰여진 작품이다.

너무나 깊고 너무나 높아서 그 사랑은 보이지 않았으나 나이가 들면서, 자식을 키워보면서, 세월의 깊이를 더해가면서 보이는 어머니의 사랑을 따스하게 표현해 놓았다.

어버이의 넓고 높은 사랑을 측량할 수 없을 만큼 느끼는 때는 부모님이 돌아가신 후라고 한다. 그래서 후회스러움을 마음에 간직하게 된다. '수욕정이풍부지(樹欲靜而風不止), 자욕양이친부대(子欲養而親不待)[4]–나무는 고요하려 하나 바람이 그치지 않고, 자식은 봉양하려 해도 어버이는 기다려 주지 않는다.'는 고사성어가 떠오른다.

완벽하면
그건 사람이 아니지
모자람의 빈자리에
긍정의 뿌리를 내리자

척박한 맘 일구어
진실의 땀 뿌리고
서리 내린 이랑에
늦은 씨알 심어도

4) 韓詩外傳

괜찮아

서두르지 않아도
훈기 남은 서녘
노을은 붉게
내 안에서 영그니까

—「괜찮아요」 전문

사람이 산다는 그 길은 너무나 구절양장(九折羊腸)과 같은 길이라는 걸 한계순 시인은 잘 알고 있다.

수많은 시절과 어려운 삶의 굽이를 돌아 나와서 조상들이 정착해서 일궈놓은 지금 이곳에 정착하여 자녀들 교육을 잘 시켜서 훌륭한 가정을 일군 한계순 시인이다.

사람이 살아나가는 길은 완벽하지는 않지만 모자라는 것을 채워나가고 어렵고 척박한 땅을 일궈서 씨를 뿌려 농사를 지으면서 진실하게 살아가는 것, 좀 늦은 이랑이라도 씨앗을 뿌려 서두르지 않는 느긋한 삶을 살겠다는 시인의 계획이다. 너무나 빨리 빨리로 생활하다 보면 그리움이 그냥 지나가는 것을 한계순 시인은 느끼고 있는 것이다.

바쁜 도회의 생활 속에서 계절의 변화를 느끼지 못하는 사람들에게 자연에도 마음을 돌릴 여유를 안겨주는 것만으로도 괜찮은 생각이며, 서두르지 않고 그 변화를 마음속으로 느끼는 삶을 살고 싶어 하는 마음일지도 모른다.

생각에는 시간이 필요하다

순간의 생각을 따르면

어느 날
내가 왜 그랬을까
돌이킬 수 없는 날에
부끄러운 후회를 남길 수 있다

생각에는 목표가 중요하다

무작정 달리는 몸이면
어느 날
내가 왜 여기에 있지
돌아갈 수 없는 길에
안타까운 후회를 남길 수 있다

—「그렇구나」 전문

우리가 살아가는 일에는 항상 생각이 필요하며 그 생각은 신중해야 하고 후회 없는 생각으로 살아가는 목표가 충실해야 한다.

한계순 시인은 많은 삶의 영역에서 어려움을 겪어보기도 하고, 자기 자신이 한 일에 대해서 반성도 해본 경험이 있었던 것 같다. 살아가면서 후회 없는 생활을 했다면 그것은 완벽한 삶의 길이겠지만 목표 없이 살다 보면 자신이 걸어 온 길이 많은 안타까운 삶으로 후회할 수 있는 것이다.

다시 부끄러운 자신의 발자취를 보면서 돌이킬 수 없는 상황까지 왔을 땐 너무나 큰 후회를 하게 되는 것이다. '답설야중거(踏雪野中去) 불수호란행(不須胡亂行) 금일아행적(今日我行蹟) 수작후인정(遂作後人程)-눈을 밟으며 들길을 갈 때에는 모름지기 함부로 걷지 마라. 오늘 내가 남긴 발자취는 후세인들에게 이정표가 될 것이니.'라는 서산

대사의 시가 생각난다.

꺼지지 않는
불꽃

가치 있는
삶의 초석

지혜를 깨우는
모정의 음성

시간을 초월한
영혼의 울림

살아 있는
감성의 보고

소통하는
가슴의 열림

언어의 꽃
영장의 향기이다

—「문학은」 전문

한계순 시인은 작품「문학은」을 통해 문학을 짧으면서도 감동적이게 시적으로 정리하고 있다. 누가 이런 감동으로 자신이 느끼고 있는 문학을 정의할 수 있겠는가? 그것은 늘 살아오면서, 글을 써 오면서, 문학에 심취해 오면서, 함께 동거해 오면서 항상 잊지 않고 함께 생활해

와야만 이런 정의를 내릴 수 있는 것이다.

그는 문학을 삶의 초석, 모정의 음성, 영혼의 울림, 감성의 보고, 가슴의 열림, 영장의 향기로 정리하고 있지만 그 속에는 말할 수 없고 형용할 수 없는 그늘과 양지가 살아 꿈틀거리고 있는 것이다.

고이면 썩는 줄 알기에
실개울은 밤새워 노래 부르고
돌부리에 깨어져도 울지 않는다

멈추면 썩는 줄 알기에
바람은 비좁은 틈새도 차별 없이
정화의 풀무질을 쉬지 않는다

아
슬프게도 사람만이 더러는
마음을 가두고
욕심을 가두고
굳은 편견으로
새로운 물결을 거부하고
부정의 늪에서 허우적이며
순리의 흐름을 방해하고 있다

—「흘러가야 한다」 전문

작품 「흘러가야 한다」에서 보면 한계순 시인은 모든 사물이나 물, 그리고 사람들이 차고앉은 그 자리를 비롯한 모든 것들은 바람처럼, 흐르는 물처럼 순조롭게 순리로 흘러가야 한다고 했다.

바람은 사정없이 파고들어 아무 데나 그리고 무엇이나 파고들어서 새로운 물결로 만들고 바람은 사람의 비좁은 틈새도 마다치 않고 파고들어 정화시키는 흐름으로 변화시킨다. 모든 자연은 이렇게 변화해 가지만 슬프게도 유독 사람만 욕심으로 자신의 마음을 가두고 굳게 자신을 지키며 새로운 바람을 거부하며 부정의 늪에서 헤어나지 못하는 동물이다. 사람은 스스로 자신을 돌아볼 수 있어야 사람인 것이다.

칠백 년 인고를
아름드리 끌어안고

굽이치는 세파에도
줄기차게 지킨 뿌리

베풀고 가르치는
천연기념물 터줏대감

장엄한 기상에
부윤한 그늘 담아

사계절 솔기마다
박음질한 정성으로

아린 옹이에
겨우살이 터를 주고

휘어진 가지로
텃새들 품어주며

밀밀한 삶의 길목

타래 엮어 지켜주네

—「병산의 갈참나무」 전문

작품 「병산의 갈참나무」는 700년이나 살아온 병산의 지킴이 갈참나무에 대해 이야기하고 있다. 천연기념물 제285호로 지정되어 보호수로 오랜 세월을 아픔과 즐거움, 서러움도 함께 겪어왔으며 병산의 고향산천 모든 내력을 간직하고 있는 보호수 갈참나무이다.

좋은 작품은 어렵고 힘든 생활이나 삶의 절실함 속에서 쓰여진 것으로서 이런 작품들이 독자들의 마음과 정신을 사로잡는다. 아무리 좋은 미사여구(美辭麗句)도 그 속에 절실한 생활이 없고, 눈물과 한숨이 없고, 진실과 그것의 아픔이 없으면 공감과 공명을 얻어낼 수 없는 것이다.

한계순 시인의 작품 속에는 순수함과 열정이 숨어 있으며, 그리움과 지난날의 아픔이 살아 꿈틀거리는 그늘로 항상 물결처럼 출렁거리고 있다. 또 산그늘처럼 조용히 내려앉은 잃어버린 그림자들이 하늘거리고 있다.

시인의 마음속에는 큰 바다가 펼쳐져 있어야 하고, 때로는 높은 산도 우뚝 솟아 있어야 하고, 드넓은 푸른 평원과 골짜기, 모래바람이 몰아치는 사막도 깔고 앉아 있어야 한다.

그 사막에서 부는 모래바람을 맞으면서 인생을 생각하는 깊은 마음이 일고 그 깊은 골짜기를 빠져나오면서 얻어지는 삶의 진실을 이야기하며, 푸른 평원에 서서 하늘을 바라보며 먼 지평선에 넘어가는 노을을 그리면서 넓은 바다를 주름잡으며 밀려오는 고된 삶의 파도소리와 그 파도가 해변의 석벽에 부딪쳐 부서지는 물결의 파편을 보면서 인생

에 대한 아픔의 진실을 나눌 수 있는 생활이어야 한다.[5)]

한계순 시인의 제2시집 속의 원고는 첫 시집 내용보다 그 보법이 묵직하면서도 좀 더 성숙된 이미지 구상과 단단한 생각의 진실이 담겨져 있으면서도 작품 골격이 탄탄하다.

작품은 그 시인이나 작가에 있어서 살아 있는 영혼의 꽃이다. 그러므로 시인들은 자기 작품에 대해서 어디까지나 책임을 져야 하기 때문에 퇴고와 번민을 꾸준히 하지 않으면 안 된다.

한계순 시인의 제2시집 출간을 축하하며 앞으로 더욱 좋은 작품을 써서 독자들에게 보답하기를 바라 마지않는다.

---

5) 박영교, 『시와 독자 사이』(도서출판 청솔, 2001), p.223

| 홍문표 시집 해설 |

고향의 서정(敍情)과 참신(斬新)한 비유(譬喩), 그 순수(純粹)함의 시(詩)

홍문표 시인은 삼척이 낳은 훌륭한 시인이다. 그는 지금도 고향을 지키며 사랑하며 살아가는 향토 시인이다.

홍문표 시인과 필자와의 인연은 월간『문학세계』2010년 8월호에 시인의 작품 심사를 맡으면서 알게 되었다. 그 이후 그의 문학 여적(餘滴)과 삶의 자적(自適)을 가끔 소식을 접할 기회가 있었으나 서로 간 바쁜 삶의 길 안에서 만날 기회가 없었다가 본 시집 해설을 하면서 또 다시 인연의 끈을 만들게 된 셈이다.

홍문표 시인의 출세작인 작품「골목길」,「설야」,「봄」,「소나기」,「산다는 것」등의 작품을 심사하여 당선작품으로 올린 기억이 있다. 그의 작품 세계를 한마디로 응축해서 말하기는 어려우나 앞으로 열심히 살아가고 또 열심히 작품을 창작하는 상황인지라 지금 표현되고 있는 시의 세계는 고향 사랑과 삶의 흔적 표현으로 대부분의 작품들이 서정적인 정의(情誼)를 함께 지니고 있어 독자들에게 편안한 느낌을 주고 있다.

그의 시집『세상에 쓰는 편지 그리고 노래』의 내용은 5부작으로 나누고 있으며 제1부는「기다림」외 17편, 제2부는「나비야 봄날엔」외 18편, 제3부는「세상살이」외 17편, 제4부는「참회」외 16편, 제5부「사랑은」외 19편, 등 총 92편의 작품을 싣고 있다.

먼저 제1부에 실린 작품을 시작으로 언급해보자.

형상을 닮아
상징을 닮아
저들이 저렇게 서 있나

의미도 없을 것 같아
감정도 없을 것 같아
이같이 무게로 말하는 걸까
한 사람의
혼의 숨결로 다듬어진
저 형상들

우린 그것을 보고
숨결을 느끼며
그 의미를 일깨우며 바라본다

내 심연의 의미와
무채색에 담긴 고뇌와 상징의 느낌을
그들에게서 배운다

—「조각(彫刻)」전문

작품「조각(彫刻)」은 시인의 고향 삼척 조각공원을 산책하면서 거기에서 얻은 시상(詩想)으로 작품을 형상화하고 있음을 직감할 수 있다. 그 공원에 많은 조각들이 조각가의 혼의 숨결을 간직하면서 서 있음을 시인은 작품으로 구상하여 형상화시키고 있다. 조각가의 심연 깊은 의미와 고뇌와 상징의 의미를 생각하며 또 다른 삶의 의미를 배운다.

길모퉁이에서 들려오는 소리
나를 부르는 소리
어머니 목소리가 있다

골목 따라 숨어 있는 계절이 있다
비와 눈과 바람의 소리가 있다
그 속에서 나는 살아왔다

숱하게 걷던 자취들
숱하게 묻혀 있는 시간들
골목길엔 나의 유년과 과거가 살아 있다

오늘도 나는 골목길 어귀에 서서
내 유년의 어머니 목소리를 떠올리며
늙어가는 나를 바라다본다

—「골목길」 전문

작품 「골목길」은 홍문표 시인의 인상적인 작품인 동시에 그 골목길을 통해 잊혀져 가는 유년 시대의 목소리가 떠올려진다. 친구와 구슬치기, 딱지치기, 제기차기하던 일, 소꿉놀이까지 생각나게 하는 곳이다. 그 골목은 아버지가 들어오시는 큰 기침 소리와 나를 부르는 어머님의 목소리, 또 칭얼대던 어린 동생들의 목소리까지 저장되어 있는 곳이다. 그리고 친구들 그리운 목소리 하며 늙어가는 나 자신의 목소리도 그 골목길에서 만나게 되는 곳이기도 하다.

작품 「미인폭포」는 통리재에서 굽이돌아 고원 휴게소에서 건너다보면 허연 물줄기가 하염없이 쏟아지던 기억을 할 수 있는 삼척지역의 이름난 폭포이다. 우리가 그냥 지나칠 수도 있겠지만 시인에게는 고향을 사랑하는 여적이면서 그리움이기도 한 것이다.

흩어져 갑니다
낙엽은 돌고 돌아 하늘 높이 날아오르고,
대지는 생명의 휴식으로 제 몸 웅크린 채 침묵에 들면
허허로이 바람 돌기만 대지를 감싸고돕니다

싸늘한 한기로 피어난 물안개는
강가 언덕에 시리도록 투명한 얼음꽃이 되고
겨울은 그렇게
우리에게 찾아옵니다

우리는 잊은 듯 한 해를 보내고 또 겨울을 맞이합니다
땅 위로 날아내리는 빗물처럼 촉촉이 적셔가는 세월은
말없이 암장 속으로 흐르는 물이 되어
가슴속으로 스미어 듭니다

겨울이 오면 바람 돌기처럼 찾아오는
아쉬운 상념은
아무런 자취도 없이 한 장의 낙엽이 되어
저 먼 허공으로 흩어져 갑니다

—「바람 돌기」 전문

삼척은 해풍이 일고 바람 돌기가 나타나면 사정없는 겨울바람이 바람 돌기로 변하는 것이다. 시인은 작품 「바람 돌기」를 통해 겨울이 그렇게 우리를 찾아왔다가 아쉬운 상념을 남긴 채 허허롭게 허공을 떠나가 버리는 계절을 보내는 기억을 하고 있다. 겨울의 낙엽은 바람으로 돌아 날아오르고 바람이 끝나면 아무렇지도 않게 대지에 내리고, 강가의 얼음꽃이 소리 없이 녹아드는 겨울, 또 한 해를 보내고 세월은 말없이 가슴속으로 스며들며 또 겨울을 맞이하는 것이다. 한 장의 낙엽이 하늘을 빙빙 돌다 흩어져 내리면 그만인 것처럼 우리 인간에게도 세월의 낙엽이 가슴속으로 파고들어 하나의 나이테를 기록하고 떠나는 무상함이 녹아 있다.

오늘 밤엔
눈이 온다고 합니다
얼마나 오련지는 알 수 없지만
흰 눈 하얗게 변한 세상을 보고 싶습니다

오늘 밤 눈이 온다 하여도
난 기다리지 못하고 잠에 들겠지만
소리 없이 내려
온 세상 설원의 침묵에 들게 하였으면 좋겠습니다

눈이 오면
하 – 얀 눈길을 따라 걷고 싶습니다
당신과 함께라면 좋겠지만
당신이 없더라도 눈길을 걸으렵니다

100일이 넘도록 오지 않던 눈이
오늘 밤에 온다고 합니다

나는 감사하는 마음으로 잠에 들어
아침 햇살로 눈부신 하얀 눈을 반기렵니다

—「기다림」 전문

동해안은 늦은 4월까지 눈이 많이 오는 곳이다. 위의 작품을 통해 보면 시인은 이 작품을 쓸 때쯤은 눈이 오지 않아 눈을 기다리는 중인 것으로 보인다. 작품「기다림」은 정말 시인의 순수성을 지닌 마음이 눈 속에 깔려 있어서 좋다.

이 작품을 대하고 있으면 〈踏雪野中去(답설야중거) 不須胡亂行(불수호란행) 今日我行蹟(금일아행적) 遂作後人程(수작후인정)〉이라는 서산대사의 시를 생각나게 하는 작품이다.

정말 시인의 순수한 마음이 젖어 나올 것만 같은 시이다.

너른 백사장
넘실대는 푸른 동해의 흰 물살 다 받는 곳
호수 가운데 작은 소나무 숲
밤이면 달빛 어린 이야기를 내어놓는다

갯목이 메이어 물이 고이고
골골이 모여든 지천이 호수를 이루면
바닷가 옆 작은 호수엔
물오리, 갈매기 찾아와 수를 놓는다

가곡천 하류엔 달의 이야기가 있다
바닷가 따라 이어온 세월의 이야기가 있다
해망산 따라 이어지는 파도 끝자락 따라
넘실대는 동해의 푸른 애환의 노래가 있다

월천 호수 위에 달이 차면
향긋한 고포 미역이 익어가고
억세 풀 낱낱이 스미어드는 어부의 노래
해당화 꽃향기 머금어 가는 세월이 녹아 있다

—「월천」 전문

월천은 동해안의 조그마한 항구인 것 같다. 작품 「월천」을 통해 보여 주고 싶은 시인의 마음은 무엇인가? 첫 연에서는 너른 백사장에 밤이면 달빛 어린 이야기, 둘째 연에서는 작은 호수를 만들고 있는 곳에서 물오리, 갈매기 찾아와 노닐고, 셋째 연에서는 달의 이야기, 세월의 이야기, 동해의 푸른 애환의 이야기가 있다. 마지막 연에서는 월천 호수에 달이 차면 고포 미역 익어가고, 어부의 노래와 해당화 꽃향기 머금은 세월이 녹아 있다.

시인은 작품 「월천」을 통해 동해의 자연에 대한 아름다움을 노래하고 있음을 볼 수 있다.

봄은
노래하는 하늘이 되어
말없이 생명의 노래를 부르고

봄은
화가가 되어
이 대지의 구석구석 그림을 그린다

개구리 울음소리
새들의 노랫소리
봄은 그들의 놀이터가 된다

꽃나무 가지마다
이른 꽃 꽃잎마다
화사한 생명의 터를 일구어 주고

봄은
세상 잠든 모든 것을 깨우고
잠들 시간도 주지 않는 독재자가 된다

—「봄」 전문

홍문표 시인은 「봄」이라는 작품을 통해 봄의 이미지를 매우 잘 그려내고 있음을 볼 수 있다. 봄은 생명이 노래할 수 있는 계절이며, 또 봄은 화가가 그림을 스케치하고 채색한 듯 대지는 아름다워진다. 경칩이 지나면 개구리 울음소리 새들의 놀이터로서 꽃들이 피고, 모든 나무들이 화사한 생명의 터를 일구고, 잠든 모든 생명을 깨우는 독재자가 되기도 한다.

정적도 너무나 지루해서
밤은
그렇게 지친 듯 깊어만 간다

온 세상
온 천지가
하얗게 잠에 들면

나목의 영상은
가지마다 한 겹 한 겹 솜털을 얹고
내리는 눈 속으로 묻히어 든다

갈색의 나라
흰 물감으로 그려내는 풍경은
산과 들과 내를 온통 고요 속으로 감싸 안고

밤의 어둠 속에서
긴 작업의 시간이 멈추고, 먼동이 트면
온통 은빛 자태를 잉태한 세상이 다시 태어난다

—「설야(雪夜)」 전문

작품「설야(雪夜)」는 작품「봄」과 함께 홍문표 시인의 출세작이기도 하다. 그의 작품에 대한 특징은 '시의 창작에 대한 순수함'이다. '티끌 하나 묻지 아니한 깨끗하게 창작된 시' 그것이다.

이 작품을 읽으면 우리나라 모더니즘의 시인 김광균의 작품「설야」를 읽는 기분이 든다. 그는 시각적 이미지와 청각적 이미지 그리고 공감각인 이미지를 표현하는데 눈으로 보는 것처럼 표현하고 귀로 그 소리가 들리는 것처럼 표현하는 수법을 쓰고 있으며 이미지의 형상화를 잘 살려내고 있는 시인이다. 예를 들면 '눈 오는 소리'를 '머언 곳에 여인의 옷 벗는 소리'로 표현하고 있음을 본다.

고요한 밤 온 천지가 하얗게 변화하는 밤, 나목이 솜털을 얹고 눈 속에 점점 묻히어 간다. 흰 물감으로 그려내는 풍경, 산, 들, 내 온통 고요하고 밤의 어둠 속에서 긴 작업의 시간을 멈추고 은빛으로 세상을 다시 태어나게 한다.

작품「겨울 풍경」은 삼척, 시인의 고향인 겨울 풍경, 얼음 속에서도 살아 꿈틀거림이 있고 이별이 아쉬워 낙엽이 뒹구는 갈색의 침묵들, 발가벗은 나뭇가지들의 울음, 그의 노래 그들의 침묵을 수놓는다. 겨울은 서글픈 계절, 코끝이 시린 냉기만 감도는 계절이다. 그리고 작품 「목련」을 통해서는 목련꽃의 이미지 즉 순백의 꽃, 면사포를 쓴 신부로 의인화시키고 있다.

사람들은 언제까지나 살 것처럼 살아간다
영혼이 병에 걸려 나를 돌아보지도 못한 채
시간의 성곽에 갇혀 헤어나지도 못한 채
산다는 것에 나를 묻으며 살아간다

사람들은 언제까지나 나를 안다고 하며 살아간다
사랑하는 방법도 모르면서 아는 체하며
사는 방법도 잘 알지 못하며 다 아는 체하며
그러고서도 제멋에 겨워 살아간다

사람들은 실체도 모르면서 살아간다
가치도 살아 있을 때 유한하다는 것을 알면서 모른 체하며
만족도 끝이 없음을 잘 알면서 애써 무시한 채
보이지 않는 굴레 속에 갇혀 애태우며 살아간다

비 오고, 바람 불고, 눈 오고, 무더운 것 안고
집 짓고, 먹으며, 감싸고, 잠자는 일상의 생활 속에서
영혼의 평온을 위하여 갈구하는 욕망의 덫을 벗어버리는 것이
산다는 참다운 것이라는 것을 모르며 살아간다

—「산다는 것」 전문

홍문표 시인의 이 작품 「산다는 것」에는 사람들이 살아가는 여러 가지 내용의 실체도 모르면서 언제까지나 살 것처럼 살아가는 우리들의 삶에 대한 참삶이 무엇인가를 모르면서 살아가는 것에 대한 일침을 꽂

는 작품이다.

'첫 연에서는 사람들은 영혼의 병에 걸려 나 자신을 돌아보지 못한 채 시간의 성곽에 갇혀 살아간다. 둘째 연에서는 사람들은 언제까지나 모르면서 매사를 다 아는 체 제멋에 살아간다. 셋째 연에서는 자신의 실체도 모르면서, 가치, 만족 등을 애써 무시한 채 보이지 않는 굴레 속에 갇혀 살아간다. 마지막 연에서는 일상의 생활 속에서 영혼의 평온을 벗고 욕망의 덫을 벗어버리는 것이 참삶이라는 걸 모르면서 살아간다.'고 노래하고 있다. 이 작품은 등단 작품 중의 한 편인 신인문학상 수상작이기도 하다.

가네
가네
우리는 떠나간다네

갈 곳도 없으면서
지쳐도, 지쳐도
나는 간다네

우리가 갈 곳 없으면
갈 곳도 거기 없다고
어느 이 말이던가?

그래도
그래도
나는 또 간다네

—「역사 속으로」 전문

이 작품을 읽으면서 느끼는 점은 우리가 살아간다는 그 자체가 한 역사를 만들고 있다는 것을 잊고 살아간다는 것이다. 홍문표 시인은 한발 앞서 가면서 자신이 살아가는 바로 그것이 뒤에 올 사람들의 역사임을 이미 알고 살아가는 시인이다.

누가 읽어봐도 이해할 수 있는 어휘로 구성되어 있는 작품이면서 짧은 내용의 구성으로 쓰여서 쉽게 접할 수 있어서 좋다. 역사란 그렇게 거창한 것에서 시작되는 것이 아니며 인간이 살아간 발자취이며 삶의 기록이 바로 우리들의 역사인 것이라는 걸 이 작품을 통해 알게 되는 것이다.

다 벗어버릴 수 있기에
나는 목욕탕에 간다

내 피로와
피부에 쌓인 찌꺼기들
모두 털어버리기 위해
나는 목욕탕에 간다

벌거벗은 나신이 되기 위해
나는 목욕탕에 간다

다 벗어버리지 못하기에
잠시나마 그러기 위해 그곳을 찾지만
영원히 벗어버리지 못하는 한구석 때만은
늘 간직한 채 목욕탕에 간다

—「목욕탕」 전문

'우리 생활 속에서 함께 목욕탕에 갈 수 있는 사람이면 친구가 될 수 있다.'라고 말한다. 이 말은 아무 허물없이 다 털어버리고 알몸으로 허심탄회하게 말할 수 있는 사람을 뜻하지 않을까 싶다.

홍 시인은 목욕탕에 가는 것에 대해서 다 벗어버릴 수 있어서 목욕탕에 가는데 사람들이란 다 벗어버릴 수 없어서 잠시나마 벗어버리고 싶어서 목욕탕에 간다. 그러나 아무리 깨끗하게 씻는다고 씻지만 한쪽 구석에 때만은 남기 때문에 또다시 목욕탕에 간다는 것이다.

떠날 때는
갈 것을 약속하지 못하면서
떠난 고향이었습니다

언제나 잠에 들 땐
내일 아침 일어나리라 하면서
잠에 듭니다

떠나고 나서 꼭 가리라 다짐을 하지만
잠들 때 약속처럼
정작 지키지 못했습니다

그리움이 배어 있는 곳
추억이 남아 있는 곳
그곳의 향수는 나를 잠들지 못하게 합니다

고향은 언제나
내 마음속에 자리 잡아
언젠가 가리라 약속하게 합니다

—「고향」 전문

작품 「고향」은 우리들의 가슴을 그리움으로 뛰게 하는 일을 한다. 예부터 수구초심(首丘初心)이라는 말이 있듯이 사람들의 가슴속에서 지워지지 않는 곳이기도 하다.

홍 시인은 고향을 떠나올 때 다시 갈 것을 약속하지 못하고 떠나온 고향이다. 누구나 그렇듯이 그런 약속을 하는 사람은 없겠지만 금의환향(錦衣還鄕)하는 사람은 아주 돈을 많이 벌어서, 아니면 높은 관직에 올라 고향을 찾는 사람일 거다. 옛날 조선시대에는 높은 벼슬길에서 그만두면 낙향해서 후학을 기른다는 말이 있다. 그러나 지금의 우리나라 경제구조 현상을 보면 그렇게 되지 못하는 경우가 있는 것이다. 대부분의 사람들은 직장 따라 그곳에서 눌러앉아 터를 잡기 일쑤이다. 홍 시인의 고향에 대한 그리움은 언제나 마음속에 자리 잡아 언젠가는 가리라 약속하게 된다고 했다.

작품 「고해성사」와 작품 「민둥산 억새풀」도 호소력 있는 작품이다. 지면 관계상 언급하지 못하지만 독자들이 호소력 있는 작품을 읽고 진한 감상을 하였으면 한다. 전자(前者)는 '당신'이라는 분이 떠난 이후로 밤에 별을 올려보지 않고 여울지는 강물만 가슴에 안고 살았는데 이젠 아버지가 된 이후 별을 쳐다볼 수 있었고 허공을 볼 수 있었음은 당신이 나와 함께 함을 알기에 조용히 감사하며 기도하며 살아간다는 시인의 고해성사이다. 후자(後者)는 정선의 민둥산 억새풀 축제 등으로 유명해진 것을 작품화하고 있다.

평생
하늘이 무서워
자식을 가르치시던 어머니

삶의 그늘에서

거울을 지니지 않으신 채로 사시고
스스로 한숨지으시던 당신

자식은 또 다른 품이 그리워 세상에 나면
혼자 못 다하신 가슴 안고
밤도 쉬 새는 줄 모르시던 어머니

그 자식은 당신 손주에게
당신과 꼭 같은 마음으로
또, 가르치고 있답니다

어머니
비바람이 나뭇가지를 세차게 흔들던 지난밤은
너무나 긴 밤이었습니다

—「어머니」 전문

우리들 가슴에 항상 고향처럼 남아 있는 대명사, 그 이름은 '어머니'이다. 어디에서도 어느 곳에서도 어머니라는 대명사는 가슴을 찡 울리는 징소리이다.

시인의 가슴속에 죽을 때까지 꺼지지 않는 불씨, 그것은 곧 어머니의 일생이며 어머니를 통해 이 세상에 태어나 어머니에게서 모든 교육을 받아 지금 이 세상에 어깨를 펴고 살아가는 모든 사람들의 마음속 심금을 울려주는 대명사이다.

평생 하늘이 무서워 자녀들에게 교육을 하고 거울도 없이 세상을 살아오신 어머니, 그 자식은 당신의 손주에게 당신이 나에게 가르치시던 똑같은 교육으로 가르치고 있다는 시인의 어머니에 대한 사랑 바로 그것이다.

사랑은 소유하는 것이 아니랍니다
물러나 지켜봐 주는 것이지
사랑은 내 것이 아닙니다
가만히 두고 주는 것이지
사랑은 가질 수 없는 것입니다
사랑은 믿는 것이랍니다

우린 사랑을 소유하려 듭니다
우린 사랑을 만지려 합니다
그러나, 그러나
사랑은 존재하지 않는 것이랍니다
사랑은 가슴속에 있는 것이지
그 어디에도 존재하지 않는 것이랍니다

사랑은
지켜봐 주는 것이요
배려해 주는 것이요
이해해 주는 것이요
사랑은
나를 보듯 당신을 보는 것입니다

—「사랑은」 전문

홍문표 시인의 작품 「사랑은」은 아주 쉽게 사랑을 노래하고 있다. 누가 읽어도 이해되고 누가 보아도 알아들을 수 있는 어휘로 구성한 시이다.

홍 시인의 사랑은 첫째 연에서는 사랑은 소유하는 것이 아니고 지켜봐 주는 것, 주는 것, 가질 수 없는 것이며 서로 믿는 것이라고 했다.

둘째 연에서는 사랑은 소유하고 만지려 하나 그것은 가슴속에 존재하는 것이다.

셋째 연에서는 사랑은 지켜봐 주는 것이고, 배려해 주는 것, 이해해 주는 것, 당신을 가만히 보는 것이라고 했다.

성경에는 신약 고린도전서 13장을 흔히 '사랑장'이라고 하며 "산을 옮길 만한 믿음이 있어도 사랑이 없으면 아무것도 아니요," "사랑은 오래 참고, 온유하며, 투기하는 자가 되지 아니하며, 자랑하지 아니하며, 교만하지 아니하며, 무례히 행치 아니하며 유익을 구치 아니하며, 성내지 아니하며, 악한 것을 생각지 아니하며, 불의를 기뻐하지 아니하며, 진리와 함께 기뻐하며, 모든 것을 참으며, 믿으며, 바라며, 모든 것을 견디느니라."고 했다.

노래 부르고 싶었어요
타오르는 보고픔으로 지난
그 시간들을 담고 싶었어요

잊고 살아오다 문득 떠오르는 당신은
그리움보다 더한 인내를 요구하지만
당신에게 다가갈 수밖에 없는 내 마음
글로는 당신에게 다 못 드려요

그만큼 소중한 당신입니다
그래서 사랑할 수밖에 없는 당신입니다
보고파요, 늘 함께 있는 것처럼
당신의 숨결은 내 곁에 자리하고 있어요

글을 써요
그리움에, 보고파서,
혹, 당신이 나를 잊을까 봐

매일매일 글을 쓰지요

—「연서(戀書)」 전문

작품 「연서(戀書)」는 간절히 보고 싶은 당신에게 혹 당신이 나를 잊을까 봐서 나는 매일 글을 쓴다는 작품이다.

이 작품 속에는 사랑하는 당신, 타오르는 보고픔, 그대의 그리움에 대한 것, 그보다 더한 인내가 요구되지만 글로 당신에게 다 못 드리는 마음, 소중한 당신의 숨결은 내 곁에 자리하고 있을 뿐만 아니라 보고 있어도 보고 싶은 간절한 사랑의 세레나데이다.

누가 이 절절한 사랑을 막을 수 있으며 누가 이 태산같이 그리운 마음을 다독거려줄 이 있겠는가. 타오르는 보고픔을 이글거리는 사랑의 연서로 마음속 깊이 주서(朱書)하는 수밖에 없을 것이다.

꼬부랑
꼬부랑
들길을 따라

한 움큼
한 움큼
꿈을 따고

저만치
저만치
홀로 걷는 님

행여
행여

내게 오려나 하구

밤새고
해 뜨고 나면
화사한 아침

그래도
그래도
아쉬운 건 지난밤이었네

—「꿈」 전문

작품 「꿈」의 구성은 반복법을 써서 독자로 하여금 하나하나 강조하면서 시인의 꿈을 표출하는 수법으로 전개해 나가고 있다.

지난밤의 꿈에 님의 얼굴을 만나고 꼬부랑 들길을 걸어오는 꿈을 꾸면서 기다리는 마음, 밤새고 해가 뜨고, 화창한 봄날 아침을 기다리지만 아쉬운 것은 지난밤 꿈이었다고 토로하는 시인의 노래이다.

그리워서
기다리다
찢어 버렸습니다

당신 보고파서
밤새워 썼다가
찢어 버렸습니다

기다리게 하지 말아요
기다림은
너무나 힘이 들어요

썼다가
지워버린 시간들만큼
당신을 사랑하니까요

—「편지」 전문

우리 젊었을 때 연애편지 한 번쯤 이렇게 써보지 아니한 사람은 거의 없을 것이다. 요즘 젊은이들은 컴퓨터, 카카오토크, 아님 직접 만나 해결해 버리지만 지금 50~60대 이상의 연세 든 분들은 경험해 본 적이 있을 것이다. 썼다가 찢어버리고 또 썼다가 찢어버린 종이 뭉치가 윗목에 하나 가득했던 기억을 하지 아니한 사람은 없을 것이다.

이 작품은 아주 쉽게 쓰여진 작품이다. 누가 읽어도 그리움의 편지를 마음 전부를 넣어서 밤새워 쓴 편지를 썼다가 찢어버린 일을 우리의 오랜 기억 속에서 다시 상기시키게 되는 시이다. 사랑의 편지는 기다림의 시간이 너무 힘들다는 것을 시인은 작품을 통해 말하고 있다.

당신이 내게
손 내어 밀었을 때
나는
품속에 손 여미며 두근거렸어요
너무나 숨이 막혀 그 가슴 갈무리 못 하고
수줍어 쿵쾅거리는 소리 들킬까 바둥거렸어요

뜨거운 입술 포갤 땐
힘 빠진 다리 후들거리며
당신에게 안기고 말았어요
사랑에 눈뜰 때
밤낮없이 온통 당신 모습만 안고 살았어요

당신밖에 없는 사랑이었어요

—「첫사랑」 전문

작품 「첫사랑」은 그 누구든지 첫사랑에 대한 말속에는 가슴이 두근거리는 울림이 있다. 시인은 그 첫사랑의 정감을 가슴속에 갈무리 못하고 수줍어, 가슴 두드리는 고동소리를 들킬까 걱정한 일을 지금에 와서야 발현하고 있다.

첫사랑의 키스 그 때 그 상황의식(狀況意識)을 시적 감정으로 잘 그려내고 있다. 안아줘야 할 그녀에게 오히려 안기고 만 시인의 포즈가 특이했을지도 모른다.

이상에서 홍문표 시인의 시집 내용을 한 사람의 충실한 독자(讀者)로서 찬찬히 읽어보았다. 그의 작품에 대한 특징은 매우 쉽게 쓰면서도 독자들의 마음에 공감할 수 있는 시적 에스프리(Esprit)를 높이 살 수 있었다.

홍문표 시인의 또 다른 장점은 시의 첫 행 또는 첫 연을 시의 제목에 따라 잘 이끌어내고 있음을 볼 수 있다. 이것은 시인의 천부적인 재능이라고도 하겠지만 시인 그 누구에게도 해당되는 말이기도 하다. 필자가 70년대 중반쯤 월간 『현대시학(現代詩學)』지(誌) 월평(月評)을 쓸 때『현대시학』지(誌)에서 "시의 첫 행을 어떻게 쓸 것인가?"에 대해 설문조사를 했었다. 여러 가지 의견이 쏟아져 나왔으나 생각나는 것은 프랑스 시인 폴 발레리는 시에 있어서 "시의 첫 행은 신(神)이 시인에게 주어지는 것이고 그 나머지는 시인 자신이 찾아서 쓰는 것"이라고 한 말이다. 우리가 평생 시 창작을 하면서 살아가지만 일평생 단 한 편만이라도 모든 독자의 마음에 남는 시를 쓸 수 있을지 모르겠다.

훌륭한 작품집을 상재(上梓)한 홍문표 시인의 노고에 박수를 보내면서 대한민국의 훌륭한 시인으로 대성하기를 바라는 바이다.

| 홍석하 제8시집 해설 |

서정적(抒情的) 자아(自我)의 반추(反芻)와 현실의식(現實意識)

1

홍석하 시인이 제8시집 『산과 강과 구름과 바람의 메아리』라는 시집을 낸다고 원고 뭉치를 보내왔다. 시인이 살아 있다는 표현은 좋은 작품을 꾸준히 발표하는 일이며, 작품집을 묶어서 한국 문학사의 탑(塔) 위에 한 개의 돌을 쌓는다는 각오로 열심히 쓰는 일이다. 시는 그 시인의 얼굴인 동시에 인격이며 살아 활동하는 활력인 동시에 그의 사상(思想)이다. 그 작품 속에는 깊은 삶의 정신이 관류(貫流)하고 있으면서 작가의 생활 속의 그림자가 산 그리매처럼 잔잔하게 깔려 있는 것이다.

시인이 세상에 태어나 좋은 작품을 써 남긴다는 것은 이 사회를 정신적인 정화작용(Catharsis)을 통하여 훌륭한 업적을 남기는 것이 되므로 오염된 물을 걸름작용을 통해 깨끗한 물로 공급시켜주는 큰일을 하는 작업(作業)에 비유된다.

시인은 이 사회를 깨끗하게 정화해 가는 청량제(淸凉劑)인 동시에 이 지역의 정신적 지주(支柱)로서, 공인으로서 선두주자(先頭走者)가 되어야 하며 어지러운 이 시대(時代) 소금과 빛의 역할을 감당해 나가는 사람이어야 한다. 부패한 곳에서도 썩지 않는 시심(詩心)이어야 하고, 용렬(庸劣)하는 곳에서 당당할 줄 알며, 살아 있어야 할 곳에서 살아 있을 줄 알고, 목숨을 던져야 할 곳에서 구차하게 연명(延命)하지 않는 법을 아는 사람이 바로 시인인 것이다. 필자가 아는 홍석하 시인은 바로 그런 사람일 것이다. 그는 강원도 횡성에서 태어나 충청북도에서 자라서 학교를 하고 박지견, 이종훈, 최재순 제씨들과 함께 제천문학 창립회원으로서 제천문화를 위해 평생을 살아온 훌륭한 문인이다. 그는 충청북도 문학의 선두주자로서 그리고 더 나아가 우리 한국문단의 자존심과 같은 존재로 이 세상을 살아가는 데에 정말 순수하고 활력이 넘치면서 인생의 한 줄기를 형성해 가는 충실한 삶을 살아가고 있음을 볼 수 있는 것이다.

2

홍석하 시인은 80년 〈충청일보〉 신춘문예 시 당선을 시작하여 81년 『현대시학(現代詩學)』에 시가 추천되면서 문단에 등단한 이후 줄곧 만을 써온 우리 시단의 훌륭한 중견 시인이며 시집은 87년 『애련리로 가는 길』(청하출판사)을 첫 시집으로 하여 『사랑과 그리움인 것을』(92년), 『옥수수 밭으로 쏟아지는 달빛』(94년), 『누군가 또 별이 되는 밤』(96년), 『신화』(97년), 『청산에 머물던 구름』(2000년), 『싸리꽃 산그늘』(2001년) 등 일곱 권의 시집을 상재(上梓)하고, 이 시집은 여덟 번째 시집이 된다. 우리는 그의 왕성한 창작활동을 눈여겨보지 않을 수 없으며 그 여덟 번째 시집에 실린 작품들을 음미해 보기로 한다.

홍석하 시인은 이 시집을 4부로 나누고 있으며 작품들은 주로 어린 시절의 고향에 대한 그리움, 즉 향수(鄕愁)에 대한 반추(反芻), 현지 삶의 희노애락(喜怒哀樂)에 대한 발자취, 여행에서 얻은 이야기를 시적 형상화 한 작품들이다.

그의 작품 전반(全般)에 흐르고 있는 정조는 서정적(抒情的) 자아(自我)의 반추(反芻)와 현실의식(現實意識)을 형상화(形象化)하고 있음을 찾아볼 수 있다. 그의 서정(抒情)은 서정적이면서도 그 속에는 가슴 아픈 한(恨)이 있고 눈물이 있고, 가슴 찡한 울림이 있다. 자연도 그냥 자연에 대한 서정이 아니라 우리가 겪어 온 삶의 따가운 정(情)이 진하게 배어 있는 자연이며 강물도 그냥 흐르는 것이 아니라 우리 인간(人間)의 잘못된 흔적으로 그 자연 속에 또 다른 자아(自我)가 활동할 수 없는 삶의 연속을 적나라하게 토로하고 있다.

내가 사는 동네
가을비가 걸어오고 있었다.

가난한 사람들은 집으로 돌아가
창문(窓門)을 닫았다.

비가 오는 날은
어두움도 빨리 찾아들었다는데.

학교에서 돌아오는 아이들
젖은 바짓가랑이
그래도 꿈은 묻어 있었다.

걸어오는 빗줄기를 바라보며
나도 걸어온 길
돌아보고 있다.

—「가을비는 내리고」 전문

홍석하 시인의 작품 속에는 항시 잔잔하면서도 깊은 한숨의 숨결이 묻어나고, 그 숨결은 다시 우리 삶 속에 눅눅한 한(恨)을 불러내고 있으며 그 한(恨)은 우리의 찌든 생활 속에 뜨거운 활력소를 더해주고 있다. 그는 우리 동네와 무관하지 않으며, 우리가 사는 동네의 생활일기와 밀접한 점을 내포하고 있으며, 우리의 생활환경과 다정한 정감을 포함하고 있을 뿐만 아니라, 자라나는 아이들의 미래와 뜨거운 관련을 갖고 살아가고 있다.

시인 홍석하는 '가을비'를 통해 무엇을 이야기하려고 하고 있는가.

우리의 삶을 비유하자면 '가을비' 내리는 상황의식(狀況意識)은 아마도 젊은 날을 다 보내고 50대 후반 및 60대 초반의 정황을 말할 수 있을 것 같다. 그리고 쓸쓸함과, 가난한 사람들의 생활들, 학교에서 돌아온 아이들의 생활 속에서 내일을 기대하는 시인 홍석하 그는 그들의 꿈을 믿고 있다. 그리고 그 빗속을 걸으면서 지난날 내가 걸어온 발자국을 돌아보고 있는 것이다. 그것은 지금까지 살아온 삶을 스스로 반성(反省)하는 삶의 깊이를 독자들은 들여다볼 수 있을 뿐만 아니라 앞으로의 살아나가는 보법(步法)을 계획하고 확인하는 작업이기도 하다. 좋은 작품은 시공(時空)을 초월하여 독자에게 회자(膾炙)된다는 것을 잘 알고 있다. 그의 작품도 그렇게 되기를 기대해 본다.

그의 시(詩) 속에는 어린 시절의 눈물이 있고, 어린아이들의 꿈이 흐르고, 편지 읽는 소리가 들리고, 어린 날의 풀피리 소리가 살아나며,

냇가에서 달빛이 출렁거림을 확인할 수 있다. 또한 그는 주위의 현실 생활 속에서 이웃들의 한숨 소리를 들을 수가 있고, 그들의 아픔을 함께 공감할 수 있는 작품들을 쉽게 찾아볼 수 있다. 작품 「가수리 강물은」이 그렇고 「걸어가자」도 그런 작품들이다. 전자는 동강 주위에 사는 사람들의 딱한 사정에 대한 한숨 소리를 들을 수 있는 작품이며(쉬리나 수달의 보호, '동강을 살리자'라는 생태계의 보호 등도 있겠지만) 후자의 작품 속에서는 바다를 삶의 터전으로 생계를 이어가는 찌든 삶을 살아가는 사람들의 희망을 염원(念願)하는 시인 홍석하의 마음이 짙게 깔려 있다.

저 물의 산맥을 넘어가면
다른 세상이 있겠지.

태양이 뜨거워도
참아가며
참아가며
걸어가자.

— 「걸어가자」 일부

이와 같이 그는 작품 「걸어가자」에서는, 살아가다 보면 더 좋은 세상의 도래를 염원하는 시인의 간절함이 있고, 삶의 인내와 생활의 끈기와 인생의 전진과 도전을 함께 요구하는 생활인의 기본 패턴(Pattern)을 독자에게 은근히 말해주고 있다.

강원도 두메산골
구름을 먹고 사는

소년이 있다.
꽃이 피는 날에는 산자락에 앉아
풀피리를 불었고

낙엽이 지는 날에는
편지를 쓰며
손등으로 눈물을 훔치며

달빛이 흐르는 밤
밤새 우는 소리
개울물 소리도 울면서
따라나서는.

—「두메산골」 전문

이 작품 속에는 옛 유년시절(幼年時節)의 자화상(自畵像)이 고스란히 들어 있는, 홍석하 시인의 순수(純粹)하고 깨끗한 삶의 정수리가 그대로 나타나 있음을 볼 수 있다.

그는 지금도 허연 머리카락을 날리면서 그날의 순수함을 잃지 않고 살아가며 계절에 젖은 마음을 감추지 못하는 정감(情感) 넘치는 감성(感性)을 가지고 살아가고 있다. 그것은 그의 작품 곳곳에서 발견되고 있다. 모든 시는 그 시인의 체험(體驗)이 바탕이 되어 그의 상상력(想像力)을 통해 내재(內在)된 대상(對象)을 새롭게 떠올리는 작업(作業)이기도 하다. 그러므로 홍석하 시인은 그의 어린 시절의 생활체험을 머리 허연 이 시점에서 그의 상상력을 통해 새롭게 그리워지는 유년시대(幼年時代)의 그림을 그려내고 있다고 보겠다.

홍 시인이 살고 있는 제천은 대한민국에서 가장 높은 위치에 처해 있는 도시이다. 올해는 경칩 날에 눈이 내렸다는 소식이며 작품「경칩 무렵」에서 그 내용을 들여다보면, 다른 곳은 따뜻하고 매화꽃이 피었다고들 하나 홍 시인이 살고 있는 제천은 개구리 소리 들리지 않는 산 첩첩, 차가운 물소리뿐이다.

옛말에 '우수, 경칩'에는 대동강 물이 풀린다고 했다.

추위는 가고 개구리 울음소리 들리는 봄이 성큼 다가서고 있음을 말해주고 있는 것이다.

어제는 경칩이라 그런지
진종일 진갈피가 내렸는데
다 녹고 말았다.

남쪽에는 매화꽃이 피었다고
야단들인데
개구리 울음소리도 들을 수 없고
제천은 산만 첩첩 차가운 물소리.

그래도 봄은 올 모양이라
버들개지 고운 숨결
점점 더워지는 가슴.

까치가 죽은 나무 삭정이를 물고
고압선 철탑 위로 날아오르는 무서운 비상(非常)
무심히 지켜보고 있는 하늘.

아무런
일이 없었으면 좋겠는데,

—「경칩 무렵」 전문

홍석하 시인 그는 이 작품을 통해서 살아 있는 것들의 겨울나기 어려움과 시인 주위의 살아나기의 어려운 계절을 언급(言及)하면서 조그마하고 미세한 곳 "개구리들의 울음소리, 물소리, 버들개지의 숨결, 점점 더워지는 가슴, 까치의 위험한 일상, 그리고 비상" 등에까지 시인의 촉각이 닿아 있음을 찾아볼 수 있다.

잡다한 일상(日常)의 일들을 접하면서 '경칩'을 맞는 주위의 실상은 갈수록 좋아지지 않는 일들을 걱정하는 시인의 염려스러워함을 독자들은 만날 수 있는 것이다.

한 시인의 작품을 이해한다는 것은 퍽 어려운 일이나 그의 삶에 대한 배경(背景)을 알게 되면 매우 쉽게 풀리게 된다. 홍석하 시인은 평생을 2세 교육을 위해 몸 바쳐 온 스승이다. 정말 깨끗하고 순수하며 연애 한 번도 못 한 시골 총각 같은 마음의 소유자라는 것은 그를 만나본 사람이면 다 알고 있을 것이다.

작품「봇도랑에 빠진 달」을 읽으면서 그 작품 속에서 홍석하 시인의 재치를 엿볼 수 있었다. 가령 "보리밭 골에 들어간 달빛이 숨죽이고 있어야 할 일"인데 오히려 "중앙선 열차가 숨죽여 지나갔다"고 했다. 또 "연애 한 번 못 한 시골 늙은 총각, 더운 가슴을 청보리 잎으로 문지르다가 점점 더워져 달빛으로 닦아내는" 그곳에 이르러서는 정말 재치가 넘쳐나고 있음을 만날 수 있다.(후반부의 시적(詩的) 이미지와 연관해서)

시적 표현(詩的 表現)의 재치, 그리고 그것의 폭과 깊이는 그 시를 쓴 시인의 삶의 폭과 인생의 깊이와 시(詩)의 질(質)이 비례(比例)한다고 할 수 있을 것이다.

아무것도 모르는
소쩍새가

보름달이 지도록
피 쏟는 밤을 울어.

지켜보다 보다
봇도랑에 빠진 달
영 나올 생각이 없구나.

—「봇도랑에 빠진 달」 일부

이 작품 전체 구성은 4단 구성법[起承轉結]으로 된 잘 짜여진 시편이며, 한편 속의 상징성과 비유(Metaphor)가 적절하게 잘 놓여 있어 은은한 한 폭의 동적인 그림을 감상하는 작품을 만난 것 같다.

달밤—청보리밭—연애(총각)—소쩍새—봇도랑에 빠진 달—영 나올 생각이 없다.

그는 이 시편(詩篇) 속에 해학(諧謔)과 사랑과 생의 젊음을 함께 표출(表出)하면서 독자들에게 즐거움을 주고 있는 것이다.

내 할아버지 미투리 신고 넘는
오두재 굽이굽이 산길
어제는 갤로퍼 승용차로
넘다 만난 아름드리 산버드나무
봄이 온다고 꽃을 피우는
4월인데
아직 산골짜기 남아 있는 잔설(殘雪)
옛일 알고 있는 건가
산까치가 울고 있다.
더러 잊고 살면 좋으련만

휑하니 뚫린 가슴으로
바람이 인다.
산자락에서
점점 거칠어지는 숨소리
바람이 산을 흔든다.
산이 바람을 흔든다.

—「오두재를 넘으며」 전문

이 작품의 구성(構成)은 전체가 16행 전연 시로서 홍 시인은 이 작품 속에서 과거와 현재 미래까지를 함께 꿰뚫어 교감(交感)하고, 그 시대의 자연(自然)과 현재(現在)의 자아(自我)가 하나가 되어 점점 거칠어지는 오늘날의 숨소리를 의식할 수 있는 작품을 탄생시키고 있는 것이다.

할아버지(미투리) —「산버드나무」— 승용차(갤로퍼)

할아버지 시대의 그 수많은 일들을 아름드리 산버드나무는 알고 있는 건가. 더러 잊고 살았으면 좋으련만 이곳(오두재)을 넘으면 자꾸만 지난날의 생각이 나는 일들(할아버지 시대의 이야기들이 들려오는 것만 같은)을 잊지 못하고, 그 시대의 이야기만 들으면 거칠어지는 숨소리를 감당하기가 어렵다는 것이다.(바람이 산을 흔든다./ 산이 바람을 흔든다.)

3

이상에서 홍석하 시인의 작품집 『산과 강과 구름과 바람의 메아리』

속에 실려 있는 작품들 82편을 읽어보았다. 그의 작품 속에는 고향을 그리워하는 마음[鄕愁]과 어린 시절의 그리움, 과거 사실이 망각되어져 가는 아픔과 각박한 현실의식(現實意識), 가난한 이웃의 연민(憐憫)과 내 자신이 살아 나가야 할 보법(步法), 자연보호 정신과 그곳에서 사는 사람들의 정신적 실체(實體), 사물의 해학적(諧謔的) 풀이와 사랑의 진실, 현실직시(現實直視)와 미래사회(未來社會)의 전망(展望), 등 다양한 내용으로 그의 시심(詩心)을 폭넓게 펼쳐 보이고 있다.

우리는 시를 읽을 때 시인이 언어로 표현한 뒤의 말하지 아니한 부분, 즉 행간 여백(餘白)의 언어(言語), 여백의 의미(意味), 무언(無言)의 진실(眞實)을 잘 읽어서 이해(理解)할 수 있어야 한다. 마치 동양화의 여백처리와 같은 깊은 의미를 잘 나타내는 그런 작품들을 잘 이해하고 느낄 수 있어야 한다는 말이다.

작품이 생명력(生命力)을 얻자면 작품 속에 살아서 움직이는 사상(思想)이 있어 독자에게 감동(感動)을 주어야 한다. 즉 그것은 작품을 읽는 독자로 하여금 공감(共感)을 얻지 못한다면 그 작품은 생명력을 잃게 되는 것이다. 그래서 독자에게 읽히는 작품을 잉태(孕胎)하기 위해서는 먼저, 작품의 형태가 우선 짧아야 한다고 생각한다. 그 짧은 틀 안에 시인이 하고 싶은 말을 감동(感動) 있는 언어(言語)로 표현(表現)해 내는 일이다. 다음은 표현된 언어의 참신성(斬新性)과 내용의 진실성(眞實性)이라고 보겠다. 한 시집 속에서 유심히 살펴보면 자신도 모르게 중복(重複)된 언어를 사용하고 있으며, 관념어(觀念語)나 다른 시인이 흔히 써 온 낱말들의 나열(羅列)로 일관(一貫)하는 작품이 되고 마는 예가 흔히 있다. 셋째는 시인이 절실하게 느끼고 자신의 체험(體驗) 속에서 감동(感動)을 받아 쓰여진 작품이어야 공감(共感)의 순도(純度)가 높은 작품을 뽑아낼 수 있는 것이다.

이런 의미에서 보면 홍석하 시인의 작품을 읽으면서 그것에 부합(符合)되는 작품들을 만났었고, 그의 따뜻한 정감(情感)과, 공감(共感)할 수 있는 작품의 진실성(眞實性)을 만날 수 있었으며, 체험적(體驗的)인 어려운 삶에 대한 인내(忍耐)와 사랑, 어린 시절의 그리움에 대한 향수(鄕愁) 등 독자로 하여금 공감을 얻어낼 수 있는 충분한 내용을 가졌다고 할 수 있겠다.

앞으로 남은 여생(餘生) 동안 더욱 훌륭한 작품을 써서 한국문단(韓國文壇)에 일익(一翼)을 더해 줄 것을 기대하면서 홍 시인의 건필(健筆)을 비는 바이다.

박영교(朴永教) 연보

- 1943년 경북 봉화 출생
- 1965년 安東高等學校 졸업
- 1970년 안동교육대학 졸업
- 1971년 現代律 창립동인(동인지 1집)
- 1972년 詩 3회 추천완료(김요섭 님 추천)
- 1973년 중앙대학교 사범대학 3학년 편입시험 합격, 입학
- 1973~75년 現代詩學 時調 3회 추천완료(이영도 님 추천)
- 1975년 한국시조시인협회 회원
- 1975년 중앙대학교 사범대학 졸업, 영광여고 국어교사 재직
- 1976년 한국문인협회 영주지부 창립, 초대 사무국장 역임
- 1977년 한국문인협회 회원 인준
- 1977년 고려대학교 교육대학원 졸업(碩士)
- 1981년 풍기중학교 재직, 시조집『가을寓話』上梓
- 1982년 제1회 中央時調大賞受賞〈新人部門, 중앙일보 제정〉
- 1982~84년 경북전문대학 유아교육학과 강사
- 1984년 한국시인협회 회원, 영주문화원 理事
- 1985년 국제PEN클럽 한국본부 회원
- 1986년 시조평론집『文學과 良心의 소리』上梓
- 1986년 미래율 편집위원
- 1986~90년 榮州中學校 재직
- 1988년 시집『사랑이 슬픔에게』上梓
- 1988년 한국시조시인협회 여름세미나 주제발표〈光州〉
- 1989년 시조집『겨울 허수아비』上梓
- 1989년 시조동인 '오늘' 창립
- 1989년 대구매일신문 칼럼〈매일춘추〉집필(1~2월, 2개월간)
- 1990년 시조동인 '오늘' 창간호『우리 살고 있는가』出刊

- 1990~91년 韓國文人協會 경북지회 監事
- 1991~93년 울릉중학교 태하분교장 재직
- 1991~92년 한국문인협회 榮州支部長(울릉도전출관계로 도중 사표)
- 1992~93년 한국문인협회 경북지회 시조분과위원장
- 1994~97년 榮州工業高等學校 재직
- 1994년 시조집『숯을 굽는 마음』上梓
- 1994년 제1회 慶尙北道文學賞 受賞
- 1994년 제4회 民族詩歌大賞 受賞(부산일보 주최)
- 1995년 영남일보 칼럼 〈문화산책〉 2개월간 집필〈1~2월〉
- 1995년 제2회 경상북도문학상 심사위원
- 1995년 모범공무원포장(제22825호 국무총리)
- 1996~97년 嶺南時調文學會 理事
- 1996~97년 韓國時調詩人協會 理事
- 1996년 제3회 경상북도문학상 심사위원
- 1997~98년 경북중등문예연구회 부회장
- 1997년 제2회 경상북도 여성백일장 심사위원(7/2 大邱大)
- 1998~99년 奉化 西壁中學校 校監 재직
- 1998~2003년 한국시조시인협회 理事
- 1998~99년 한국문인협회 경북지회 부지회장
- 1998~99년 嶺南時調文學會 會長
- 1998년 영남시조『洛江』31輯 출간
- 1998년 제4회 경상북도문학상 심사위원
- 1998년 제3회 경상북도 여성백일장 심사위원(7/6 포항공대)
- 1999년 영남시조『洛江』32輯 출간
- 1999~2000년 慶北 中等文藝 硏究會 제10대 會長 被選
- 1999년 시조 평론집『詩와 讀者 사이』上梓
- 1999~2000년 경북 영주시 榮州中學校 校監 재직
- 1999~2000년 韓國文人協會 榮州文人協會 支部長
- 1999년 제4회 경상북도 여성백일장 심사위원장(7/6 영남대학)
- 1999년『榮州文學』제23집 발간
- 2000~01년 韓國文人協會 慶北支會長 被選

• 2000년 『중등문예』 제13집 발간
• 2000년 『慶北文壇』 제11집 발간
• 2000년 『榮州文學』 제24집 발간
• 2000년 시조시학 운영위원《오늘의 시조학회》 입회
• 2000년 제6회 慶尙北道文學賞 審査委員
• 2000년 '오늘' 동인 제12집 『숲에 내리는 안개』 上梓
• 2000년 제5회 경상북도 여성백일장 심사위원장(5/16 영남대학)
• 2000년 '영주주부독서회' 강사
• 2000~01년 韓國時調詩人協會 理事 피선(김 준 회장)
• 2000년 경상북도 여성문학회 창립총회 고문 추대(6/24)
• 2000년 『문예비전』(발행인 김안기) 12월호〈인물포커스〉난 경북문인협회 지회장(당시 영주중학교 교감) 기사 취재차 김주안 편집국장이 직접 영주에 왔음(책 첫머리 칼라판 6쪽)
• 2001년 제7회 경상북도문학상 심사위원
• 2001년 제29회 花郎文化祭 推進 委員長
• 2001년 『慶北文壇』 제12집 발간
• 2001년 '오늘' 동인 제13집 『맑게 씻긴 흔적들』 上梓
• 2001년 제42회 慶尙北道 文化賞(文學部門) 受賞
• 2001년 제6회 경상북도여성백일장 심사위원장(5/16 경주문화엑스포장)
• 2001년 3월~02년 8월 영양군 首比中高等學校 校長 재직
• 2002년 월간 『문학세계』 신인상 심사위원으로 위촉, 심사(2월호 김복희 수필 당선) 편집위원 위촉
• 2002년 격월간 『문예비전』 시 · 시조 신인상 심사위원으로 위촉 · 심사 (5~6월호, 오숙화 시, 신인상 수상)
• 2002년 제97회 月刊文學 新人賞審査委員(韓國文人協會發行) 時調部門 (황정희 시조시인 당선—8월호)
• 2002년 1월~03년 12월 慶尙北道 文化藝術振興基金 審議委員
• 2002년 시집 『창(槍)』 (서울, 도서출판 책만드는집) 上梓
• 2002년 제7회 경상북도 여성백일장 심사위원(7/5 경운대학)
• 2002년 9월 1일 경북 봉화군, 春陽中 · 商業高等學校 校長 취임
• 2002년 제30회 花郎文化祭 推進 委員長(安東地區)

- 2002년 11월 제1회 시조시학상 수상(수상시집 『창』), 부상—시집출판증서 (태학사)
- 2002년 12월 韓國文人協會 慶北支會 顧問으로 推戴
- 2002~03년 韓國時調詩人協會 理事 피선(서 벌 회장)
- 2003~04년 한국크리스천문학가협회 이사 피선(회장 김지원)
- 2003년 10월 제31회 花郎文化祭 推進 委員長(安東地區)
- 2003년 시조동인 '오늘' 제15집 『이천삼년의 비』 출간
- 2003년 월간 『문학세계』 신인상 심사위원으로 위촉 (8월호—시 김옥구, 수필 박성용)
- 2003년 9월 月刊 文藝思朝 編輯委員 위촉(발행인 金昌稷)
- 2004년 2월 한국시조시인협회 이사로 피선(회장 이은방)
- 2004년 3월 한국문인협회 제23대 이사로 피선(이사장 신세훈)
- 2004년 3월 우리시대현대시조 100인선 86 시조집 (징鉦) 태학사 발간
- 2004년 4월 韓國文人協會 理事 被選(이사장 신세훈)
- 2004년 5월 영주시민신문 논설위원 위촉
- 2004년 5월 경상북도 여성백일장 심사위원 위촉
- 2004년 6월 예총기관지 『예술세계』 신인상 심사위원, 심사 (시 정옥희, 시조 강영선)
- 2004년 9월 월간 『문예사조』(발행인 김창직) 신인상 심사위원 (시조 박석홍)
- 2004년 10월 제20회 전국죽계백일장 심사위원장(소수서원)
- 2004년 10월 제32회 花郎文化祭 推進 委員長(安東地區)
- 2004~05년 韓國時調詩人協會 理事 피선(이은방 회장)
- 2005년 2월 『월간문학』 제105회 신인문학상 심사위원(한국문인협회기관지)
- 2005년 2월 춘양중 · 상업고등학교 校長 停年退任 (大韓民國 옥조근정훈장 제28684호)
- 2005년 2월 제7482회 봉사장(한국스카우트연맹 총재 이원희)
- 2005년 2월 공로장(사단법인 대한상업교육회 이사장 윤동섭)
- 2005년 3월 국립 삼척대학교 문예창작과 출강
- 2005년 3월 도립 봉화도서관 주부문학회 출강(전미선 회장)
- 2005년 5월 제28회 榮州青年會議所 主催 白日場 審查委員長

• 2005년 6월 예총기관지『예술세계』신인상 심사위원 심사(시조 김복희)
• 2005년 월간『문학세계』신인상 심사위원(8월 시 김석진 · 김점순 · 김희선, 11월 시 유영재)
• 2005년 11월 9일 제11회 경상북도 문학상 심사위원 위촉
• 2006년 2월 13일 제40회 한국크리스천문학가협회 이사 · 시조분과위원장 선임
• 2006년 2월 25일 (社)韓國時調詩人協會 首席副理事長 推戴
• 2006년 4월 25일 제3회 전국 서하(西河) 백일장 심시위원(예천)
• 2006년 5월 28일 한국크리스천문학가협회 주최 해외학술세미나 참석(필리핀 바기오 City)
• 2006년 10월 14일 제22회 전국 죽계백일장 심사위원장
• 2006년 10월 28일 한국문인협회 전국대표자회의 참석(안동국학진흥원)
• 2007년 1월 27일 심운 김점순 회장 시집출판기념회 시해설
• 2007년 4월 21일 제2회 추강시조문학상 심사위원장(수상자 이상룡 시인—도서출판 크낙새 대표)
• 2007년 2월 22일 (社)韓國文人協會 제24대 이사 피선(理事長 김년균)
• 2007년 4월 28일 12시, 맏딸 박지현(사위 김충헌) 결혼(영주아모르웨딩 1층)
• 2007년 5월 4일 제24회 한국크리스천문학 본상 수상
• 2007년 5월 5일 제30회 청년회의소 백일장 심사위원장
• 2007년 5월 19일 2007년 지훈 예술제 백일장 심사위원장
• 2007년 10월 3일 제23회 전국죽계백일장 심사위원장
• 2008년 1월 7일 오후 3시, 열린시학 신년하례식 및 행사 참석
• 2008년 1월 29일 제42회 한국크리스천문학가협회 부회장 피선
• 2008년 4월 23일 사단법인한국문인협회 2차 회의 참석(한국문인협회 서울시지회 정관제정 및 각종규정보완)
• 2008년 4월 26일 제3회 추강시조문학상 심사위원장 · 심사평 · 시상식(수상자 안동대학교 영어교육학과 김양수 교수)
• 2008년 4월 28일 현대 사설시조포럼(포항공대, 회장 제갈태일)
• 2008년 4월 29일 아이꿈터 어린이집운영위원회 위원장 위촉
• 2008년 5월 9일 행정안전부 장관으로부터 제11회 전국공무원문예대전 심사위원 위촉

• 2008년 5월 28일 제11회 전국공무원문예대전 제2차 작품심사
(정부 중앙청사 1112호 회의실 11층 10시~17시)
• 2008년 7월 10일 제11회 전국 공무원문예대전 시상식 참석
(정부 중앙청사 별관 2층 강당)
• 2008년 9월 29일 『우리의 인연들이 잠들고 있을 즈음』 상재
• 2008년 10월 18일 제24회 전국죽계백일장 심사위원장
• 2008년 11월 6일 대구검찰청 안동지청 범죄피해자지원센터 전문위원 위촉
• 2008년 12월 21일 본인 시집 『우리의 인연들이 잠들고 있을 즈음』이 한국문화예술위원회 우수문학도서로 선정
• 2009년 2월 9일 사단법인 한국시조시인협회 제22대 선거관리위원장 추대
• 2009년 5월 30일 제25회 전국 죽계백일장 심사위원장(영주)
• 2009년 5월 31일 제6회 전국 서하(西河) 백일장 심시위원장(예천)
• 2009년 9월~10월(2개월) 경북일보칼럼 〈아침시단〉 집필
• 2010년 1월부터 영주 시민신문 〈와남의 영주시단〉 집필
• 2010년 2월 경북 금빛평생교육 봉사단 단원
• 2010년 3월 9일 영주시립도서관 운영위원 위촉(영주시장)
• 2010년 4월 17일 제5회 추강시조문학상 수상
• 2010년 11월 5일 경상북도문학상 심사위원 위촉
• 2010년 11월 26일 (사)경상북도장애인재활협회 운영위원 위촉
• 2011년 1월 10일 경상북도문학상 심사위원 위촉
• 2011년 2월 17일 한국크리스천문학가협회 이사 피선
• 2011년 9월 16일 제1회 독도문예대전심사위원위촉
(주최 경상북도청, 주관 영남일보)
• 2011년 12월 4일 한 · 중 서화교류전 중화민국 서법학회 이사장상 수상
(서예 한문 해서 부문)
• 2012년 4월 6일 한국크리스천문학상 심사위원
• 2012년 7월 27일 전국 문학캠프 문학특강(영양문인협회 주최)
• 2012년 9월 17일 제2회 경북여성문학상 심사위원
• 2012년 9월 20일 제2회 전국독도문예대전 심사위원(주최 경상북도)
• 2012년 10월 2일 『월간문학』 월평 집필(10월~12월)
• 2012년 10월 12일 『현대시조』 겨울호 계간평 집필

- 2013년 3월 13일 경북금빛평생교육봉사단원〈경북교육청〉
- 2013년 5월 11일 '한국현대사설시조포럼' 부회장 피선
- 2013년 5월 25일 평론집『시조 작법과 시적 내용의 모호성』, 시집『춤』 출판기념회(영주, 남서울예식장)
- 2013년 6월 20일 제10회 전국 서하백일장 심사(예천문인협회)
- 2013년 9월 13일 제3회 대한민국독도문예대전 전국글짓기 심사위원
- 2013년 9월 14일 제3회 경북여성문학상 심사위원
- 2013년 10월 24일 제54회 경상북도문화상 심사위원(경북지사 김관용)
- 2014년 1월 5일『현대시조』봄호 계간평 집필
- 2014년 1월 6일 경북도립영주공공도서관 운영위원장 취임
- 2014년 2월 4일 한 · 중교류전 초대작가 입회(서예)
- 2014년 2월 18일 영주시립도서관 이사 위촉(영주시장)
- 2014년 4월 7일 제1회 수안보온천시조문학상 심사위원장
- 2014년 6월 14일 제11회 전국 서하백일장 심사위원(예천문인협회)
- 2014년 9월 1일 제일교회 늘푸른대학 특강
- 2014년 10월 6일 종합복지관 은빛대학 특강
- 2014년 10월 25일 영주문인협회 전국죽계백일장 심사위원
- 2015년 1월 8일 경북문인협회 선거관리위원회 참석(김천)
- 2015년 1월 11일 제29회 홍재미술대전 심사위원(서예 한문)
- 2015년 4월 5일 제2회 수안보온천시조문학상 심사위원장
  제6회 역동시조문학상 심사위원장
- 2015년 5월 3일 제12회 전국서하백일장 심사위원(예천문인협회)
- 2015년 5월 23일 영주문인협회 전국죽계백일장 심사위원,
  5월 23일 제3회 안향휘호대회 입상(한문 행서)
- 2015년 7월 30일 경북도립 영주공공도서관 운영위원회 위원장
- 2015년 8월 15일 영주문예대학 문학기행(안성~원주)
- 2015년 9월 7일 한국문인협회 전통문학분과위원회의 참석(서울)
- 2016년 1월 23일 현대사설시조포럼회 참석(대구, 인터불고호텔)
- 2016년 4월 27일 (사)대한노인회 영주시지회 부설 노인대학장 취임
- 2016년 4월 29일 (사)대한노인회 부설노인대학장세미나(군위군 부계)
- 2016년 5월 7일 영주문인협회 전국죽계백일장 심사위원

• 2016년 5월 27일 풍기 백동 김순한 시인 별세 문상
• 2016년 6월 23일 영주문예대학 개강(후학기)
• 2016년 7월 9일 영주문예대학 이효석문학관 문학기행
• 2016년 7월 30일 삼척문인협회 해변시낭송회 참석
• 2016년 9월 1일 제일교회 늘푸른대학 특강
• 2016년 10월 6일 종합복지관 은빛대학 특강
• 2016년 11월 31일 제29회 홍재미술대전 심사위원(한문 해서)
• 2016년 11월 24일 영주문예대학 제9기 졸업식
• 2016년 12월 1일 영주문예대학 동인지 『영주문예대학』 5집 출판기념회
• 2016년 12월 7일 영주문인협회 『영주문학』 출판기념회(대화예식장)
• 2016년 12월 29일 (사)대한노인회 영주시지회 직원송년회
• 2017년 1월 3일 영주시 신년교례회(시청 3층 강당)
• 2017년 1월 18일 영주시지회 노인대학 신입생 면접
• 2017년 3월 8일 영주시지회 노인대학 입학식
• 2017년 3월 9일 영주문예대학 추수지도
• 2017년 3월 25일 정선남 작가 출판기념회 서평(대화예식장)
• 2017년 5월 13일 예천 전국 서하백일장 심사위원
• 2017년 5월 31일 조영일 시인 시비 건립(안동 오후 5시)
• 2017년 7월 20일 최교일 국회의원 간담회(10:30~11:30)
• 2017년 9월 14일 영풍장애인주간보호센터 운영위원〈영주시장〉
• 2017년 9월 28일 한계순 시인 자택 별빛축제(영주문예대학 주최)
• 2017년 10월 14일 제2회 문향경북문인 시낭송 올림피아드 심사(부위원장) 위촉
• 2017년 10월 16일 제21회 영주시민대상 수상(시민회관)
• 2017년 11월 11일 제4회 영남시조문학상 수상(대구)
• 2017년 11월 19일 제23회 대한민국미술전람회 특선 1(해서), 입선 1(초서) —국전 서예 한문
• 2017년 12월 22일 (사)대한노인회 영주시지회이사 참석(1박 2일, 단산댐)
• 2017년 12월 20일 구곡문학회 시낭송회(영주, 대화예식장 오후 6시)
• 2017년 12월 27일 (사)노인대학장 서울 세미나
• 2017년 12월 28일 영주문인협회 총회(우정면옥)
• 2018년 1월 18일 평창 동계올림픽 참관(노인회)

- 2018년 3월 6일 한국크리스천문학가협회 중앙위원 추대
- 2018년 4월 5일 영주문예대학 개강
- 2018년 4월 25일 박영교 구안와사(신경계 질병 치료 중)
- 2018년 4월 27일 제26회 대한민국서예전람회(국전 한문 예서)
- 2018년 5월 23일 계간 '현대시조사'로부터 감사패 받음(계간 『현대시조』 2003년(통권80호)~현재, 계간평 집필)
- 2018년 7월 30일 영주시장 간담회(영주노인대학 2층 강당)
- 2018년 8월 28일 경북 노인대학 학장회의(영천)
- 2018년 9월 5일 영주시지회 노인대학 개강(2학기)
- 2018년 9월 6일 영주문예대학 개강(2학기)
- 2018년 11월 5일 한국크리스천문학 신인상 시상식 심사(박찬숙, 김명신)
- 2018년 11월 17일 『좋은시조』 신인문학상 시상식 심사총평
- 2018년 11월 18일 월간 『문학세계』 신인상 시상식 참석(축사, 이명자 · 한병태 · 김영기 · 조정화 · 권태화, 성동구청대강당)
- 2018년 11월 23일 계간 『좋은시조』 신인문학상 심사평(대학로 예술가의 집)
- 2018년 12월 5일 (사)대한노인회 영주시지회 노인대학 졸업식
- 2018년 12월 6일 영주문예대학 총회(한병태 회장 선임)
- 2018년 12월 5일 김원길 시인 문인편지글전시 참석(안동)
- 2018년 12월 10일 영주문인협회 시낭송회(안정농협 3층)
- 2019년 1월 3일 영주시기관장 신년교례회(상공회의소)
- 2019년 1월 24일 영주문인협회 월례회
- 2019년 2월 16일 경북문인협회총회(구미 박태환 회장 피선)
- 2019년 1월 27일 한국문인협회 제27대 이사 취임(이사장 이광복)
- 2019년 3월 30일 경북문인협회 임시총회, 회장 이 · 취임식(구미)
- 2019년 3월 21일 제10기 문학아카데미 개강(영주문인협회)
- 2019년 4월 4일 제10기 문학아카데미 강의(영주문인협회)
- 2019년 4월 13일 오후 5~8시, 차녀 박시영 결혼식 사전 피로연 (영주, 남서울예식장)
- 2019년 4월 20일 12시, 차녀 박시영 · 사위 김재진 결혼식 (안동, 리첼호텔 별관 3층 크리스탈 홀)
- 2019년 5월 29일 계간 『현대시조』 제24회 현대시조문학상 심사평 (서울, 출판문화회관 4층 강당)

문학세계대표작가선 901

시의 운율과 미학

박영교 네 번째 평론집

인쇄 1판 1쇄 2019년 10월 23일
발행 1판 1쇄 2019년 10월 30일

지 은 이 : 박영교
펴 낸 이 : 김천우
펴 낸 곳 : 도서출판 천우
등 록 : 1992. 2. 15. 제1-1307호
주 소 : 서울시 성동구 무학봉28길 6 금용빌딩 2F
전 화 : 02)2298-7661
팩 스 : 02)2298-7665
http://moonhak.wla.or.kr
E-mail : chunwo@hanmail.net

값 20,000원

ISBN 978-89-7954-784-9

이 도서의 국립중앙도서관 출판예정도서목록(CIP)은 서지정보유통지원시스템 홈페이지(http://seoji.nl.go.kr)와 국가자료공동목록시스템(http://www.nl.go.kr/kolisnet)에서 이용하실 수 있습니다. (CIP제어번호: CIP2019040390)